高等学校教师专业发展系列教材

高等教育学

主编　冷余生　解飞厚　赵映川

中国教育出版传媒集团
高等教育出版社·北京

内容提要

本书为高等学校教师专业发展系列教材之一。本书在介绍我国高等教育的历史发展与现代化的基础上，阐述了教育目的、高等教育目标系统的建构、高等教育的基本结构、现代大学制度建设、大学的学术追求与科学研究等基本问题。大学教学理论与方法是本书的重点和特色，为高等学校新教师站稳讲台提供科学的理论指导和具有较强操作性的路径与方法，对于老教师提高教学水平也有重要参考价值。与大学教学相关的内容包括大学教师与学生、大学教学的特点与整体改革、大学课程结构的优化与教学内容的更新、大学教学方法的运用、现代教育技术在教学中的应用、高等职业院校教学的特点、高等教育质量管理与教育评价等。高等教育模式的变革与创新为高等学校深化改革提供了基本思路。

本书适合作为高等学校教师专业发展的继续教育用书或参考书，也适合作为高等学校新教师岗前培训教材。

图书在版编目（CIP）数据

高等教育学 / 冷余生，解飞厚，赵映川主编. -- 北京：高等教育出版社，2023.6（2025.8重印）

ISBN 978-7-04-058938-2

Ⅰ. ①高⋯　Ⅱ. ①冷⋯ ②解⋯ ③赵⋯　Ⅲ. ①高等教育学 - 教材　Ⅳ. ①G640

中国版本图书馆CIP数据核字（2022）第112986号

高等教育学
GAODENG JIAOYUXUE

策划编辑	魏延娜	责任编辑	路秋丽	封面设计	张 志	版式设计	王艳红
责任绘图	邓 超	责任校对	刘娟娟	责任印制	刘思涵		

出版发行	高等教育出版社	网　　址	http://www.hep.edu.cn
社　　址	北京市西城区德外大街4号		http://www.hep.com.cn
邮政编码	100120	网上订购	http://www.hepmall.com.cn
印　　刷	高教社（天津）印务有限公司		http://www.hepmall.com
开　　本	787 mm×1092 mm　1/16		http://www.hepmall.cn
印　　张	17.75		
字　　数	400千字	版　　次	2023年6月第1版
购书热线	010-58581118	印　　次	2025年8月第3次印刷
咨询电话	400-810-0598	定　　价	49.90元

本书如有缺页、倒页、脱页等质量问题，请到所购图书销售部门联系调换
版权所有　侵权必究
物　料　号　58938-00

目 录

绪论 ··· 1
    第一节 教育科学中的高等教育学科 ·· 3
    第二节 高等教育的性质与任务 ·· 4
    第三节 学习与研究高等教育理论的意义 ·· 6
    第四节 本书的基本结构与学习方法 ·· 8

第一章 中国高等教育的历史发展与现代化 ··· 13
    第一节 中国古代高等教育 ·· 15
    第二节 近现代中国高等教育的发展 ·· 17
    第三节 中国高等教育现代化 ·· 24

第二章 教育目的 ··· 29
    第一节 教育目的与教育目标概述 ··· 31
    第二节 制定教育目的的理论依据 ··· 34
    第三节 教育目的与教育价值取向 ··· 38
    第四节 中国特色社会主义教育的目的 ··· 42

第三章 高等教育目标系统的构建 ··· 47
    第一节 高等教育目标系统设计的原则 ··· 49
    第二节 全面认识高级专门人才的内涵 ··· 50
    第三节 高等教育目标系统的要素分析 ··· 53
    第四节 高等教育目标系统要素之间的关系 ·· 55
    第五节 高等教育目标系统的整体框架 ··· 59

第四章 高等教育的基本结构 ·· 63
    第一节 高等教育结构概述 ·· 65
    第二节 高等学历教育与高等非学历教育 ·· 69
    第三节 普通高等教育与高等职业教育 ··· 73
    第四节 高等教育层次结构 ·· 76
    第五节 高等教育科类结构 ·· 81

第五章 现代大学制度建设 ··· 87
    第一节 建设中国特色现代大学制度 ·· 89

目录

　　第二节　完善大学内部治理结构 90
　　第三节　中国特色现代大学制度建设的路径 95

第六章　大学的学术追求与科学研究 99
　　第一节　大学的学术追求 101
　　第二节　大学的科学研究 105
　　第三节　青年教师的学术发展 112

第七章　大学教师与学生 119
　　第一节　大学教师在教学中的角色定位 121
　　第二节　大学生在教学中的角色定位 126
　　第三节　大学师生关系 130

第八章　大学教学的特点与整体改革 135
　　第一节　教学与教学过程概述 137
　　第二节　大学教学过程的特点 144
　　第三节　大学教学整体改革的目标与策略 145
　　第四节　大学课堂教学的整体改革 150

第九章　大学课程结构的优化与教学内容的更新 155
　　第一节　课程概述 157
　　第二节　制订课程的依据 158
　　第三节　课程结构的优化 161
　　第四节　教学内容的更新 166

第十章　大学教学方法的运用 171
　　第一节　教学方法概述 173
　　第二节　讲授法 177
　　第三节　自学法 183
　　第四节　实验法 188
　　第五节　科研训练法 191
　　第六节　教学方法的选择与运用 196

第十一章　现代教育技术在教学中的应用 203
　　第一节　现代教育技术概述 205
　　第二节　多媒体计算机辅助教学的应用 207
　　第三节　基于网络的教学应用 212
　　第四节　学校现代教育技术环境 216

第十二章　高等职业院校教学的特点 223
　　第一节　高等职业院校教学目标的特点 225
　　第二节　高等职业院校教学内容的特点 226

第三节　高等职业院校教学组织的特点 227
  第四节　高等职业院校教学方法的特点 228
  第五节　高等职业院校教学管理的特点 230
  第六节　高等职业院校教学评价的特点 232

第十三章　高等教育质量管理与教育评价 235
  第一节　高等教育质量管理概述 237
  第二节　高等学校教学质量管理 241
  第三节　高等学校教学评价 246
  第四节　高等学校教育质量评价 253

第十四章　高等教育模式的变革与创新 259
  第一节　模式与教育模式概述 261
  第二节　教育模式生成的机制 263
  第三节　中国高等教育模式的变革与创新 265

参考文献 272
后记 274

绪　　论

【知 识 列 表】

绪论	教育科学中的高等教育学科	教育科学的性质
		高等教育学科是教育科学的重要组成部分
	高等教育的性质与任务	高等教育的性质
		高等教育的任务
	学习与研究高等教育理论的意义	高等教育实践需要高等教育理论的指导
		大学教师专业化的需要
	本书的基本结构与学习方法	本书编写的原则
		本书的基本结构
		高等教育学的学习方法

> 大学教师，除了需要在本学科专业知识方面有较高的造诣外，还必须了解高等教育的发展历史，掌握高等教育规律，具备高等教育理论和大学教学技能方面的修养。

第一节 教育科学中的高等教育学科

高等教育理论不是从其他学科移植来的关于高等教育的理论，而是从高等教育的内在逻辑出发所建构的基于高等教育本体的理论。关于高等教育的理论是开展高等教育研究的资源，而高等教育理论则是高等教育研究的结论。

一、教育科学的性质

（一）教育科学是研究教育现象本质与规律的科学

关于教育是不是一门科学，学术界存在不同的看法：有的学者认为教育只是一种职业，而不是一门科学；有的学者认为教育是一种技艺或艺术，而不是一门科学；也有的学者认为教育只是一个知识领域，从严格意义上讲，还不能称为科学。但就学术界的主流观点而言，教育是一门科学已被普遍接受。

教育之所以被确认为一门独立的科学，是因为它具备了科学必备的属性。其一，教育作为培养人的社会实践活动，是存在客观规律的；其二，教育规律是可以认识的；其三，反映教育规律的教育理论具有自己独有的概念系统、逻辑体系及研究方法，已从经验形态演进为科学形态；其四，实践证明教育理论对教育实践已经发挥了重要的指导作用，可以预见，随着教育理论的发展，它对教育实践将会发挥更大的作用。

需要指出的是，人的复杂性，人的培养条件与过程的复杂性，以及影响人的发展的社会因素的复杂性，导致教育规律的极端复杂性，并由此给教育测量、教育过程控制以及认识教育规律带来困难。因此，教育学科虽然已成为一门独立的科学，但同时也是一门不成熟的科学，要提高其确定性与严密性的程度尚需付出长期艰苦的努力。

（二）教育科学属于人文社会科学，同时与自然科学存在大量的交叉

从整体上讲，教育科学属于人文社会科学，是人文社会科学的重要组成部分，同时教育科学与自然科学存在大量的交叉，主要表现在：其一，研究人的发展离不开对人的生理与心理的研究，而生理与心理皆属于自然科学的范畴；其二，教学所要传递的是人类所有的文化科学知识，包括社会科学学科与自然科学学科，因此，教学研究，尤其是各科的教学研究，必须是教育学科与各专业学科的交叉与结合，当然也包括与自然科学的交叉与结合。

（三）教育科学是一个学科群

随着教育科学的形成与发展，教育科学已是一个由众多不同门类、不同层次分支学科所构成的学科群。在我国科学技术学科分类及高等教育的专业分类中，教育学科皆被确定为一级学

科，它又分化为多级分支学科。

应当注意的是，教育学这一概念有广义与狭义之分。广义的教育学作为一级学科的名称，与教育科学是等同的。而狭义的教育学，作为一门课程的名称，指的是教育的一般原理，属于教育科学中的核心基础学科，是教育科学的下位概念，不能代替整个教育科学。

教育科学的分化，可分为两大类：

一类是教育学科内部分化产生的各种分支学科。如按教育的层次，教育学科可分为学前教育学、基础教育学、高等教育学等；按教育的要素，教育学科可分为教学论、德育论、教育管理学等；按教育的历史发展，教育学科可分为世界教育史、各国教育史等，还有以比较方法命名的比较教育学。

另一类是由教育学科与其他相关学科交叉产生的各种分支学科，如教育心理学、学科教学论、教育技术学、教育社会学、教育经济学、教育文化学等。

二、高等教育学科是教育科学的重要组成部分

以高等教育为研究对象的高等教育学科，是教育科学的分支学科。从结构上讲，高等教育是教育的重要组成部分，是教育的最高层次，与教育是局部与整体的关系。高等教育有自身特有的教育任务与教育对象，同时又与其他层次的教育存在不可分割的联系。就规律性而言，教育与高等教育是一般与特殊的关系，高等教育与其他各级各类教育存在共同的规律，这些共同的规律即教育的一般规律，同时，高等教育又有自身的特殊规律。高等教育学科的研究重点显然在于自身的特殊规律，但也不能离开对教育一般规律与教育整体发展问题的研究。这是因为，一方面，研究高等教育的特殊规律需要以反映教育一般规律的理论为指导；另一方面，对高等教育特殊规律的研究又可以丰富和发展对教育一般规律的认识。

高等教育学科是教育科学中的一门新兴学科，作为一门独立学科，在世界范围上讲它始于第二次世界大战以后，在中国则始于20世纪80年代初，只有短短几十年的历史。经过多年来的努力，中国高等教育学科从无到有，研究人员做了大量奠基性的工作，取得了显著的成绩，但无论从深度上还是广度上都与世界先进水平还存在较大的差距，尤其在理论上缺乏原创性的成果，在实践上也缺乏广泛的影响，因此加强高等教育学科建设，普及高等教育学科知识，进而推动中国高等教育现代化的进程，便成为广大高等教育实践工作者与理论工作者共同的历史使命。

第二节　高等教育的性质与任务

教育是人类的基本社会活动之一，具有不同于其他社会活动的本质特点。高等教育既具有教育的一般属性，也具有自身的特殊性，在人类社会发展中承担着特定的任务。

一、高等教育的性质

高等教育的性质是指高等教育在与其他类型的教育进行比较中所表现出来的特殊性。它既反映了教育的本质特点和一般特性，又有自己的相对独立性。

（一）高等教育的高级性

高等教育的高级性主要表现在两个方面：其一，高等教育是建立在初等教育、中等教育的基础之上，以培养高级专门人才为主的教育。其二，高等教育的对象一般是18岁以上的青年，相对于中小学生而言，他们的身心发展处在一个更高的发展阶段。

（二）高等教育的专业性

《中国大百科全书》（第二版）对高等教育的界定是：建立在中等教育基础上的各级各类教育的总称。学历上一般分为专科、本科和研究生。从高等教育的性质上看，高等教育是一种专业教育，是依据专业分工培养高级专门人才的教育。

（三）高等教育的学术性

高等学校的功能不仅是传授已有的知识，而且要不断地创造新的知识。对于一所高等学校或者任何一个以创造知识为目的的组织来说，学术创新都是非常重要的，伟大的思想无不来源于自由的探索。

（四）高等教育的公益性

高等学校作为非营利性机构不仅具有促进个人发展的性质，而且具有广泛的社会公益性质。高等学校的公益性主要表现在两个方面：其一，在各种各样的社会组织机构中，高等学校是人类文明、知识、科学、技术、文化等最有力、最持久的保护者和促进者之一，是体现社会先进性的主要代表之一。其二，高等学校以其特殊的地位和方式广泛介入、影响社会公共生活，尤其是关注那些容易被忽视的社会公共领域，维护、促进社会秩序、和平、公正和道义，引导、扶持社会公共事业的和谐、健康发展。

（五）高等教育的主体性

教育不仅具有相对独立性，更具有主体性与超越性。高等教育作为教育系统中的一种高级实践形态，一方面需要不断地适应、满足社会发展的需求，另一方面则需要保持自身的相对独立性，并通过一系列研究性、创造性的科学活动引领社会的发展。大学不仅是使人掌握科学知识、追求客观真理的摇篮，更是教人如何守望心灵、安顿灵魂的家园。大学是社会之光芒，是精神之堡垒。大学既要与时俱进，更要引领社会前进，同时还要抵制各种干扰与诱惑，拒绝随波逐流。大学不仅仅是承担其特定社会职能的物理场所，它存在的意义更在于它自身所应具备的文化个性与精神品格，以及由此而焕发出旺盛的创造活力。

二、高等教育的任务

20 世纪 50 年代以来，随着现代科学技术的发展和世界各国经济和生产力的不断增长，高等教育获得了前所未有的发展，大学在服务社会政治、经济、科技、文化诸方面发挥着越来越重要的作用。如果说发展科学与服务社会在 20 世纪 50 年代之前还只是少数国家高等教育的重要职能，那么，在 20 世纪 50 年代之后，培养高级专门人才、推进科学技术发展、服务社会发展需要则共同构成了现代高等教育的职能体系。

（一）培养高级专门人才

培养高级专门人才是大学最早也是最基本的社会职能。从中世纪大学到近现代大学，无论大学如何发展、变化，培养高级专门人才始终是大学的主要职能之一。现代大学培养社会上各行各业所需的高级专门人才，培养人才的规模、类型、模式也在不断地发生变化。

（二）推进科学技术发展

大学职能的变化，与科学技术发展息息相关。18 世纪开始的工业革命，要求科学技术为解决日益复杂的生产技术问题提供理论和方法，科学技术因而越来越被社会所重视。在这种社会背景下，大学迅速成为培养人才和发展科学技术的重要场所。

（三）服务社会发展需要

大学服务社会发展需要的方式是多样化的，其路径是多方面、全方位的。从广义上讲，培养高级专门人才和推进科学技术发展都是服务社会发展需要的重要途径。然而，这里说的"服务社会发展需要"特指大学直接为社会服务。随着人类社会从工业社会向信息社会的转型，社会发展对于人才培养、知识创新、科技进步、文化传承的要求越来越高，因而对高等教育的需求也越来越强烈、越来越直接。特别是第二次世界大战后，人们意识到大学在国家科技事业、经济增长与社会发展中的重要作用，认识到大学应该充分发挥其潜在优势，直接服务于社会发展需要，尤其是在社会政治、经济、文化、科技活动中发挥积极作用。因此，直接服务社会发展需要正式成为高等教育的第三项任务。

第三节　学习与研究高等教育理论的意义

学习与研究高等教育理论的意义体现在以下两个方面。

一、高等教育实践需要高等教育理论的指导

科学的教育理论是教育规律的正确反映，具有客观真理性，对教育实践具有重大的认识价值与实用价值。所谓认识价值，即认识世界的价值，它能帮助人们对教育现象作出科学的解释，了解和把握教育的客观规律；所谓实用价值，即改造世界的价值，它能帮助人们把握教育实践的正确方向，解决教育实践中的问题，对教育实践起指导作用。认识世界是改造世界的前提，而改造世界是认识世界的目的，因此，教育理论的认识价值和实用价值是不可分割的，是认识世界与改造世界的统一，是求真与求用的统一。

学习与研究教育理论的根本意义在于，掌握教育规律，用以指导教育实践，使教育实践活动达到合乎规律的结果，不断地将教育实践推向前进。历史经验反复告诉我们，当教育实践合乎教育规律时，教育事业就得到健康的发展，教育质量就能得到不断的提高；反之，若教育实践违背教育规律，教育事业的发展就会出现波折，教育质量也会受到损害。因此，只有按教育规律办教育，教育才能成功，而要做到这一点，我们首先就必须学习与研究教育理论。

下面我们以教学改革为例，具体地分析教育实践为什么离不开教育理论的指导。

改革是破旧创新。一般来说，所谓旧就是那些不符合教学发展规律或阻碍教学前进的因素或问题。正因为有问题所以才需要改革。那么，只有首先把问题看准了，才能破在该破之处，也才能创出符合教学发展规律之新。然而要把问题看准，就需要进行深入的理论研究，中外的教学改革都从教学思想和教学理论的变革开始，就是这个道理。

教学是一个极为复杂的过程，它需要不断地改革，也需要继承，那么，在现实的教学中，有哪些是历史形成的正确的东西，至今仍然应该保留的？哪些是在历史上起过积极作用，而现在已经过时了、陈旧了的？哪些本来就是错误的或片面的？这些问题都应鉴别清楚，都需要从实际出发作出理论的分析。

我们提出的改革方案，实际上就是一种理论假说。不论提出什么样的改革方案，如果开始不进行初步的理论论证，使其具有理论上的依据，那么这种方案就可能是盲目的、随意的，因此也可能是不科学的。在改革方案实施的过程中，我们更要进行大量的理论分析研究工作，也就是要不断地观察、比较，并对获得的感性材料进行整理加工，要对实施中存在的问题进行科学分析，不断地调整改革实施方案，使其能够达到最佳的效果。对实施的结果，我们要进行理论上的总结，从中找出规律。这样我们就可以获得两个方面的成果：一个方面是具有理论依据和实践依据的比较完善的改革方案，这种方案可以经过领导决策而进行大面积的推广；另一个方面就是理论上的成果，也就是在实践基础上提出新的理论观点。

无论如何，高等教育研究都不能离开也不能放弃理论解释。如果离开高等教育理论，我们将无法理解事实也无法建构意义，特定的事实只有在合适的理论框架下才能得到有效解释。高等教育实践涉及各个学科的知识生产与传播，高等教育研究的目的是综合各个学科的知识来对高等教育实践进行合理的解释，而不是仅依赖本领域的知识对高等教育问题进行单一学科的分析。总体而言，教育改革与教育理论研究是互为条件、互相促进的，一方面教育改革不能离开

教育理论的研究和指导，另一方面教育改革又推动教育理论的研究和发展。

二、大学教师专业化的需要

从专业角度讲，大学教师从事的教育工作有特定含义，是科学与教育的结合，其专业化的要求，除在学科专业领域必须有较高的造诣外，还必须掌握教育规律，具有教育理论与教学技能方面的修养。大学教师应是某一学科的专家加教育家，在一个大学教师身上体现着两个原则，即科学原则和教育学原则。无疑，这种要求是必要的，也是合理的。

但在现实中，有相当一部分教师对教育理论的学习和研究缺乏应有的认识，认为大学教师不学教育理论照样可以教书，有的甚至还教得很好。那么，我们究竟应当如何看待这种现象呢？首先这是事实，但这一现象产生的原因是经验在起作用，经验从哪儿来的呢？一方面，教师在学生时代，从小学到大学乃至研究生，始终都是教学过程的参与者，虽然是当学生，却从他们的老师那里学得了一些教学的间接经验，所以一旦自己当了教师，对教学工作并不是完全陌生的；另一方面，教师在自身的教学实践中，又可以积累自己的直接经验，教师通过经验的积累也能摸索到一些教学的规律，因而取得一定的教学效果。我们并不否认经验的作用，因为人们对规律的认识是来源于经验的；但是必须看到，仅仅靠经验是远远不够的，如果不将经验上升到理论，就会给实践带来极大的盲目性，就会走更多的弯路，花更大的代价，就很难使认识由必然王国走向自由王国。我们可以设想，一些有经验的、教学效果好的教师，如果将经验与理论研究结合起来，教学效果会不会更好？

认识教学理论对教学实践的重要意义，关键问题是要认识到，教学内容所反映的科学规律虽然与教学规律有关，但却不能代替教学规律，学术水平也代替不了教学水平。

大学教师的教学效果，是对其学术水平和教学水平的综合反映，是两者相互结合的产物。所谓教学水平，包括对教学规律的理解，具有必需的教学能力和技巧，善于根据教学内容的特点和学生的特点，采用科学的教学方法。

例如，大学教师不一定能教得好中小学；专业水平基本相同的大学教师，讲同一门课，甚至用同一个讲稿，教学效果也不会是完全一样的。这些情况说明，教师只有专业知识是不够的，还必须掌握关于教学过程和教学对象的理论。

总体来讲，教师要搞好教学工作必须做到理论和实践的统一，在对待学科理论的问题上要注意防止和克服本本主义，而在对待教学理论的问题上要注意防止和克服经验主义，这样才能使教学水平和学术水平都得到提高。

第四节　本书的基本结构与学习方法

本书按照下列原则编写，形成具有特色的知识结构，并提供特定的学习方法。

一、本书编写的原则

本书适合作为高等学校教师专业发展的继续教育用书或参考书，也适合作为高等学校新教师岗前培训教材。本书在编写时贯彻了下列原则：

第一，针对性原则，即针对大学教师文化层次高而教育学基础薄弱的特点以及上岗从事教学工作的需要，在高等教育学理论体系的背景下，突出重点，设置专题。

第二，基础性原则，即在专题设置中，反映必须掌握的基本概念与基本原理，使大学教师对教育规律与高等教育的特点有一个基本的了解，为今后的学习与实践打下必要的理论基础。

第三，实用性原则，即与大学教师的教学实践紧密相连，在专题设置的整体结构上，突出了教学理论与教学工作的有关内容，与教师站稳讲台、顺利通过"教学关"，成为一名合格教师具有直接的关系。

第四，可选择性原则，即各专题之间既有内在的逻辑联系，又具有相对的独立性，因此，可根据时间条件与实际需要有选择地进行讲授或自学。各专题配套的推荐阅读为读者提供了更多可供选择的学习内容。

二、本书的基本结构

本书的基本结构可分为四个部分：

第一部分，即绪论，所要回答的问题是，什么是教育科学与高等教育学科，两者是什么关系，高等教育的性质与任务，大学教师为什么要学习高等教育理论以及如何学习。

第二部分，即第一章至第四章，从宏观角度回答了中国高等教育的历史发展与现代化、教育目的、高等教育目标系统的构建及高等教育的基本结构，阐述了有关高等教育的性质、发展及人才培养等方面的基本理论问题。

第三部分，即第五章至第十三章，在中观的学校层面上回答了什么是大学，现代大学制度及大学教师的工作，在微观的教学层次上重点论述了大学教学理论与教学工作，并就大学教学的整体改革提出了看法和建议。

第四部分，即第十四章，为全书的总结，提出了中国高等教育模式的变革与创新的根本目标，并从培养模式、管理模式、发展模式三个方面讨论了中国高等教育模式变革与创新的基本内容，对研究和运用高等教育理论具有重要的意义。

本书为大学教师学习高等教育理论和教学实践提供了基础知识与方法。为了深入持久地学习，大学教师还必须扩大阅读的范围，包括各章的推荐阅读，希望大学教师的教育理论修养和实践能力能够不断提高。

三、高等教育学的学习方法

下面仅就学习高等教育学的方法提供几点建议。

（一）要注意把握概念及概念间的逻辑联系

概念是思维的细胞，也是理论的最基本的单元，从一定意义上讲，理论是按一定的逻辑关系集合而成的概念体系，也叫概念的逻辑体系，因此我们在学习时要注意以下两点。

1. 认真把握概念的内涵

概念通常有三种：一种是在教育实践中常用的概念，我们往往认为熟悉的概念就一定是已被理解的概念，其实不然，事实上我们对熟悉的概念有时也会存在模糊的、片面的认识，因此，对此类概念不能马虎，要通过理论学习获得明晰的、科学的认识；另一种是以前未接触过的概念，我们更应弄清它的内涵与外延；还有一种是在理论上有歧义的概念，我们可以将不同的解释进行比较，经过独立思考，形成自己的认识。

2. 认真把握概念间的逻辑联系

任何一个概念都不是孤立存在的，概念间的逻辑联系正是对客观事物普遍联系的反映。只有把握了概念间的逻辑联系，才能从整体结构上深入地理解理论的内容与实质。概念间的联系一般存在以下三种情况。

一是概念间的种属关系，或上位概念与下位概念的关系，从纵向反映了概念间的层次性。其特点是，上位概念比下位概念抽象，而下位概念比上位概念具体，要切忌在层次上混淆概念。

二是概念间的平行关系，即从横向上反映同一层次不同事物之间的关系。认识这类平行概念的关键在于，要准确把握这些概念之间的区别和联系。

三是概念间的逻辑顺序，即先行概念与后续概念的关系。在种属关系中，上位概念在先，下位概念在后；而在平行关系中，要视认识的逻辑顺序或逻辑推演的顺序而定，不应随意颠倒。

（二）要理论联系实际

对概念与原理的理解，不能由概念到概念，更不能死记硬背，而应当采取理论联系实际的方法。

其一，要联系平时观察到的教育现象与切身的教育体验来理解概念与原理。任何概念与原理都来源于实践，都是对教育事实和教育实践经验的归纳和提升，我们要善于把事实、经验与理论进行比照，从中理解概念与原理的含义，这样就会使枯燥的定义变得鲜活起来。

其二，要运用所学的理论来解释教育现象并指导自己的教育实践，即学以致用，在用中进一步加深对理论的理解，并提高教育实践的功效。学习理论归根到底是为了应用，学而不用等于白学。因此，学用结合既是学习理论的根本目的，也是学习理论的根本方法。

（三）要将学习与研究结合起来

大学教师既是教育实践的主体，也是教育理论研究的基本力量。教育理论研究仅靠专门的教育理论工作者是远远不够的，只有将教育理论研究工作与教育工作结合起来，才能使教育理论研究具有无限的生命力并结出教育理论创新之果。在历史上和现实生活中，真正有成就的教育家，无一不是教师、学者、教育理论研究者的统一。

大学教师要承担起教育实践与教育创新的双重任务，必须处理好学习教育理论与研究教育问题的关系，从学习入手，在学习的基础上研究，在研究的带动下学习，边学习，边研究，将学习与研究紧密结合起来。大学教师的教育研究可以采取多种形式、多种途径，可以总结教育实践的经验，可以研究教育实践中所遇到的问题，也可以参与学校组织的教学改革立项的课题研究，等等，只要坚持学习与研究相结合，就一定能够在教育研究方面做出成绩来。

【复习题】

1. 试述高等教育的任务。
2. 大学教师为什么要学习和研究高等教育理论？
3. 学习高等教育学的方法有哪些？

【推荐阅读】

1. 潘懋元. 多学科观点的高等教育研究［M］. 上海：上海教育出版社，2001.
2. 杨德广. 高等教育学概论［M］. 上海：华东师范大学出版社，2002.
3. 潘懋元. 关于高等教育学科建设的若干问题：在全国高等教育学科建设研讨会上的报告［J］. 高等教育研究，1993，14（2）：6.
4. 靳诺. 立德树人：高等教育的根本任务和时代使命［J］. 中国高等教育，2017（18）：8-12.
5. 王建华. 论"高等教育理论"的建构［J］. 清华大学教育研究，2022，43（1）：12-22.

第一章　中国高等教育的历史发展与现代化

【知 识 列 表】

中国高等教育的历史发展与现代化	中国古代高等教育	中国古代高等学校的产生
		中国古代高等学校的发展
		书院与中央官学
	近现代中国高等教育的发展	中华人民共和国成立前的高等教育
		中华人民共和国成立后的高等教育
	中国高等教育现代化	中国教育现代化
		中国高等教育现代化战略目标
		中国高等教育现代化战略任务

现代意义上的高等教育在西方已有近千年的历史，而在中国还是近代以来的事情。回望历史，中国古代高等教育既是中国五千年文明史的重要组成部分，也对中国文明史的形成和发展产生了重要作用。在讨论高等教育历史时，我们既不能妄自菲薄，又不能盲目排外，在客观评价中国高等教育优良传统的同时也要虚心学习西方国家的先进经验，利用后发优势奋起直追，早日实现中国高等教育现代化。

第一节　中国古代高等教育

古代高等教育与古代文明相生相伴，中国有着五千年文明史，是世界上最早出现高等学校的国家之一。

一、中国古代高等学校的产生

中华民族有着悠久的历史、灿烂的文化，素以文明古国著称于世，其重要标志之一便是中国古代的学校教育在世界教育史上占有极为重要的地位。根据古文献的记载和学者的研究，一般认为，中国正式的学校教育产生于公元前2070年至公元前1600年的夏朝。众所周知，文字的产生与学校教育有着不容置辩的密切关系，商代的甲骨文已是成熟的系统文字，甲骨文中已有"大学""教""学"等字，所以，比较保守的推断是高等教育在中国已有三千年历史。如果说五帝时期的"成均"、虞夏时代的"虞庠之学"只能称为古代高等学校的萌芽，那么，西周时代的"辟雍"，作为皇帝承师问道之所，应该算作中国古代高等学校比较确切的起点。①

拓展阅读：西方古代高等教育与欧洲中世纪大学

由于文字和学校教育最初掌握在统治阶级手中，为统治阶级培养人才服务，所以中国最早的高等教育具有以下特点：

其一，学在官府，或称学术官守、非官无学。这表明最早的高等学校全系官办，为官方所垄断。官学的服务对象是皇帝及贵胄子弟。

其二，官学一体，或官师合一。这是学在官府的题中之义。它的含义是，官办的学校亦官亦学，大学作为国家最高学府，也是全国最高教育管理机构；同时，高等学校中的教师也是亦官亦师，官职是教职的前提，师资的任用由官府包办。

其三，政教合一。这是指政治与高等学校组成封闭系统，大学成为政治工具，读书与做官密切相关，教学内容与官方意识形态不可分离。

由此可知，官本位与中国高等学校的渊源关系何等深远。

二、中国古代高等学校的发展

春秋战国时期，官学失修，私学兴起。从高等教育的角度看，战国时期齐国稷下学宫应该

---

① 龚露.辟雍研究成果综述［J］.凯里学院学报，2020，38（1）：104-108.

是中国民办高等教育（特别是民办官助的书院）有实无名的起点。①确切地说，它具有官私联营、亦官亦私的性质。教师不由官方任命，而由众人公推，教学内容不受官方限制；学者讲学，各授其长；师生行动上来去自由，学风上不受政治立场和学术派别限制，提倡百家争鸣、思想自由。稷下学宫的创设，促进了诸子学派的形成、分化和交融，并以教学和学术研究相结合、兼容并包的办学原则在我国古代高等教育史上留下了辉煌的一页。②

秦朝实施"以吏为师""以法为教"的文教政策，造成学校教育的倒退和逆转，高等教育也处于停滞状态。直到西汉时期，社会复苏，高等教育才有了新的发展。官学发展为中央官学和地方官学两大类，其中太学是具有大学性质的高等学校，鸿都门学和四姓小侯学是具有专科性质的高等学校。太学作为制度完善的正规官方大学，在鼎盛时期（东汉顺帝时）学生多达3万人。太学的儒学传统、教学制度、为官方育才的教育方针等对后世官办高等教育影响巨大。③

"继汉开唐"的魏晋南北朝时期，政治动荡，朝代更替频繁，太学虽然存在，但官学时兴时废，学制时断时续。私家办学则再度繁荣，而且儒、道、佛自由发展，但哪些算得上真正的高等教育，却很难确定。隋文帝建立隋朝之后，明令废止重门第而不分贤愚的九品中正制，实行按才能分科考试的方式选拔官员。隋炀帝时，政府开始设立进士科，科举制形成。科举制将读书、应考、做官三件事联结在一起，大大刺激了广大士子的求学积极性，也促进了中央和地方各级学校教育的发展。隋代继续维持太学的普通高等教育的地位，还创设了预科性质的四门学以及专科性质的书学、算学和律学。④

唐代不仅是中国古代社会发展的一个高峰，也是中国在政治、经济、文化等方面全面领先世界的一个强盛时期。唐代的官学制度空前完备。唐代的六学二馆（国子学、太学、四门学、律学、书学、算学、崇文馆、弘文馆）虽入学条件迥然不同，多为贵族和高官子弟所设，但都具有高等教育性质。这些学校的总招生名额最高曾达到八千余人。学校的种类之多，体系之完备，学科之丰富，世界当时无与匹敌。中央与地方官学与科举挂钩，促进了包括高等教育在内的学校教育的发展，同时，也带来了消极影响：学校逐渐沦为科举制度的附庸，最后完全衰微。⑤

五代十国的教育与盛唐不可同日而语，学校教育几近废绝。至于两宋时期，随着中央集权的强化，文官政治的逐渐定型，理学的兴盛，科举制得到进一步强化，并与学校教育联系更加紧密，出现了三次兴学运动即"庆历兴学""熙宁兴学""崇宁兴学"，完备了学制，推动了地

---

① 刘宝春.论稷下学宫和谐精神及其对当代高等教育发展的启示［J］.中国成人教育，2010（1）：108-109.
② 毛玲.古希腊与春秋战国时期的高等教育比较研究［J］.中国电力教育，2012（19）：1-3.
③ 毛玲.古希腊与春秋战国时期的高等教育比较研究［J］.中国电力教育，2012（19）：1-3.
④ 熊明安.中国古代高等教育散论［J］.教育研究，2002（3）：39-42.
⑤ 熊明安.中国古代高等教育散论［J］.教育研究，2002（3）：39-42.

方学校的普遍设置，包括太学在内的中央官学也得到了发展，规模扩大，门类更趋齐全。①

明代的最高学府是设于南京的京师国子监，"品官子弟和民之俊秀者"可入国子监就读，官生由皇帝指派分发，民生则由地方保送。国子监可开设近30门课，毕业任官前还须到各衙门"历事"，即实习吏事。②

清朝时期，统治者实行极端专制的文教政策，加强对士人的思想钳制，导致科举制度的僵化和官学制度的空疏，直至废弛。作为教育学府的国子监到19世纪下半叶已是徒有四壁、名存实亡，沦为世人混取资格、捞取官位的场所。中国古代高等教育走到这一步，已是穷途末路了。③

三、书院与中央官学

书院是我国古代特有的高等教育机构，它以私人创办为主，积聚大量图书，将教学活动与学术研究结合在一起，从唐代至清末，存在了一千年之久。有名无实的书院始建于唐代官办书院，其主要职能是为皇家收藏和点校图书，兼及为皇帝讲书和以文会友、举贤荐才等。私人设置的书院则以个人读书为主。真正具有聚徒讲学性质的书院是白鹿洞书院的前身——建于南唐的庐山国学。到北宋初年，书院制度已发展完善，成为古代中国教育制度的重要组成部分。南宋是书院发展的极盛时期，几乎取代官学而成为主要的高等教育机构。元代书院已为官方严格控制，书院办学水平下降。明代书院由衰而兴，其代表为明末著名的东林书院。虽明代四毁书院，但"终不能止"，可见书院生命力之强盛。至于清代，对书院是先抑制后严控，并迅速发展，从元代开始的书院官学化倾向到清代已达到极点，书院失去了独立性与自主权，也失去了自己的办学特色。但各类书院中的一种，即兼习经史和自然科学、工商诸科的书院，成为近代新式学堂的滥觞。④

第二节　近现代中国高等教育的发展

历史学家把1840年鸦片战争到1949年中华人民共和国成立划为近代，1949年中华人民共和国成立以后划为现代。

---

① 卢奔芳.中国古代高等教育漫谈[J].南宁师专学报，1997（1）：48-51.
② 黄光辉.论元丰改制后宋代中央学官的迁转[J].教育史研究，2020，2（4）：69-81.
③ 赵蒙成.清代高等教育行政管理嬗变述评[J].杭州师范学院学报，1999（1）：82-86.
④ 朱汉民.书院精神与书院制度的统一：古代书院对中国现代大学建设的启示[J].大学教育科学，2011（4）：3-5.

一、中华人民共和国成立前的高等教育

（一）清末时期的高等教育

中国近代史是帝国主义侵略中国和中国人民反抗帝国主义、封建主义的斗争史，也是中国被迫开放国门、向西方学习的历史。由于清末封建传统教育已空疏腐化，一部分有识之士从鸦片战争以后便开始主张学习西洋，改革教育。1862年洋务派创办的京师同文馆标志着西式学校教育在中国的开端，此后开设的船政学堂（1866，福州）、水师学堂（1881，天津）、武备学堂（1886，天津）、陆师学堂（1886，广州）是中国近代最早的专业技术学校。但是这些学校并不能纳入高等教育的范畴，充其量不过是中等专科学校。①

拓展阅读：西方近代高等教育

我国自办的新式高等教育，实始于1895年盛宣怀所奏办的天津西学学堂的头等学堂。该学堂聘请外国人任总教习，模仿外国大学堂，内设工程、电学、矿务、机器、律例五科。1897年创办的南洋公学也设有大学性质的上院或头等学堂。②1898年创办的京师大学堂，是"百日维新"的仅存硕果。京师大学堂以中体西用为宗旨，不仅是人才培养之所，也是全国最高教育行政机关，统管全国各省学堂。③

1902年，山西巡抚岑春煊奏设山西大学堂，将筹备中的中西大学堂并入。这是中国省立大学的起点。④

在政府办理大学堂的同时，外国传教士也开始在中国举办教会大学。第一所教会大学是1900年由著名的中西书院改名的东吴大学，其次是1905年由圣约翰书院发展而成的圣约翰大学。清末民初，已有8所教会大学，而此时国立大学只有3所。⑤

由于受办学经费、师资条件、传统观念以及教会大学对高等教育的垄断等因素的影响，中国民办大学发展缓慢，清末仅有1905年创办的复旦公学和1906年创办的中国公学，至民国初年，私立大学总共不过7所。⑥

就20世纪中国高等教育的发展历程而言，1905年废科举、兴学堂是一条划时代的分界线，它是中国近代人才培养与选拔制度根本变革的标志。此前，1904年，《奏定学堂章程》正

---

① 赵蒙成. 清代高等教育行政管理嬗变述评［J］. 杭州师范学院学报，1999（1）：82-86.
② 杨澜涛，张俊斌. 清末民初中国大学本科教育创始标准问题研究：以西安交通大学为例［J］. 教育史研究，2018（1）：150-158，219.
③ 夏剑钦. 清末管学大臣、京师大学堂创办人张百熙［J］. 书屋，2022（4）：21-24.
④ 曹勤民. 民国时期的山西大学堂（1912.2—1949.3）［J］. 山西大学学报（哲学社会科学版），2022，45（2）：161.
⑤ 马敏. 中西交融 取精用宏：中国教会大学办学经验对当代教育的启示［J］. 华中师范大学学报（人文社会科学版），2021，60（2）：112-120.
⑥ 刘巍. 民国时期私立大学财政补助研究［J］. 高教探索，2021（11）：100-108.

式颁行,它为包括大学堂在内的各级新式学堂的举办提供了基本蓝图和法律保障,但由于科举制度仍为选士重心所在,各级官员和民间士绅对举办学堂多持观望态度,大批士人还期望借科举以博取功名,所以新学制一时难以真正施行。为了破除阻碍,加上日俄战争的刺激,清廷迫于大势所趋,终于于1905年废除了在中国实施了一千多年的科举制,为新学制的推广和高等教育的扩展创造了重要条件。"新政"后期(1905年9月—1911年12月),新式高等学校和学生数量有了显著增长,1909年,全国共有各类高等学堂123所,其中大学3所,省立高等学堂23所,专科性质的高等学校97所,在校大学生达22000余人。①

伴随着新式高等教育兴起的是高等教育行政管理体制的转换。维新期间创办的京师大学堂作为兼管全国新式学堂的最高行政机构,略仿国子监之例,设管学大臣、总教习各一员。这是清末新式高等教育行政机构的萌芽。《奏定学堂章程》颁行后,学制系统与教育行政系统分开,此时所设学务处规格低,难以统领全国学务,更不能触动礼部和国子监的最高中央教育行政地位。直到废科举之后,1905年12月,清政府设立学部,裁并礼部和国子监,同时,裁撤各省学政,设直省提学使,形成较完整的高等教育管理体系。在管理职能上,新的行政机构突破了传统科举考试管理的藩篱,为新式高等教育的发展提供相应的教务、学务、考务和财务等管理服务。这对中国高等教育近代化是一个有力的推动。

以废科举、兴学堂为契机,高等教育的培养目标从传统的科举入仕转变为近代专业教育的多种职业选择。虽然清政府"中体西用"的教育方针和"忠君""尊孔""尚武""尚实"的人才培养目标并未改变,但新学堂的新式教育所培养的新式人才却并不符合清廷统治者的初衷。这与新式学堂的课程内容和结构从崇尚儒学、专业结构单一,逐渐转向以自然科学、社会科学为主要科目,法政、工商、师范、理、化、医、农等学科流行也有直接关系。

毋庸讳言,学堂代表的是西方教育制度,最早颁行的《奏定学堂章程》,也是模仿日本(最终还是模仿欧美)学制制定的。早在鸦片战争之后,西方近代教育思想、理论、制度、内容和方法等就已进入部分中国人的视野,外国传教士所办的"洋学堂"给国人提供了西方学术构架的实例,为中国移植西方高等教育模式增加了感性认识。戊戌变法前后,维新派领袖康有为、梁启超多次向光绪皇帝谏言将旧有之书院改为新式学堂,把建立近代学制与改革中国传统教育结合起来。戊戌变法失败后,以张之洞为代表的部分开明政府官员,从维护封建统治的目的出发,成为促进清廷接受西方近代教育模式、改革中国传统教育的主要推动力量。迫于形势,清朝统治者不得不借鉴西方国家成例,在中国建立起近代新学制,在中等教育基础上,发展培养具有一定实用知识和技能的高级专门人才,兼授中西学的新型高等教育机构,使中国高等教育开始了近代化历程。

(二)民国时期的高等教育

辛亥革命后,南京临时政府教育部废除了清末的教育制度,于1912年先后颁布了《大学

---

① 朱国仁. 评清末"新政"时期的高等教育改革[J]. 高等师范教育研究,1995(2):54-59.

令》等一系列高等教育改革文件,对各类高等教育的名称、性质、招生和培养对象都作出规定,使中国高等教育向近代化迈出新的一步。1922年,中华民国北洋政府颁布壬戌学制,宣布废止预科,大学实行选科制,高等师范学校归并到大学。壬戌学制是中国近代教育史上最完备的学制,它的产生也标志着中国近代高等学校制度的基本成熟,壬戌学制在其颁布后的20多年里,虽然有细微调整,但高等教育部分变动不大。这个学制受美国的影响较大,顺应了西学东渐和中国近代文化发展的趋势。

在管理体制方面,南京临时政府以教育部取代学部成立中央教育行政部门。民国时期进行的体制改革虽具有资产阶级性质,在制度上较清末更为完善,但在中央集权制和参照日本高等教育行政管理体制上两者有相通之处。

在校内管理方面,专门学校基本上实行校长负责制,由校长统管全校各项工作。大学分校、科两级管理。校长总辖全校事务,各科设学长一人,主持科内事务。大学设评议会,从各科学长的教授中选会员,校长为议长。各科设教授会,以教授为会员,学长为会长。由于具体规定不甚明了,故各大学中实施情况各不相同。

1917年,蔡元培出任北京大学校长,对校内管理体制进行了全面改革。其一,组织评议会。评议会作为全校最高权力机构,决定学校重大事宜。其二,组织行政会议,建立总务处,执行评议会决议,负责全校行政、总务工作。其三,废除各科学长,组织校务会议,建立教务处,统一管理全校教务工作。其四,废学门改设系,并成立各系教授会,具体负责系里的教学等工作。这样就形成校长与评议会、行政会议与总务处、教务会议与教务行政会议属下各委员会和系教授会、系主任三级管理体系。这些改革的目的,"都是谋以专门学者为本校主体,使不至因校长一人之更迭而摇动全校"①,充分体现民主治校精神。

在高等学校的人才培养目标方面,民国时期并无统一规定,蔡元培主政北京大学时,力主"学"与"术"分途,主张大学培养具有融会贯通能力和完全人格的文、理科学术人才。受德国模式的影响,他也曾尝试把法、商、工等实用学科与大学分离,造成人才培养目标单一的弊端,大学自身发展也因社会服务职能不能充分发挥而受限。南开大学的创始人张伯苓先生认定南开大学应培养既具备学术理论才能又具备实际工作能力的人才。清华大学梅贻琦校长则提出"通识为本、专识为末"的观点,要求学生兼具自然、社会、人文三方面知识,同时,关注学生今后的就业和出路。这种培养目标融入了美国通才教育的思路,在一定程度上符合当时的社会实际。浙江大学竺可桢校长以造就"公忠坚毅,能担当大任,主持风气,转移国运的领导人才"为培养目标,倡导全面发展,主张通才教育与技术教育并重而偏于前者。由此可见,民国时期的高等教育培养目标实际上是倾向于通与专结合的。

整个民国时期,南京国民政府一方面实施"党化教育"和专制主义教育,加强对大学的控制,另一方面也在推动大学教育的发展。抗日战争期间,由于日本帝国主义的摧残蹂躏,我国高等教育事业遭受了巨大破坏,一批著名高等学校被迫辗转内地办学,损失惨重。但总体来

---

① 蔡元培.北京大学成立第二十五周年纪念会开会词[N].北京大学日刊,1922-12-23.

说,在国民党统治期间,高等教育得到了一定发展,不仅大学数量有了较快增长,而且大学教育质量也有所提高。到 1948 年底,全国共有大学和独立学院 120 所,其中国立大学 32 所,私立大学(包括教会大学)27 所,国立独立学院 22 所,省立独立学院 26 所,私立独立学院(包括教会独立学院)31 所。①

此外,值得一提的是,中国共产党自成立后,十分重视革命干部的培养教育,在各个历史革命时期,陆续创建过一些著名的新型大学,这些大学成为培养革命干部的摇篮。抗战期间,中国共产党在延安集中建立的高等干部学校就达 17 所,学生数万人,著名的有中央党校、抗日军政大学、陕北公学、鲁迅艺术文学院、中国女子大学、延安大学、自然科学院、民族学院等。其中尤以抗日军政大学最负盛名,堪称延安时期高等教育发展的一个缩影。抗日军政大学及其分校在其存在的九年里,培养出了 20 多万抗日干部。抗日军政大学提倡教育与实践相结合,实行民主自治的学校管理制度,建立了集体的、自动的、互相帮助的学习制度,树立了艰苦朴素的学风和校风。延安时期的高等教育办学思想和经验是在特定历史时期和特定的环境下形成的,其中一些优秀的传统对中国高等教育的发展产生过良性影响。②

二、中华人民共和国成立后的高等教育

(一)高等教育全面学习苏联与纠偏

中华人民共和国成立初期(1949—1952 年),高等教育领域的主要工作是恢复学校秩序,接收教会学校,改造私立大学,同时为大规模高等教育改革做准备。

以苏联模式为蓝本实施的大规模高等教育改革始于 1952 年秋,首先按苏联的高等教育体制实行了院系调整,即将文理工医农学科齐全的综合大学改造为文理综合大学,设置其他科类的单科和多科学院,且以单科学院为主。接着在教学制度方面也全面按照苏联的经验进行了改革,建立"大学—系",系内设专业、教学研究组(室)的大学内部组织结构,系成为校以下主要教学行政单位,而专业是大学教学制度的核心。大学按专业招生,人才按专业培养,课程按专业设置,教学活动围绕专业展开。教师则以教学研究组为活动单位,不再以个人为单位。讲课内容、方法必须经教研组讨论决定,教学成为教师的集体活动。同时,建立以专业为中心,按照统一的教学计划开展教学活动的教学制度,翻译使用苏联高等学校的教科书,学习苏联高等学校的教学方法。可见,这种学习是非常彻底的,可以说是完全照搬。

从高等教育适应社会发展的新变化来看,1952 年的院系调整应当说基本上是成功的,但

---

① 梁尔铭.民国时期高等学校系统建构的历史变迁[J].教育文化论坛,2022,14(2):8-13.
② 孙刚成,宋紫月.中国共产党在延安时期成功创办高等教育的经验与启示[J].教育文化论坛,2021,13(3):38-44.

是若以是否符合高等学校自身发展规律来评价，答案就不那么肯定了。当时的院系调整与近代科学综合化发展的大趋势是背道而驰的，对原有学校的文化积淀造成了相当大的损害。学科齐全的综合大学的削减，削弱了我国高等学校的整体学术水平和科研实力，拉大了我国大学与世界一流大学之间的差距。

1957年后，由于全盘学习苏联带来了某些不良后果，我国对苏联经验和模式有了认识上的变化，加上政治和意识形态上的原因，高等教育部开始根据中央指示精神修正一些学习苏联制度的做法，如将统一的教学计划改为参考性文件。1958年开始的"教育大革命"则在更大范围内改变了以苏联模式为蓝本而形成的高等教育制度，如将生产劳动引入高等学校，甚至以生产劳动代替教学活动；对教学计划、课程设置进行大幅度修改，甚至让学生参与教材编写。1958年至1960年，高等教育因超常发展和上述所谓的改革带来了许多混乱与问题。1961年1月，教育部召开全国重点高等学校工作会议，根据"调整、巩固、充实、提高"的八字方针，提出对全国高等学校实行"定规模、定任务、定方向、定专业"。1961年9月试行的《中华人民共和国教育部直属高等学校暂行工作条例（草案）》（即"高教六十条"），保证了高等学校正常教学秩序的恢复。这一阶段的改革应当说只是偏离和修正了20世纪50年代初期形成的全盘照搬苏联的高等教育制度，但并未对后者予以否定，在摆脱苏联模式方面所做的探索和尝试，并不足以抹去我国高等教育制度中的苏联色彩。

（二）十年浩劫高等教育全面倒退

1966年至1976年的十年"文化大革命"是一场空前浩劫，整个教育，尤其是高等教育，是重灾区。从1966年起，高等学校整整四年停止招生，到1970年才开始招收工农兵学员。若以1965年为基数，按正常的增长比例计算，到1977年恢复高考，我国高等学校至少少培养了150万至200万人，造成了日后的人才断层，影响深远。从1969年开始，大批高等学校开始搬离中心城市，下乡改造。1971年，全国教育工作会议决定，将原有的434所高等学校砍掉106所，其中43所与其他学校合并。"文化大革命"给高等教育带来的最大破坏是大学理念和基本价值观的丧失，贬抑知识，过分强调实践。

（三）改革开放高等教育高速发展

1977年冬，我国恢复高等学校入学招生考试，这标志着高等教育进入了一个恢复、发展和改革的新时期。1978年4月召开的全国教育工作会议否定和抛弃了"文化大革命"中以阶级斗争为纲的教育方针，将实现四个现代化确立为教育的主要目标。高等教育的规模扩展速度很快。1977年共招生27.3万人，超过1965年的16.4万人。各省市创办了一些新的高等学校，从1978年到1985年，全日制高等学校在校生人数增加了一倍多，从1977年的62.5万人上升到1985年的170.3万人。与此同时，成人高等教育也得到迅速发展，除了正规高等学校附设的函大和夜大，广播电视大学以及成人高等教育自学考试制度也得以建立。1985年，接受成人高等教育的人数达到172.5万人，与全日制普通高等教育人数持平。[①]

从1986年开始，高等学校扩大规模的势头减弱了，这与经济改革中出现的波动密切相关，与国家选择的控制发展高等教育的战略也有关系。同时，1985年大学毕业生的分配越来越困难，成人教育中学历教育的需求已基本得到满足，生源在减少。1986年到1991年，招生人数增长率几近为零，甚至出现负增长。1993年颁布的《中国教育改革和发展纲要》明确提出大学毕业生不包分配的体制，实行毕业生和用人单位双向选择的就业机制。鉴于高等教育的非义务教育性质和高等教育对个人未来收益的预期，高等学校开始实行收费上学，学费约占人才培养成本的四分之一，同时采取多种措施扶持贫困生。

1992年邓小平南方谈话以后，高等教育规模又有较大增长，《1993年全国教育事业发展统计公报》显示，全国普通高等学校在校生从1992年的217.3万人增长到1993年的253.6万人，年增长率为16.7%。接下来的五年，根据中央"高等教育应走内涵式发展为主的道路"的精神，高等教育的规模呈低速发展的态势。从1999年开始，在"实现高等教育大众化""扩大内需、拉动经济"等口号的推动下，高等教育开始了三年扩招。《1999年全国教育事业发展统计公报》显示，1999年普通高等学校招生达159.68万人，比1998年的108.36万人增长47.4%；《2000年全国教育事业发展统计公报》显示，2000年普通高等学校招生达220.61万人，比1999年增长38.2%；《2001年全国教育事业发展统计公报》显示，2001年普通高等学校招生达268.28万人，比2000年增长21.6%。三年扩招，这种历史性的跨越式发展，使我国高等学校的规模迅速跃上一个新台阶，同时也带来一些新问题。2002年后，规模扩大速度趋缓，在校生年增长率在10%以下。尽管如此，到2004年，我国各类高等教育在学总规模超过2 000万人，居世界第一，高等教育毛入学率达19%，这标志着我国高等教育进入大众化阶段。"十三五"期间，我国普通高等学校的招生人数从748.61万人增加到967.45万人，2020年的高等教育毛入学率已经超过50%，在校生人数超过3 000万人。2021年，我国高等教育在学总规模超过4 430万人，高等教育毛入学率57.8%，实现了历史性跨越，我国高等教育进入世界公认的普及化阶段。

毫无疑问，改革开放以来的40多年，是我国高等教育发展速度最快、改革步子最大、成效最显著的时期。在思想观念方面，我国在高等教育价值观、发展观、人才质量观、办学观和育人观等方面发生了根本转变：对高等教育在社会发展中的价值的认识不断提高，开始强调高等教育的主体发展价值；强化质量意识，把提高质量作为发展高等教育的重点；人才质量标准从重知识、能力转变为突出对人的素质，尤其是综合素质的要求，并以此为宗旨，完成向全面素质教育的育人观的转化；坚持教学工作是高等教育工作的中心，树立高等学校各项改革都应围绕教学改革进行的办学指导思想。

[①] 苏怡，聂永成.改革开放以来我国高等教育的发展：成就、问题与展望［J］.海南师范大学学报（社会科学版），2021，34（4）：79-91.

第三节　中国高等教育现代化

现代化是中国人的百年梦想，国家富强、经济发展、社会进步、人民幸福，教育必须先行，教育现代化是所有现代化目标的重中之重，高等教育现代化在其中占据着更为重要的地位。

拓展阅读：
美国高等教育现代化

一、中国教育现代化

2019年2月，中共中央、国务院印发了《中国教育现代化2035》。《中国教育现代化2035》是我国第一个以教育现代化为主题的中长期战略规划，是新时代推进教育现代化、建设教育强国的纲领性文件，定位于全局性、战略性、指导性，与《中国教育改革和发展纲要》《国家中长期教育改革和发展规划纲要（2010—2020年）》等中长期规划相比，时间跨度更长，重在目标导向，对标新时代中国特色社会主义建设总体战略安排，从"两个一百年"奋斗目标和国家现代化全局出发，在总结改革开放以来特别是党的十八大以来教育改革发展成就和经验的基础上，面向未来描绘教育发展图景，系统勾画了我国教育现代化的战略愿景，明确教育现代化的战略目标、战略任务和实施路径。

二、中国高等教育现代化战略目标

《中国教育现代化2035》对中国高等教育提出的总目标是：建成中国特色、世界一流的高等教育体系，高等教育竞争力明显提升；高等教育普及程度达到发达国家水平；更多的大学和学科进入世界一流行列，若干大学进入世界一流大学前列，一批学科进入世界一流学科前列；人民群众有更多机会接受高质量、可选择的高等教育。《中国教育现代化2035》对我国高等教育现代化的图景做出了规模、水平以及多样性的描述和规定。

具体来说，我国高等教育现代化战略目标包括物质、观念和制度三个维度的现代化，以及在此基础上建设高等教育事业实体的现代化。

一是物质维度的现代化。物质维度的现代化进展最快，经过40多年的发展，我国高等学校在基础建设、设施设备等硬件方面与发达国家高等教育现代化的水平已无太大差距，部分方面已经领先于发达国家的高等学校。从物质维度来说，如何利用现有的条件发挥高等学校在三项基本职能方面的价值，提高设施设备的使用效率和效益是高等教育现代化努力的方向。

二是观念维度的现代化。从我国高等教育发展的实际状况出发，观念维度的现代化包含两个方面：其一，要继承和发扬经典大学理念，包括大学自治、学术自由、教学与科研统一、教授治校等。这些传统的办学理念的真理性已被世界大学发展史所证实。其二，要认真研究20

世纪下半叶以来世界范围内产生的新的高等教育理论和思潮，包括大众化、多样化、终身化、民主化、国际化、可持续发展等，从中吸取营养，从国情出发，为我所用。

三是制度维度的现代化。在现代教育理念的指导下，推进我国高等教育办学体制、管理体制、投资体制、招生和就业体制等的深化改革，建成与我国社会主义经济建设和社会发展需要相适应的现代高等教育制度。

四是高等教育事业实体的现代化。物质、观念和制度的现代化，最终要保证实现我国高等教育事业实体的现代化，就是要建成一个从数量到质量，从速度到规模，从结构到效益，都能满足社会和人的发展需求的现代化高等教育体系。具体地说，就是能够为国家培养和造就大批高素质的创新人才，使大学成为进行高水平学术研究的重要基地，成为推动科技成果转化的重要力量；大学将与社会建立更广泛的联系，服务社会，为国家和民族振兴承担更为重要的责任；同时在经济全球化的过程中，确保文化的多样性，使大学真正成为民族优秀文化与世界先进文明成果交流借鉴的桥梁。[1]

三、中国高等教育现代化战略任务

高等教育现代化战略任务复杂而艰巨，我们首先要做好以下几个方面的工作。

（一）实现规模、结构、质量、效益的统一

在中国高等教育改革进程中，实现规模、结构、质量、效益的统一一直是改革与发展追求的目标。中国高等教育现代化再次提出这个命题，是因为在实现大众化和普及化以后高等教育的结构、质量、效益更为重要。根据马丁·特罗的高等教育发展阶段理论，高等教育大众化是一个量与质统一的概念，量的增长是指毛入学率，质的变化包括教育理念、教育功能、培养目标、教育模式、课程设置、教学方式与方法、入学条件、管理方式以及高等教育与社会的关系等方面的变化。国际经验表明，经济发展水平、人口压力、政策导向等，都是影响高等教育大众化量与质相统一的重要因素。

与发达国家相比，我国高等教育大众化和普及化进程与其说是一个自然演进的过程，不如说是在国家发展战略和政策驱动下的一种刻意追求。西方国家高等教育的大众化和普及化，是在普及中等教育，高等教育体系的开放性，高等教育结构的多样化和分层化，市场机制深度介入的基础上完成的，较好地体现了质量与数量的统一。而我国在实现大众化和普及化的过程中遇到了一系列的困难与问题，如计划经济的烙印，层次结构、区域结构和科类结构的不合理，精英人才培养质量下降，国家投入不足，民办高等教育实力不强，资源配置不合理等，需要较长时间才能得到解决和克服。尽管高等教育大众化早已实现，但这只是数量上的实现，大众化

---

[1] 教育部中外大学校长论坛领导小组.大学校长视野中的大学教育[M].北京：中国人民大学出版社，2004：128-140.

和普及化中所积累的困难与问题仍然存在，影响极为深远。要真正实现大众化和普及化，量与质的统一任重而道远，当务之急是深化高等教育改革，切实提高人才培养质量，满足社会经济发展和人的发展对高等教育的需要。

（二）推进高等教育民主化进程

高等教育民主化包括两个方面的含义。

1. 体现在接受高等教育的权利和教育机会均等上的民主化

众所周知，我国普通高等学校招生采用全国统一考试的方式进行，以"分数面前人人平等"为基本准则，但这种平等中包含着不平等。由于基础教育资源配置不均衡，城乡学生中小学阶段的教育质量存在很大差距，城市学生进入大学的机会远超农村学生，发达地区学生进入大学的机会远超不发达地区学生。此外，较为富裕家庭的子女上大学的机会远超贫困家庭的子女，我国广大农村地区还有部分家庭难以负担大学生的学习费用，导致一些大学生辍学。其他弱势人群，如偏远地区人群、某些落后地区的妇女以及残疾人，其接受高等教育的机会远远少于其他人。

基于高等教育是非义务教育的认识，我国高等教育从20世纪90年代中期开始收取学费，在建立符合中国国情的"高等教育成本分担机制"时，必须充分考虑学生和家长的承受力以及与这一机制配套的制度保障，特别是对贫困学生切实可行的资助办法。事实已经证明，这是一项十分复杂、艰巨的任务，如何保证每一位学生都有平等的机会上大学是实现高等教育民主化需要考量的一个重要指标。我国是人口大国，发展不均衡是长期存在的问题，接受高等教育的权利和教育机会均等的问题也将长期存在，这对高等教育现代化提出了严峻的挑战。

2. 体现在高等教育管理上的民主化

根据对现行高等学校领导体制和管理体制的分析，不能不承认，我国高等学校校内管理要实现真正意义上的民主化任重道远。一是改变学校管理权过于集中于校级领导的现状，应把国家和政府赋予高等学校的自主办学权和其他某些权力进一步下放给学院和系部，乃至更基层的单位；二是克服学校中明显存在的等级制、官本位倾向和以行政管理取代学术管理的做法，赋予学术人员管理学术事务的职责，并以相应的制度加以保证；三是充分发挥校内各种组织参与民主管理的积极作用，特别是使教职工代表大会真正成为具有监督、审议和决策权限的民主管理机构。官本位在我国有着强大的社会基础和深厚的文化背景，在高等教育领域根深蒂固，打破官本位，推进高等教育民主化进程是高等教育现代化的难点和重点之一。

（三）构建全民终身学习体系

终身教育作为一种思潮，出现在20世纪60年代并于70年代在世界范围内得到广泛认同，传入我国。1993年颁布的《中国教育改革和发展纲要》正式确认"终身教育"是"一种新型教育制度"；1995年颁布的《中华人民共和国教育法》，以法律形式确立了终身教育在我国教育事业中的地位和作用，强调通过建立和完善终身教育体系为公民接受终身教育创造条件；

《中国教育现代化2035》提出：构建服务全民的终身学习体系。建立全民终身学习的制度环境。建立健全国家学分银行制度和学习成果认证制度。扩大社区教育资源供给，加快发展城乡社区老年教育，推动各类学习型组织建设。

高等教育与成人教育、终身教育的联系特别密切，大部分成人教育都属于高等教育。但是，我国的成人教育并不是在终身教育观念的指导下发展起来的，早在20世纪50年代，我国就根据自身的社会发展需要建立了中国特色的成人教育体系。现在的任务是，要使终身教育观念成为构建我国现代教育体系和制度，特别是发展高等教育的重要指导思想。现代高等学校在培养学生时，不仅要服务于学生的谋职和胜任与专业相关的工作，更要着眼于他们一生更好的生存和发展，重视其终身受用的素质培养及其构成，使之充分融入21世纪的全球知识社会。高等教育自身作为通向终身教育的桥梁，要为学习型社会的形成作出特殊的贡献，特别是在时间、地点、学习方式等方面向学生提供自主、灵活及多样的选择。

教育终身化对社会经济发展水平和教育资源有相当高的要求。传统的教育都有阶段性，只有终身教育是无阶段、无界限、无止境的。客观地说，我国高等教育的主体仍然停留在以就业为主要目标的教育模式上，"回归教育"在高等学校尚未成为常态。我国进入老龄化社会以来，终身教育已成为老年工作的重要组成部分，老年群体数以亿计，老年大学"一座难求"成为全社会高度关注的问题。我国高等教育的教育理念和教育行为都与终身教育的需要有很大的差距。就我国目前的发展水平而言，虽然已经成为经济大国，但人口多、底子薄仍然是中国国情，包括高等教育在内的国民教育规模大，整体水平较低，说明我国的经济发展水平和教育资源还不能满足教育终身化的需求，教育终身化对我国高等教育现代化提出了严峻的挑战。

（四）实现本土化与国际化的统一

从世界高等教育现代化的历史经验来看，各国高等教育现代化都非常重视本土化，即本土特色。这种本土特色通常体现在两个维度：一是本土特色就是高等教育现代化的组成部分，即本土特色与世界一流具有一致性；二是通过特色化实现高等教育现代化，它主要涉及高等教育现代化的路径选择。从这一意义来看，本土特色既是高等教育的发展资源，又是一种发展策略。

高等教育的国际化是指跨国界、跨民族、跨文化的高等教育交流与合作，即高等教育所应有的国际意识、国际交流、国际合作和国际理解。[①] 高等教育国际化过程是指本国高等教育面向世界和未来，以具体多样的国际交流与合作为载体，吸收、借鉴各国的办学理念和模式及文化传统、价值观念、行为方式，提高人才培养质量，推动本国高等教育现代化的过程，也是由此促进经济和社会发展、实现人类相互理解和尊重的过程。高等教育的国际化包括七个方面：（1）知识的国际传播；（2）人员的国际流动——境外学习和就业；（3）跨国学术交流和科研合作；（4）聘请外国教师和科研人员；（5）教育机构的国际合作（合作办学、合作研究、技术合

---

① 王水清. 高等教育国际化和高水平特色大学的建设 [J]. 未来与发展，2005（1）：35-38.

作）；（6）网络教育全球化；（7）人才参与全球竞争的意识。

实现本土化与国际化的统一对于中国高等教育现代化尤为重要。在中国特色社会主义新时期，建设中国特色的高等教育体系是题中之义。中国高等教育必须重视本土特色，从本土特色表征和成就高等教育现代化的维度，来推动高等教育现代化。中国是一个开放的大国，高等教育的国际化也是高等教育发展的必然趋势。文化多元化和信息技术的发展也为高等教育的国际化提供了必要性和可能性。在高等教育现代化进程中，我们既要充分利用国际化带来的正面作用，提高本国高等教育的质量，也要注意克服可能产生的负面影响，如人才外流、轻视民族文化等，促进中国高等教育健康发展。

【复习题】

1. 名词解释：大众化　民主化　终身化　国际化
2. 什么是高等教育的现代化？
3. 高等教育怎样体现以人为本？
4. 如何构建全民终身学习体系？
5. 中国高等教育如何实现本土化与国际化的统一？

【推荐阅读】

1. 毛礼锐.中国教育史简编[M].北京：教育科学出版社，1981.

2. 潘懋元.中国高等教育百年[M].广州：广东高等教育出版社，2003.

3. 别敦荣，易梦春.面向2030世界高等教育发展的主要趋势与战略选择[J].中国高教研究，2018（1）：57-63.

4. 陈廷柱，刘赛尔.面向2030的高等教育现代化：国家行动和高校发展：中国高等教育学会高等教育学专业委员会2017年学术年会综述[J].高等教育研究，2017，38（11）：107-109.

5. 王水清.高等教育国际化和高水平特色大学的建设[J].未来与发展，2005（1）：35-38.

第二章 教育目的

【知识列表】

教育目的	教育目的与教育目标概述	教育目的的一般规定
		教育目的的作用
		教育目的的变化与发展
		教育目标的规定性
	制定教育目的的理论依据	什么是社会发展
		什么是人的发展
		社会发展与人的发展的关系
	教育目的与教育价值取向	教育的功能与价值
		教育的适应性是实现教育价值的基本条件
		教育价值取向的基本矛盾
	中国特色社会主义教育的目的	中国关于教育目的的规定
		中国教育的服务方向
		中国教育对人才培养的根本要求

教育目的是对教育预期结果的规定。人既是教育的对象，也是教育结果的载体，因此，教育目的是对教育条件下人的发展预期结果的规定。它所要回答的根本问题是，把受教育者培养成什么样的人。教育目的是教育学的基本范畴之一，是教育实践活动的第一要素和前提，对整个教育过程起着导向和控制作用，在教育理论与教育实践方面皆有重大意义。

　　学前教育、中小学教育、高等教育、职业教育、成人教育、特殊教育等多种类型的教育各有不同的培养目标，但是，这些培养目标都是在教育目的的规定下按照自身的特点而制订的。因此，在讨论高等教育目标之前，有必要弄清教育目的与教育目标的关系、制定教育目的的依据等基本问题，为制定高等教育目标系统奠定理论基础。编写本章的另一个目的是，大学教师在教学中面对的是高等教育的培养目标，教师不仅要知其然，还要知其所以然，即教育哲学范畴的教育目的，只有这样，教师在教学过程中才能站在更高的层面上实现高等教育目标。

第一节 教育目的与教育目标概述

教育目的有广义和狭义之分。广义的教育目的是指人们对受教育者的期望，即人们希望受教育者通过教育在身心诸方面发生什么样的变化，或者产生怎样的结果。狭义的教育目的是国家对培养人才的总体要求，各级各类学校无论培养什么社会领域和什么层次的人才，都必须努力使所有学生符合国家提出的总要求。

一、教育目的的一般规定

围绕人的发展，教育目的的规定包括两个方面的内容。

其一是所培养的人具有何种社会功能，即在社会上居于何种地位，发挥什么作用。之所以必须作出这样的规定，一方面是为受教育者能够融入社会、适应社会、服务社会，并为自身的生存与发展创造条件；另一方面也是教育的社会服务功能的集中体现。为此我们将这方面的规定表述为服务方向。

其二是所培养的人应具有何种素质，或者说培养具有何种质量规格的人。这种规定分为两个层次：第一个层次，作为教育目的的基本内容，对受教育者的素质及其结构提出总的要求；第二个层次，是将教育目的的总要求具体化为各级各类教育的目标。

教育目的的两个方面的内容是不可分割的。"对教育目的所作的功能分析，总是要伴随一定的结构设计，因此不存在没有结构的功能和没有功能的结构。表现在教育结果中的人的社会功能，规定了他的内部素质构成，人的一定素质结构也总是决定了他在社会上所能发挥功能的性质及水平。"[①]

二、教育目的的作用

（1）教育目的规定于教育过程开始之前，并作为一种自觉的追求贯穿教育活动的全过程，是教育实践活动的第一要素和前提，对整个教育过程起着导向和支配作用。"一切教育过程都是实现一定教育目的的过程，过程在目的的支配下运动，目的在过程中实现。"[②]

（2）教育目的为教育者与受教育者提供了明确的发展方向和预期的结果，从而促进双方自觉地为实现共同的目标而努力，因此具有激励的作用。

（3）教育目的是评价教育质量与控制教育过程的根本标准。所谓教育质量即教育目的的达到

---

① 南京师范大学教育学编写组.教育学［M］.北京：人民教育出版社，1984：180.
② 南京师范大学教育学编写组.教育学［M］.北京：人民教育出版社，1984：156.

的程度,而教育过程的控制,则是以不偏离教育目的所预期的轨道为依据的。因此,教育目的对整个教育过程具有评价与控制的作用。

(4)教育目的的合理性及其对社会与个体发展需要的适应性,历来是教育思想争论的焦点与教育理论研究的核心问题。而要获得正确的认识,则必须建立在深入探讨教育规律的基础之上,因此,围绕教育目的所开展的研究具有重大的理论意义。

三、教育目的的变化与发展

教育目的是根据一定社会的生产力与生产关系的需要以及人自身发展的需要确定的,它反映了一定社会对受教育者的总要求。教育目的随着社会的发展而变化,因社会制度、所处时代、民族文化传统、教育思想的不同而有所不同,而且教育目的在阶级社会里具有阶级性。

教育目的有两种不同的表现形式:

其一是国家以政策或法律的形式确立的教育目的,它所反映的是国家意志或统治阶级的意志,是与维护一定的社会制度紧密相连的。如古希腊雅典教育要求培养身心和谐发展的人;斯巴达教育要求培养骁勇善战的人。中国封建社会要求培养明人伦的士大夫。欧洲中世纪天主教会要求培养主教和僧侣,封建领主要求培养维护封建统治的骑士。资本主义社会由于大工业生产的发展和追求利润的需要,既培养高级管理人才和科学技术人才,又培养掌握劳动技能的工人。中国特色社会主义社会,则要求培养社会主义建设者与接班人。

其二是以理论形式阐述的教育目的,它所反映的是教育家对教育目的的理论主张。由于不同教育家观察教育问题的立场与角度不同、所处的时代不同,因而他们的教育主张,有的与国家意志是一致的,有的则是不一致的;而从他们那里,既可找到某些具有共同性和连续性的思想理论,又可看到不同的甚至对立的理论主张。

从不同点来看,制定教育目的的出发点存在着两种对立的主张:一种强调教育的社会制约作用,主张从社会需要出发来确定教育目的;另一种强调人的自我发展,认为应从学生内在的潜力出发来考虑教育目的。随着社会的进步及人们对教育规律认识的深化,在现代教育思想的演变中出现了一种新的趋势,即在确定教育目的时,主张在正确认识社会发展与人的发展关系的基础上,兼顾社会发展需要与人的发展需要,并促进其协调发展。

理论主张的共性比较集中地表现在对人的全面发展的探索与追求。对此,我们可以从许多思想家、教育家的论述中看到,关于人的全面发展的理论主张,不仅历史上早已有之,而且从古至今是一脉相承、不断发展的。

古希腊思想家苏格拉底很重视人生观教育和道德的完善。他要求人要自我认识、自我深造,并主张用体育锻炼身体,用音乐陶冶心灵。亚里士多德认为,在人身上,自然所赋予的是能力的胚芽,实现这一能力的发展全靠教育。他主张把体育、德育、智育紧密结合起来,以实现人的全面发展。

古希腊的雅典十分重视教育各个方面的联系和配合,将教育分为体操教育和缪斯(缪斯是希腊神话中管科学和艺术的女神）教育，同时对德育也很重视。

文艺复兴时期法国人文主义教育家拉伯雷很重视德育，同时，他又主张要有良好的体育、广泛的智育，并提倡美育。

英国新兴资产阶级思想家、哲学家洛克强调，健全的精神寓于健全的身体。他还认为，培养性格，锻炼意志，养成遵守纪律的道德习惯，是教育最重要的任务。

德国教育家第斯多惠认为，教学的任务不仅是用知识来充实学生的头脑，而且要发挥他们的智力和才能，教学应当促进人的全面发展。

俄国的一些民主主义思想家从社会进步的角度论述了人的全面发展。他们认为，人应当是完善的，应当在体力、智力和道德方面和谐发展，并强调体育、德育和智育应该结合起来实施，任何一个方面都应该有助于人的全面发展。

在中国历史上，许多思想家、教育家的思想和理论中也包含德、智、体、美全面发展的合理因素。

马克思主义在批判、继承前人思想成果的基础上，以科学社会主义理论为指导，一方面深刻揭露了资本主义生产方式是阻碍人全面发展的桎梏，另一方面从分析现代工业的革命变革中，指出了现代社会生产力必将要求消灭体力劳动与脑力劳动的对立和各种职业的固定分工，使人的全面发展成为可能，从而揭示了在新的社会条件下，通过教育与生产劳动相结合，造就全面发展的人的必然趋势。因此，社会主义教育应以培养全面发展的人为目的。[①]

四、教育目标的规定性

（一）教育目标是教育目的在时间与状态上的具体化

教育目的与教育目标在含义上既有共同点也有区别。共同点是它们都是对学生发展预期结果的规定；区别在于，教育目的是对学生发展终极结果的原则规定，教育目标则是根据国家总的教育目的，结合各级各类教育的特定任务，在培养时间与学生发展状态上作出具体规定。教育目标与教育目的是紧密相连的，但不能相互取代。

（二）教育目标系统的规定性

教育目标是由多种发展要素、多种发展层次构成的具有可检验性的指标体系。教育目标包括以下四个方面的规定：

（1）具体身份的规定，是受教育者通过一定的教育后所获得的身份，如教师、医生、工程师等职业身份，以及小学生、中学生、专科生、本科生、硕士研究生、博士研究生等文化程度身份。这种规定是对"建设者与接班人"的具体化。

---

① 李丽.论当代中国思想政治教育的目的：以马克思人的发展理论为视角［J］.求实，2013（6）：83-86.

（2）质量规定，是与上述职业身份与文化程度身份相对应的素质结构与发展水平的规定，这是教育目标体系的核心部分。不同层次、不同类型的教育，其质量规定是不同的。

（3）时间规定，指为了达到质量要求所需要的时间，包括学制、培养计划中各个环节的时间规定、课时规定等，是实现教育目标的时间条件。

（4）层次类型规定，教育有高等、中等、初等教育的层次之分；有普通教育与职业技术教育之分。各级各类教育皆有自己特定的教育目标，教育目标的制订必须有明确的层次与类型定位。

（三）教育目标的作用

教育目标是教育思想、教育目的与教育实践之间的中介。教育目标决定教育内容、教育途径与方法以及其他教育条件，并对教育过程起直接的调控作用，我们所要建立的教育目标系统，也就是教育质量评价与监控系统。

第二节 制定教育目的的理论依据

正确认识社会发展与人的发展的内涵及其相互关系，是分析教育的功能与价值，制订教育目的的理论依据。

一、什么是社会发展

（一）两种社会发展理论

一种是马克思主义关于整个人类社会发展的理论。这种社会发展理论的特点，一是探讨的是人类社会从产生到发展的整个历史过程；二是根据生产力与生产关系的运动规律，以生产力为基础，以生产关系为标志划分社会发展阶段与社会形态，提出了人类社会经由原始社会、奴隶社会、封建社会、资本主义社会，最终达到共产主义社会的发展过程；三是提出了人类社会发展的终极目的是人类的完全解放与人的自由而全面的发展。马克思主义的社会发展理论，揭示了人类社会发展的规律及总的发展趋势，是我们认识社会发展、把握社会发展方向的根本原理。[①]

另一种是现代社会发展理论，即社会现代化理论。这种社会发展理论的特点，一是以当代社会现代化问题为研究对象，而不是研究整个人类社会的历史发展过程；二是以生产力为中心，根据生产力发展的水平划分社会形态及社会发展阶段；三是探讨当代社会现代化的普遍规

---

① 吴兆雪，杨耕. 马克思的社会发展理论研究述评［J］. 中国社会科学，1996（1）：4-16.

律,并根据不同的国情与社会历史条件,探讨各国实现现代化的道路。①

上述两种社会发展理论是互补的关系。马克思主义关于整个人类社会发展的理论是研究和认识社会发展规律的理论基础,而现代社会发展理论则对我国现代化的进程起着直接的指导作用。下面主要介绍现代社会发展理论的一些基本观点。

(二)三代生产力与社会现代化的主要目标

现代社会发展理论以生产力发展的水平为标准,将人类有史以来的生产力划分为三代,并提出了与之对应的三种社会形态。第一代是以手工劳动为标志的生产力,与之相对应的是农业社会;第二代是以机器生产为标志的生产力,与之相对应的是工业社会;第三代是以计算机等高新科技为标志的生产力,与之相对应的是信息社会,也叫知识社会、后工业社会。从第一代生产力的形成到第三代生产力的出现,每一次提升都是人的能力与生产力水平的质的飞跃。

社会现代化是一个历史发展过程,只具有相对的意义,但也有确定的内涵与目标。从三代生产力的划分出发,所谓社会现代化,实质上就是生产力的更新换代。据此,当今世界便存在着两次现代化的任务。第一次现代化,即传统意义上的现代化,其目标是由第一代生产力发展到第二代生产力,从而实现由农业社会到工业社会的转型。第二次现代化则是指由第二代生产力发展到第三代生产力,从而实现由工业社会到信息社会或知识社会的转型。

由于各国发展水平与发展阶段不同,按其现代化进程,世界上的国家可以划分为两类。一类是原发型国家,即已经实现第一次现代化的国家,也叫发达国家,他们所要实现的是第二次现代化。另一类是后发型国家,即尚未完成第一次现代化的国家,通常被称为发展中国家。后发型国家显然落后于原发型国家,有它不可避免的劣势,但由于时代背景不同,后发型国家也具有后发的优势。这就是当这些国家发展第二代生产力的时候,世界上已出现了第三代生产力,这种条件是当年原发型国家所不具备的。因此后发型国家便有了跨越式发展的可能,即在发展第二代生产力的同时,可以有重点地发展第三代生产力,并以此推进第二代生产力的发展,这就大大缩短了现代化的进程。

(三)现代发展观

现代化的实现,要以生产力的发展为中心,但现代社会的发展绝不仅仅是生产力的发展。在现代化的进程中,人们对发展的理解不同,所持的观念和态度不同,就会导致不同的乃至相反的结果。因此,以什么样的发展观看待发展,便成为事关现代化成效的重大问题。就世界范围而言,在现代化的进程中,各个国家积累了丰富的经验教训,在发展观上经历了以下三次重大转变。

第一次转变,是由发展等于经济规模的增长,转变为经济规模、质量、结构、效益的全面

---

① 郑浩.共青团组织力的变迁趋势与现实困境:基于社会现代化理论的分析[J].中国青年研究,2021(4):52-57.

发展。人们认识到单纯的规模增长并不是真正的发展，只有做到规模、质量、结构、效益的统一，才是真正的发展。

第二次转变，是由发展等于经济的全面发展，转变为经济和社会的全面协调发展。人们认识到现代化单靠经济发展是不行的，只有做到物质文明、精神文明、政治文明的全面协调发展，才能推进社会的全面进步。

第三次转变，是由发展等于经济、社会的全面协调发展，转变为经济、社会的全面协调可持续发展。人们认识到今天的发展要为未来的发展提供条件，而不是以牺牲和破坏未来发展为代价来图谋今天的发展。

从发展观的演变到现代发展观的确立，反映了世界各国的共识，表现了世界各国对社会现代化规律认识的深化，这对制定教育目的具有重要的指导意义。

二、什么是人的发展

（一）人是社会实践的主体

人与其他动物的根本区别在于人是作为社会实践的主体而存在的。这里有三层含义：一是以生产劳动为基础的实践活动，是人类所独有的，这种实践活动不仅改造了自然，而且创造了人类自身；二是由于生产劳动的需要，人们必须在生产过程中结成一定的社会关系，从而给生产劳动以及其他实践活动赋予社会属性，使实践成为社会的实践；三是社会实践的主体是具有主观能动性的人。作为社会实践主体的人，不仅能够通过实践能动地认识世界和改造世界，而且还能自觉地认识自己，通过社会实践求得自身的发展和完善。因此，人之所以为人，正是主体性、实践性、社会性的统一。

（二）人具有多重属性

作为社会实践主体的人具有多重属性。在人的基本属性的问题上有两种不同的观点。一种观点是两分法，认为人具有自然属性和社会属性；另一种观点是三分法，将心理属性从社会属性中分离出来，与社会属性、自然属性相并列，从而构成人的三种基本属性。本书采用三分法，简要介绍人的基本属性。

1. 人的自然属性

人是从灵长类动物进化而来的。虽然通过进化，人的大脑与肢体已与其他高级动物有了本质的区别，但从整个生理上讲，人仍保留着自然的属性，主要表现在：与其他高级动物有相似的生理结构与机能，具有生理上本能的需求，其生长、发育、成熟、衰老、死亡的过程是自然法则支配的结果。

2. 人的社会属性

人是社会的人，是各种社会关系中的人，正如马克思指出的，"人的本质是一切社会关系的总和"①。人的社会属性主要表现在三个方面：一是具有复杂的社会组织体系；二是具有思想、道德、法律等因素所规范的社会秩序；三是在社会实践中所积累的生产知识、社会知识与科学文化知识构建了社会的文明。

3. 人的心理属性

人的心理属性，即精神属性，是人的自然属性与社会属性相互作用的结果，是人的大脑的生理功能与社会实践相结合的产物。虽然它的产生离不开人的自然属性与社会属性，但又是这两种属性所不能取代的，具有相对的独立性。心理属性的内涵主要包括两个方面：一是智力因素，是人的心理活动中的认知系统；二是情感因素，亦称为非智力因素，是人的心理活动中的意向系统。人的情感因素，决定人的活动的倾向性和必要性，而人的智力因素则决定人的活动实现的可能性。人的任何一种活动，从最简单的活动到最复杂的活动，要取得成效，都必须是这两种心理因素的结合。

（三）人的发展是人的本质及其基本属性的发展和完善

人的本质及其基本属性并不是预成的，而是在不断进化中逐步形成、发展和完善的。因此，从根本上讲，人的发展就是人的本质及其基本属性的发展，即人性的发展。

我们在论述人的发展时经常用到素质的概念，而人的素质与人的基本属性是不可分割的，实质上人的素质的发展即人的基本属性的发展。其一，素质是人的发展要素的统称，凡是人的发展要素皆是素质，从这一内涵出发，那么它的外延则是素质的分类与素质的结构。其二，人的素质的分类是以人的基本属性的分类为依据的。正是人的自然属性、社会属性和心理属性，决定了人的生理素质、社会文化素质、心理素质等方面应达到的基本水平。明白这一道理，对教育目的的制定具有重要意义。

就人类个体的发展而言，实现个体的社会化，是其发展的根本要求。个体社会化的实质，是将新生的自然人转变成社会人，将社会历史经验，包括知识、思想、社会行为规范等，转化为个体的经验和素质，使其成为积极的社会成员和独立的社会实践的主体。

三、社会发展与人的发展的关系

人的存在可分为人类整体、群体与个体，社会发展与人的发展的关系，实质上是指人类整体与群体的发展同个体发展的关系。从总体上讲，在当今社会历史条件下，两者的关系是既相一致又相矛盾的，而随着社会的不断进步将日趋统一。

（一）社会发展与个体发展的一致性

在人类进化与发展的过程中，社会发展与个体发展是不可分割的。其一，两者互为存在的

---

① 马克思，恩格斯. 马克思恩格斯选集：第1卷［M］. 北京：人民出版社，2012：4.

条件。社会是由个体构成的，没有个体的社会是不存在的，而人是社会的人，任何一个个体也不可能孤立地存在于社会之外。其二，两者互为发展的条件。人是社会发展的主体，社会的发展是以每个个体的发展为基础的，而个体的发展则取决于一定的社会历史条件。其三，两者是在互动中发展的。社会越是向前发展，越有利于个体的发展，而个体发展的水平越高，则社会就会越充满生机与活力。其四，使每个个体获得充分而自由的发展，是社会发展的终极目的，这是认识两者一致性的根本出发点和归宿。正如马克思所指出的："每个人的自由发展是一切人的自由发展的条件。"①

（二）社会发展与个体发展的矛盾性

社会发展与个体发展的一致性，是就其本质的关系而言的，然而当社会历史条件不能满足全体社会成员的需要时，就会产生矛盾。这种矛盾主要表现在两个方面：其一是发展机会的矛盾，即社会只能提供一部分人发展的机会，而另一部分人却得不到这种机会，由此产生一部分人得到发展与另一部分人发展受限的矛盾。其二是发展取向上的矛盾，即社会出于分工的需要与整体发展的需要对个体发展提出的要求，与个体个性自由发展的要求之间所产生的矛盾。当这一矛盾得到协调时，对社会发展与个体发展都是有利的，否则，个体的发展便会受到极大的限制。

社会发展与个体发展的矛盾，产生于一定的社会历史条件：一是社会生产力水平的制约。不同的生产力水平给个体发展提供的机会是不同的。当社会资源不能满足全体成员的需要时，便会在资源占有上产生供与求之间的矛盾。二是社会制度的制约。如果说生产力水平决定了只能给部分人提供发展机会的话，那么不同的社会制度则决定了给哪一部分人优先发展的机会，实质上一部分人的发展是以限制另一部分人的发展为条件的，由此便产生了社会公平上的矛盾。三是传统观念的束缚。当社会意识形态将个性发展与社会需要相对立时，便会强调人身的依附性，忽视或否定个体的独立性，从而压抑和禁锢个性的发展，这便形成了思想观念上的矛盾和冲突。

第三节　教育目的与教育价值取向

教育目的与教育价值是教育理论中最基本的同时又是最容易被混淆的概念，二者之间既有区别又有联系。

一、教育的功能与价值

教育目的的制定取决于教育价值取向，而教育价值产生于教育功能对社会发展需要与人的

---

① 马克思，恩格斯. 马克思恩格斯选集：第1卷［M］. 北京：人民出版社，2012：422.

发展需要的满足。

（一）教育功能与教育价值的关系

功能与价值这两个概念，既有区别，又存在不可分割的联系。功能是指事物的作用，而价值则是客体的功能对主体需要的满足。就教育价值而言，主体是人，包括人类的整体、群体与个体。客体是教育，亦是教育价值评价的对象。教育所具有的功能是产生教育价值的根据，但本身还不是价值，只有当教育的功能作用于主体并能满足主体的需要时，才会产生教育价值。

（二）教育的双重功能

教育是个体发展与社会发展的基础性条件之一，对个体发展与社会发展皆有不可替代的作用，因此教育具有促进个体发展与社会发展的双重功能。

1. 教育促进个体发展

教育的对象是一个个的人。影响个体发展的有遗传、社会环境、教育与个体自身的主观能动性等因素。遗传是个体发展的物质基础，社会环境是个体生存的条件并对个体发展具有重大的影响，个体自身的主观能动性是其发展的内在动力，而教育在诸因素中起着主导作用。此为教育的育人功能。

其一，教育尤其是学校教育，可以在较短的时间里有效地促进个体的社会化，将社会历史经验转化为个体的经验，将个体的潜能转化为显能，使其身心健康地发展。

其二，教育尤其是学校教育，可以加速并有效地促进个体成才的进程，它能根据社会分工及社会发展的需要，引导与培养个体成为能为社会作出贡献的有用之才，并为自身的发展创造良好的条件。

其三，为适应现代社会的迅猛发展与个体的精神需要，现代教育在空间上扩展到社会的各种渠道，在时间上扩展到终身学习与终身教育。因此，在打破一次性学历教育后，教育将伴随个体发展的终身。

2. 教育促进社会发展

教育对社会发展具有基础性、先导性和全局性的作用，它与社会的联系是全方位的，其社会功能也是全方位的。

其一，教育的文化功能。人类的繁衍靠两种途径：一是生殖繁衍。在这种繁衍中有遗传，也有变异，由此推动着人类在生物学上的进化。二是文化繁衍。文化不能遗传，只能一代一代地传递。在这种文化繁衍中，有继承，也有创新，由此推动着人类文明的进步。

人类文化繁衍靠的就是教育。教育通过人的培养，不仅要传递人类已有的文化，而且必须为创造人类的新文化作出自己的贡献。没有传递，文化就不能得以传承；没有创新，就没有文化的进步，甚至也就没有了可传递的文化。

以文化传承和创新为内容的文化功能，在教育的社会功能中，是首要的、最基本的功能，其他的社会功能皆是由此派生出来的。

其二，教育的经济功能。教育通过提高劳动者素质与发展科学技术，对社会生产力的发展具有重要的直接推动作用。尤其是在当今知识经济社会，科学技术是第一生产力，知识的创新、传递和应用成为经济增长的基础，人力资本是增殖最快的资本，国际竞争的焦点转向人才的竞争，而归根到底则是教育的竞争。正是由于教育促进了科学技术与人的结合，并在此基础上大大推进了知识的不断创新，因此，教育特别是高等教育的经济功能比过去任何时代都表现得更为突出。

其三，教育的政治功能。教育从来都是国家的事业。在阶级社会里处于统治地位的阶级，总是利用国家的行政权力、经济力量与意识形态实施对教育的控制，以在教育中推行统治阶级的意志。因此，教育总是与一定的社会政治相联系，为一定的社会政治服务，从而形成教育的政治功能。

教育的政治功能，集中地表现在它所培养的人能够维护现行的政治经济制度，维护国家民族的根本利益，积极推进社会政治的变革。教育为一定的政治服务，是立足于社会制度的整体，立足于国家民族的长远利益，立足于政治文明的发展，而不是为某政治决策人或某政府的具体决策服务，更不是使教育沦为政治的工具和附庸。

3. 教育的双重价值

教育具有促进个体发展与社会发展的双重功能，当教育的这种双重功能能够满足个体发展需要与社会发展需要时，便会形成教育的双重价值，即教育的个人价值与社会价值。

教育的个人价值，是指教育作为客体对个人的价值，是对个体生存与发展需要的满足。个体通过教育获得谋生的手段与自我发展的能力，并使其物质需要与精神需要得到满足。因此教育的个人价值可分为物质价值与精神价值。教育还是一种能使个体的社会价值与自我价值得以增殖与提升的价值，一般而言，个体所受教育程度越高，其社会价值与自我价值就越高，这也正是人们重视教育机会的根本原因。

从功能上讲，教育的社会价值可分为教育的文化价值、经济价值与政治价值。教育的这三种社会价值，既是相互联系、相互渗透的，又是不可相互取代的。因此，只有完整地认识教育的社会价值，才能不以偏概全，使其得到充分的体现。

二、教育的适应性是实现教育价值的基本条件

（一）教育适应性的作用

教育价值是教育功能对主体需要的满足，而要满足主体的需要，就必须主动适应主体的需要，因此，不断增强教育的适应性是实现教育价值的基本条件。

适应有两种：一种是生物学的适应，是生物体随着环境的变化而改变自身性状及生活方式的能力，其特点是"以变应变"，是一种消极被动的适应。另一种是社会学的适应，它不只是"以变应变"，消极地随着环境的变化而变化，还要"以变促变"，主动地改造环境，包括自然环

境与社会环境,以满足人类社会发展的需要。因此,它是一种积极主动的适应,是顺应环境与改造环境的统一,是继承与创造的统一。教育的适应性指的就是这种主动的、创造性的适应。

(二)教育适应性的基本要求

一是要坚持教育的双重适应性,既要适应社会发展的需要,又要适应个体发展的需要。

二是要增强教育的应变能力,能对社会发展与个体发展需求的变化及需求的多样性,作出及时的反馈与调整,通过教育的改革与发展,使其需求得到满足。

三是发挥对社会发展与个体发展的导向作用,并能动地改造社会环境。以社会文化的传承与创新为己任的教育,不仅要满足社会发展与个体发展的需要,而且要发挥先导作用,引导其发展;不仅要顺应环境,而且要改造环境,即促进环境积极因素的发展,抵制和改造环境中的消极因素。

四是在适应中求得教育自身的发展和完善。完善和适应是一个事情的两面,完善是适应的需要,适应是完善的目的。教育如果不注意自身的完善,是难以增强适应性的。但如果脱离社会发展与个体发展的需要而盲目地追求自身的完善,那么这种完善是没有价值的,也是没有效益的。正确的道路是在适应中求发展,在发展中增强适应性。

三、教育价值取向的基本矛盾

教育目的属于观念形态的范畴,其核心是教育的价值观。人们对教育价值的认识不同及教育价值的取向不同,就会在教育目的上作出不同的选择。从历史的和现实的情况看,教育在价值取向上一直存在着两对基本矛盾,需要我们做出正确的处理。

(一)社会本位与个人本位的矛盾

社会本位,主张根据国家利益与社会需要来确定教育目的和进行教育,是以教育的社会价值为取向的;个人本位则与社会本位相对,主张根据个人发展的需要确定教育目的和进行教育,是以教育的个人价值为取向的。

社会本位与个人本位,从两个不同的侧面反映了教育的功能与价值,皆有其合理的因素。而两者的对立,实质上是对社会需要与个体需要之间矛盾的反映,是对矛盾中的社会需要与个体需要作出了不同的价值判断与价值选择,从而表现出教育的社会价值与个人价值的冲突。这种冲突有它产生的客观背景,但在认识上,社会本位和个人本位却存在一个共同的误区,即都强调了社会需要与个体需要的矛盾性,而否定了两者的一致性,因此都是片面的。

随着社会的进步与现代教育理论的发展,社会本位与个人本位这两种对立的价值观开始走向互补与融合,从而产生了双重教育价值观与教育目的的双重适应性。其基本观点是:

(1)主张以社会发展与个体发展的一致性为前提,使教育成为促进社会与个体协调发展的纽带。一方面尊重个人价值及个性发展的要求,力图使这种要求作为社会发展的条件与终极目的为社会所接受；另一方面，又将社会需要纳入教育目的与教育过程，使个体发展适应社会发展的要求。

（2）承认在一定的社会历史条件下，社会需要与个体需要是存在矛盾的，但主张通过教育公平与教育规模的扩大来缓解和调节两者的矛盾。公平一般分为起点的公平、机会的公平和结果的公平。在目前条件下，要做到结果的完全公平是不可能的，但要求做到机会公平优先，兼顾结果公平则是完全可行的。例如，为了解决高等教育的机会公平，一是要坚持入学标准，在分数面前人人平等，保证公平竞争的机会；二是要体现高等教育的公益性，合理收费，并采取奖、助、贷等综合措施，保证贫困生就读的机会。同时，通过高等教育规模的积极发展逐步扩大教育结果的公平，使越来越多的人能够接受高等教育。

（二）教育的功利性目的与非功利性目的的矛盾

教育要满足社会发展与个体发展的需要，而这两种需要皆存在着功利性需要与非功利性需要，或物质利益需要与精神需要之分，因此产生了教育的功利性目的与非功利性目的。

从社会发展的需要来看，国家对教育的投入，作为一种人力资本，必须获得社会经济效益，并追求在社会经济增长中发挥更大的作用，这是教育的社会功利性的表现；而强调教育的公益性，明确办教育不得以营利为目的，重视教育在提高全民族的素质及促进社会精神文明建设中的作用，则体现了教育的非功利性。

从个体发展的需要来看，受教育者之所以要求学习，是因为生存或谋生的需要。个体受教育的程度越高，所得到的社会地位与经济回报就越高，这就是受教育的功利性目的；而将身心的健康发展与精神需要的满足作为受教育的目的，则属于非功利性目的。

从学校发展的需要来看，学校作为专门的教育机构，除应坚决执行国家的教育方针，坚持教育的公益性，努力为公众服务外，为了自身的生存与发展，在改善办学的物质条件、保障教职工的经济利益、增加学校的竞争力等方面不可没有功利性的追求，因此在学校的办学中同样存在着功利性与非功利性两方面的目的。

从社会、个体、学校三个层面的分析中可以看到，教育目的的功利性与非功利性是普遍存在的。从根本上讲，教育的功利性目的与非功利性目的是可以兼容的，但若认识偏颇或处理不当，也会发生矛盾和冲突。显而易见，无论是社会发展，还是个体发展以及学校发展，都存在着物质的利益，都离不开一定的物质条件，其功利性的追求是合理的，是应当肯定的。但这种追求不能作为教育的主要目的，更不能用功利性目的取代非功利性目的，否则对社会的长远利益、个体的健康发展及学校存在的价值都会造成严重的后果。

第四节　中国特色社会主义教育的目的

教育目的具有双重属性，一是适应个体发展需要的普适性，二是适应社会发展需要的社会属性。中国特色社会主义教育的目的是在普适性的基础上讨论适应中国特色社会主义建设需要的社会属性。

一、中国关于教育目的的规定

《中华人民共和国宪法》规定:"国家培养青年、少年、儿童在品德、智力、体质等方面全面发展。"《中华人民共和国教育法》规定的国家教育方针是:"教育必须为社会主义现代化建设服务、为人民服务,必须与生产劳动和社会实践相结合,培养德智体美劳全面发展的社会主义建设者和接班人。"

中国的教育方针对教育目的作了完整的规定。一是规定了教育的服务方向,即为社会主义现代化建设服务,为人民服务,培养社会主义建设者和接班人,努力办好人民满意的教育。二是明确规定了培养人的素质要求,即德智体美劳全面发展的人。

二、中国教育的服务方向

(一)中国特色社会主义现代化的任务

基于三代生产力的划分,中国属于发展中国家,生产力结构的特点是"三代同堂"。具体表现在三个方面:以手工劳动为标志的生产力,在广大农村还占有相当大的比重;以机器生产为标志的第二代生产力,在城市虽已成为主体,但其水平与效益与发达国家相比仍有很大的差距;而对以计算机与高新科技为标志的第三代生产力的开发,则已初具规模,在某些领域还居于世界先进水平。根据生产力的这一结构特点,中国现代化面临的任务,首先是要完成第一次现代化,全面实现从农业国向工业国的转变,与此同时,要充分利用后发的优势,积极开发和扩大第三代生产力在生产力结构中的比重,并以信息化带动工业化,走现代工业化的道路。概括地讲,就是要同时完成"一个半现代化"的任务,在实现第一个百年奋斗目标的基础上,到2035年基本实现社会主义现代化。从2035年到21世纪中叶,在基本实现现代化的基础上,再奋斗15年,把我国建成富强、民主、文明、和谐的社会主义现代化强国。这是当今中国发展的基本趋势和蓝图,也是教育为社会主义现代化建设服务所必须把握的方向。

为了保证社会主义现代化建设的顺利推进,2017年10月18日,党的十九大提出了"新时代中国特色社会主义思想",系统回答了新时代坚持和发展什么样的中国特色社会主义,怎样坚持和发展中国特色社会主义,为中国现代化进程提供了理论支撑。同时,教育要推进社会发展并求得自身的发展,也绝不能脱离新时代中国特色社会主义思想的指导。

(二)"两为"是促进社会发展与个体发展的统一

教育为社会主义现代化建设服务,目的是促进社会发展,满足社会发展的需要,体现了教育的社会功能与社会价值。为社会主义现代化建设服务，包括为社会主义政治、经济、文化等各个领域服务，从根本上讲，是为发展社会生产力，巩固和完善社会主义制度服务。在社会服务方向上，任何以偏概全的观点和做法都是片面的、错误的。

教育要为人民服务，以人为本，它的指向是教育要为广大人民群众服务，要尊重个体的价值，重视个体的发展。教育要克服片面强调社会需要而忽视个体发展需要乃至压制个性发展的错误倾向，将人的全面发展视为社会主义现代化的出发点与终极目的。

（三）"建设者与接班人"的规定是对受教育者社会功能的总体定位

改革开放以前，中国将培养的人定位为劳动者，包括体力劳动者和脑力劳动者，这种定位反映了这一时期社会主义制度对公民社会角色的本质要求。改革开放以来，培养人的定位由劳动者转变为建设者与接班人，是内涵的扩大。其一，建设者是包括所有为社会主义建设作出贡献的人；其二，接班人是一种政治概念，即要求所培养的人，能坚持社会主义道路，将社会主义事业进行到底。建设者和接班人实质上是完全一致的，建设者是接班人，接班人是建设者。

三、中国教育对人才培养的根本要求

培养德智体美劳全面发展的人，是教育目的对人的发展的根本要求。

（一）全面发展教育思想是人的身心发展规律的反映

前文已经指出，人的发展是人的本质及其基本属性的发展与完善，马克思主义关于德智体美劳全面发展教育思想的提出，正是反映了人的发展的这一客观要求。

全面发展教育思想所强调的全面性包含三个方面：一是指发展要素的全面性，即德智体美劳诸要素不可缺少，不可偏废。二是指德智体美劳诸要素的发展与人的基本属性发展的统一性，德智体美劳诸要素的全面发展，即人的基本属性的全面发展。三是指发展要素的整体性。人的基本属性是不可分割的，反映人的基本属性的发展要素也是不可分割的。任何一种要素的发展皆是与其他要素相互作用的结果，人的整体发展水平实质上取决于诸发展要素相互作用的水平，应坚持各育并重，协调发展。

（二）全面发展是人的理想发展

人的全面发展是受社会历史条件制约的，由片面发展到全面发展将是一个漫长的历史过程。马克思主义的全面发展教育思想正是针对人的片面发展的状况及其成因而提出的人的理想发展。

人的片面发展的状况，是由社会生产力水平、社会制度、社会意识形态以及教育普及程度等因素所决定的。当人们尚未摆脱自然力的控制及人对人的奴役的时候，当生产力水平还不足以让人们摆脱贫困而为温饱挣扎的时候，当社会制度与社会意识形态尚未完全解除对人性与个性压制的时候,当教育尚未普及而使人们得不到均等教育的时候,当人们将受教育仅仅作为谋生的手段而不是满足自身发展需要的时候,当人们还不能从固定的社会分工中解脱出来的时候,就会存在片面发展的状况。

因而,人的发展总是与社会的进步及人的解放相互作用、同步前进的,是一个由片面发展到全面发展,由低水平的全面发展到高水平的全面发展,直到全面而自由的发展的历史过程。在此背景下提出全面发展教育思想,一方面为人们提供了人的发展的理想目标,另一方面告诉人们,实现人的全面发展的历史过程,既是不断地创造人的全面发展的社会条件的过程,同时也是不断地克服人的片面发展的过程。

(三) 现代社会提出了人的全面发展的时代要求

人的发展水平与对全面发展的追求,随着社会的进步而具有鲜明的时代特点。20世纪下半叶以来,人类社会进入加速发展的时代,其发展观也发生了深刻的变化,强调社会全面协调可持续发展已成为社会现代化的主导趋势。社会的全面发展与人的全面发展是不可分割的。人的全面发展既是社会的全面发展的基础条件,又是社会的全面发展的根本目的。而社会的全面发展则使人的全面发展获得前所未有的动力与社会历史条件。因此,社会的全面发展与人的全面发展的互动是21世纪人类发展的主题。

【复习题】

1. 如何把握教育目的与教育目标之间的区别和联系?
2. 如何正确认识和处理人的发展与社会发展的关系?
3. 如何正确认识和处理教育价值取向的基本矛盾?
4. 试述中国特色社会主义教育目的的基本内容。

【推荐阅读】

1. 王道俊,扈中平.教育学原理[M].福州:福建教育出版社,1998.
2. 潘懋元.新编高等教育学[M].北京:北京师范大学出版社,1996.
3. 扈中平.教育目的中个人本位论与社会本位论的对立与历史统一[J].华南师范大学学报(社会科学版),2000(2):87-94.
4. 胡弼成,陈桂芳.高等教育价值取向:矛盾冲突及现实抉择[J].清华大学教育研究,2005,26(5):5.
5. 袁振国.当代教育学[M].修订版.北京:教育科学出版社,2004.
6. 扈中平.教育目的应定位于培养"人"[J].北京大学教育评论,2004,2(3):24-29.

第三章　高等教育目标系统的构建

【知 识 列 表】

高等教育目标系统的构建	高等教育目标系统设计的原则	全面性原则
		适应性原则
		可行性原则
		可测性原则
		统一要求与发展个性相结合的原则
	全面认识高级专门人才的内涵	高级专门人才的全面性
		高级专门人才的专业性
		高级专门人才的创造性
	高等教育目标系统的要素分析	知识
		能力
		思想品德
		体质
	高等教育目标系统要素之间的关系	学习与发现的关系
		知识与能力的关系
		德与才的关系
		身与心的关系
	高等教育目标系统的整体框架	普通素质
		专业素质
		普通素质与专业素质的关系
		寓于普通素质与专业素质之中的创造性

> 高等教育作为一项面向未来的事业，必须依据社会发展趋势，以培养高级专门人才为己任，审时度势，在坚持全面发展高等教育的基础上，充分考虑各学科专业的特点与要求，积极构建具有前瞻性的高等教育目标系统。

第一节　高等教育目标系统设计的原则

各级各类教育的目标，应是由层次、类别规定、身份规定、质量规定、时间规定所构成的完整的系统。教育者在设计教育目标系统时应遵循下列原则。

一、全面性原则

教育目标体系要以人的全面发展为核心，全面反映教育目的的要求。一是全面看待与协调教育的发展性目的与功利性目的的关系，在坚持全面发展的前提下，兼顾受教育者生存与发展的需求；二是坚持德、智、体、美、劳五个发展要素的全面性，并对各要素的内涵、分级指标及其相关性做出科学的规定，以保证素质结构的全面性与完整性；三是重视各学段之间的衔接，使人的全面发展，从幼儿教育到高等教育成为一个连续的、完整的过程。

二、适应性原则

各级各类教育，要从自身的定位出发，在设计教育目标时，一是要适应社会发展对人才培养的要求；二是要适应本学段、本类型教育任务的要求；三是要适应受教育者的发展水平及其对发展的要求。各级各类教育的目标，虽然在基本发展要素上是相同的，但其具体内容与水平要求则是不同或不完全相同的。同时还应注意，教育目标的制订并非一劳永逸，而应当根据情况的变化进行及时的调整，以适应新的情况、新的要求，这也是教育目标适应性要求的体现。

三、可行性原则

教育目标的核心内容是，在一定的教育条件下，经过努力所能达到的质量要求。这里所指的教育条件，其一是时间条件，即学制规定；其二是师资条件；其三是生源条件；其四是物质技术条件。这些教育条件是教育者在设计教育质量规定时必须考虑的制约因素。因此，教育质量的规定是否合理，要看其是否可能实现，是否具有可行性，并非质量要求越高越好，否则质量要求便会成为与教育实践无关的一纸空文。

四、可测性原则

教育目标既对教育过程起导向作用，同时又是检测教育质量的标准，所谓教育质量即教育目标的达成度。因此，教育目标的设计必须具有可测性。由于教育现象的复杂性，教育者在考虑可测性时，完全运用定量的指标与方法是困难的。因此，一般采用行为观察与测量相结合，定性分析与定量分析相结合的方法，以便较为真实地反映教育质量的状况。

五、统一要求与发展个性相结合的原则

统一要求与发展个性是辩证统一的关系，在教育目标中，统一要求所规定的是各级各类教育应当达到的基本水准，是对受教育者的共同要求。而这种共同要求不仅不应限制受教育者的个性发展，而且要为受教育者的个性发展提供基础条件。为使两者得以兼容，应变刚性的教育目标体系为弹性的教育目标体系，即在必要的统一要求的前提下，为受教育者提供自由选择与个性发展的空间。

第二节 全面认识高级专门人才的内涵

《中华人民共和国高等教育法》明确规定，高等教育的任务是培养具有社会责任感、创新精神和实践能力的高级专门人才。高级专门人才是一个复合概念，具有全面性、专业性和创造性等含义。

一、高级专门人才的全面性

高等教育与其他各级各类教育一样，其培养对象是人，因此，高级专门人才的培养，首先是人的培养，其根本任务是促进人的全面发展，保证受教育者首先必须具备作为一个公民的基本素质，即科学文化素质、思想道德素质和身体素质，使其成为一个会做人、会做事、身体健康的现代人。

在人才的培养上，全面发展观与各种片面发展观的矛盾，历来是教育目标问题的焦点。

从历史经验来看，全面发展教育思想的指导地位虽然在中华人民共和国成立初期已得到确立，但由于种种原因，其执行过程就是不断地排除各种片面发展观干扰的过程。在1949年后的30年，主要是"左"的政治路线的干扰，教育被政治化，在批判"智育第一"的名义下，智育受到极大的冲击和削弱，全面发展观的指导地位几乎名存实亡。

从现实情况来看，改革开放以来，尤其是20世纪90年代以来，在社会竞争日益激烈的环境下，在市场经济负面影响的干扰下，教育出现严重的功利化倾向，并导致教育目标的偏离。在基础教育中，由于追求高考升学率，青少年的身心健康受到极大的伤害，这已是有目共睹的事实。在高等教育中，以追求学历为目标而忽视真正学力的培养，在学习与创造，知识与能力，理论与实践，科学文化与思想品德，普通素质与专业素质，统一要求与个性发展等一系列

关系上存在的片面性，正在影响着大学生的全面发展。

因此，要正确地制订高等教育目标，首要的因素是在教育思想上实现从片面发展观到全面发展观的转变，以全面发展观为指导构建和调整高等教育目标。

二、高级专门人才的专业性

人才是人群中比较优秀的部分。狭义的人才观是以一定的学历为标准的，而且这种学历标准越来越高。广义的人才观则认为只要具有一定的知识或技能，能够进行创造性劳动，为推进社会主义物质文明、政治文明、精神文明建设，在建设中国特色社会主义伟大事业中作出积极贡献，都是党和国家需要的人才。[①] 从全社会的人才资源出发，人才并不限于有一定学历的人，况且有一定学历的人也不见得都是人才。高等教育是人才培养的摇篮，它所培养的应是在人品、学问上具备人才基本素质，并能为社会作出贡献的人才。

人才是有专业分化的，这是由社会分工所决定的，而社会分工是以职业的分化与科学技术的学科分化为依据的。与基础教育不同的是，高等教育所要培养的是专门人才，一方面反映了人才专业分化的客观要求，另一方面也反映了高等教育在人才培养上的特殊性。因此，高等教育具有鲜明的专业性。

专业是按学科或职业对学生进行定向培养的专门领域，按一定的专业定向培养人才，使其具备必需的专业素质，是专门人才的本质要求，也是高等教育的本质特征之一。重视高等教育的专业性及专业结构的合理性具有重要的意义。其一，专业划分是高等教育目标的具体化，否则就无法进行专门人才的培养；其二，高质量的专业素质是学生适应社会需要及人才市场竞争的首要条件；其三，专业设置是高等学校学科发展的基础，也是高等学校反映和推动社会科学技术发展的重要途径；其四，合理的专业结构是调节高等学校与社会供求关系的中介，也是高等学校生存与发展的重要因素。

在某些高等学校有淡化专业的说法，这是不恰当的，至少是不准确的。其一，此种说法是将加强基础、扩大专业口径与淡化专业混为一谈。为了适应社会与科技发展的需要，重视通识教育，扩大专业口径，加强学科专业间的交叉和渗透是完全必要的，但这种调整实质上是专业培养模式的调整，其目的是增强学生的专业适应性，而不是淡化专业。其二，对专业口径的合理性要进行具体的、历史的分析，不能简单地以专业口径的宽窄作为评价其合理性的标准。专业口径的演变是一个历史的过程，近代以来，随着社会的进步与科学技术的发展，专业口径经历了一个由宽到窄再到宽窄并行的发展过程。在当代，社会需求的多样性与学科、职业特点的多样性，决定了专业口径的多样性。就高等教育的整体而言，宽窄并行已是世界各国的共同趋势。将研究型大学的专业结构模式视为整个高等教育的专业结构模式，是一种以偏概全的看法，是不切实际的。其三，基于我国的国情及当前高等教育中专业教育的质量状况，不仅不能

---

① 中共中央关于进一步加强人才工作的决定[N].光明日报，2004-1-1.

淡化专业，削弱专业教育，而且必须加强对大学生专业素质的培养，对此不应有丝毫的动摇。

三、高级专门人才的创造性

高等教育所培养的是专门人才中的高级专门人才，这正是高等教育与中等职业教育的区别。高级专门人才应当高在哪里？从总体上讲，高级专门人才的"高"应当体现在两个基本的方面：一是高素质的人才，二是具有创造性的人才。

高级专门人才的高素质，应当高在科学素质与专业素质的水平上，高在思想品德等人文素质的水平上，即在较高的水平上达到人品与学问的统一。在专业素质方面，《中华人民共和国高等教育法》对专科、本科、硕士研究生、博士研究生各层次的学业标准作出了原则性的规定，这些规定是设计高等教育目标的重要依据。

创造性劳动是对人才的普遍要求，但对高级专门人才，创造性应有更高的要求，他们理应成为社会创新人才的主体。可以设想，如果高等教育所培养的高级专门人才缺少了创造性，那么国家的现代化建设就希望渺茫。

充分认识培养创新人才的意义是很有必要的。其一，创造性是创造精神、创造能力和创造成果的统一，是人的能力的最高表现，人的发展从根本上讲就是创造性的发展。其二，高等教育承担着文化传承与创新的任务，因此，开发人的创造潜能，培养能肩负继承与创新双重历史使命的创新人才，是高等教育的题中之义。其三，由于知识经济的出现，知识创新在人类经济生活、社会生活中的地位被提到了空前的高度，知识创新已成为生产力发展的主导性和决定性的因素，而知识的创新要靠能创新知识的人才，因此培养创新人才就成为高等教育的紧迫任务。

人的创造潜能转化为现实的创造力不是自然形成的，而是有条件的。将创新人才培养停留在口号上或一般要求上，而不去研究创新人才成长的条件并努力创设这种条件，则是无济于事的。根据我国目前的情况，要创设创新人才成长的有利条件，必须解决三个基本问题：其一，要重视学生个体独立性的发展。由独立性到创造性是人才成长的普遍规律，虽然不能说有了独立性就一定有创造性，但没有独立性的人是绝对不可能有创造性的。其二，要根本改变现行的教学模式。我国以单向灌输为主要特征的传统教学模式，对大学生的积极性、独立性、创造性等的发挥是极为不利的。教学模式变革的方向是：使教学从以讲授为主转变为以自学为主，并使科学研究真正进入教学过程，以促进学生由学会学习到进入科研，由自学达到治学。其三，要有学术自由的环境。学术自由是创新人才成长的重要环境条件，只有在学术自由得到保障的环境里，才会出现学术繁荣、创新人才辈出的局面。

高级专门人才的全面性、专业性、创造性，既是相互渗透又是纵向提升的关系。全面性是基础，专业性是在全面性基础上的定向发展，创造性的培养渗透于全面性、专业性之中，同时，创造性又是全面性、专业性的最高表现。因此对高级专门人才的完整理解，应是全面性、专业性、创造性的统一。

第三节 高等教育目标系统的要素分析

根据全面发展的要求，高等教育目标系统的要素由知识、能力、思想品德、体质四个方面的基本素质所构成。在论及素质结构时，有一种"知识、能力、素质"的说法，这种说法从逻辑推论上，有两点令人费解：其一，知识、能力既然与素质作为平行概念，那么知识、能力就不是素质了；其二，除知识、能力之外，这里所说的素质究竟是什么素质也不得其解。其实，个体所具有的知识、能力、思想品德、体质，不仅皆是素质，而且是素质结构中最基本的内容，是构成各种综合素质的基本元素。

一、知识

知识是人类创造的认识成果，经过长期的积累已被客体化，成为一个庞大的知识体系。所谓知识素质是指个体对人类知识的掌握，也就是有选择地将客体知识转化为个体所具有的知识。因此学生需要掌握哪些必备的知识并形成合理的知识结构，便成为决定知识素质要求的内容，而科学的分类则是设计知识素质要求的根据。

（1）按研究对象，科学可分为自然科学技术与人文社会科学两大门类。

（2）按与实践的关系，科学可分为基础科学，技术科学与工程技术，应用科学。

（3）按学科之间的交叉，科学可分为综合学科、边缘学科与横断学科，此种分类打破了上述两种分类的边界，反映了现代科学的特点。

以上三种分类的综合运用，是确定学科性质与门类的依据。

（1）按科学的历史发展，科学可分为经典学科（过去的科学）、发展中的学科（现在的科学）、新兴的学科（未来的科学）。

（2）按知识的形态与复杂程度，知识可分为事实的知识，即描述性知识；处理具体事物的方式方法的知识，即技术性知识；学科领域中的普遍原理和抽象概念的知识，即理论性知识。

上述两种分类，对知识内容的选择与更新，对课程目标的细化及教学方法的选择皆有重要的意义。

二、能力

（一）智力与能力的关系

智力是指对客观事物的认识能力，包括以思维能力为核心的记忆、观察、想象等方面的能力。能力是指顺利完成一定活动任务的心理特征或本领。智力是内在的，能力是外显的，能力是智力的外化，智力与一定的活动任务相结合就表现为能力，所以智力与能力是不可分的。为了便于观察、培养与检测，因而学者提出了能力素质的概念。

（二）能力的基本属性

能力的基本属性包括四个方面：其一，能力是独立的，是个体独立地完成活动任务的本领，没有独立性就没有能力。其二，能力具有适应性，能随着外界环境的变化做出及时的反馈与应变。其三，能力的根本属性在于创造性，人之所以为人，就是因为人具有创造的能力。其四，能力具有个体差异与发展的不平衡性。不同的人在能力结构上是不同的，同一个人其各种能力的发展也是不平衡的，既有优势，也有劣势，所以说，在能力发展上只有天才、奇才，而无全才。独立性、适应性、创造性、不平衡性是能力的基本属性，而这些基本的属性正是我们评价能力的根本标准。

（三）能力的分类

从心理结构上划分，能力可以分为三种：一是一般能力，即人们通常说的智力，是完成一切活动任务都需要的能力；二是特殊能力，是完成特定活动任务所需要的能力，即专业能力；三是创造能力，是一般能力与特殊能力的最佳结合，也是能力的最高层次。

按认识与实践的功能划分，能力可以分为三种：一是掌握知识的能力，即学习能力；二是运用知识的能力，即实践能力；三是发现新知识的能力，即科学研究能力或创新能力。

上述两种关于能力的分类有一定的对应关系，是设定能力素质要求的依据。

三、思想品德

个体思想品德的形成有其自身的规律，是以心理的情感因素为基础，在社会环境和教育的影响下，由具体行为到自觉的信念逐步递进。从发展过程的角度分析，思想品德包含以下四个方面：

（1）健康的情感与意向心理品质。情感与意向心理品质具体是指需要、动机、兴趣、情感、意志、理想等因素，它决定个体心理的倾向性，对活动的选择性及对事物的态度，是思想品德形成的心理基础。

（2）道德品质与道德行为。道德需要认识，但评价道德的标准只能是行为。道德的养成包含家庭伦理、社会公德和职业道德三个方面的内容。

（3）以世界观、人生观、价值观为内容的思想观念。其要求是建立科学的世界观、积极的人生观、合理的价值观，其中形成社会价值与个人价值相统一的价值观是思想观念的核心。

（4）政治信仰与政治态度。政治信仰是以一定的价值观为基础对社会政治做出的自觉的选择，这种信仰一旦形成，便会言行一致，终身为之奋斗。

四、体质

体质是人体在遗传性和获得性的基础上表现出来的功能和形态上相对稳定的固有特性，包括体格、体能（体力）和身体适应能力。① 体质状况可通过观察和测量身体形态、生理和心理功能的一定指标及医学检查做出判断。

大学生从年龄上讲，多数处于青年中期，生理上虽已基本成熟，但身体仍在继续发展。为保证顺利完成学习任务，并为未来打下持久工作、学习、生活的身体基础，大学生必须增强体质，提高健康水平，使身体处于发展正常、功能良好、体力充沛、精力旺盛的健康状况。

第四节　高等教育目标系统要素之间的关系

在高等教育目标系统中，知识、能力、思想品德、体质等要素是相互联系、不可分割的，并统一于人的整体发展之中。为了把握这些基本素质之间的相关性，有必要正确认识和处理下列四个关系。

一、学习与发现的关系

学习与发现的关系，即知识的继承与创新的关系，是认识论和教学论的一对重要范畴。正确认识和处理大学教学条件下学习与发现的关系，对创新人才的培养具有重要的理论和现实意义。

（一）人类认识活动中学习与发现的关系

发现指的是对人类未知领域由不知到知的过程。从广义上理解，发现包括科学工作者和广大群众由量的积累到质的突破的一切发现、发明和创造，它是以人类未知领域作为认识对象的。而学习则是个体对人类已知领域由不知到知并积累自身经验的过程，是以人类已知领域为认识对象的。

在人类的认识活动中，学习与发现是相互依存、相互转化的。人类发现的成果构成了学习的对象和内容，而发现必须以学习和掌握前人的认识成果为基础，这是二者依存性的一面。同时，在一定条件下学习与发现又是互相转化的。个体掌握人类发现的成果，是发现向学习的转化；而人们在掌握人类已有认识成果的基础上向未知领域的开拓，则是学习向发现的转化。从一定意义上讲，人类的认识就是在实践基础上学习和发现不断地相互转化的过程，并由此推动人类认识的发展。

---

① 教育大辞典编纂委员会. 教育大辞典：第1卷［M］. 上海：上海教育出版社，1990：149.

（二）大学生应以学习为主，逐步实现学习与发现的结合

根据高等教育培养创新人才的目标及大学所提供的教学与学术条件，在处理学习与发现的关系上，不应将大学生的认识任务局限于对人类已有知识的学习，而是应当以学习为主，逐步实现学习与发现的结合。相应地，大学教学过程则是促进大学生以学习为主，逐步实现学习与发现结合的过程。其含义包含以下两个方面：

第一，在大学教学过程中，学生的主要认识任务是学习，也就是在学习和发现的关系上，学习是主要方面。一方面，这是由学校所特有的传递人类已有知识的社会职能所决定的；另一方面，大学生只有系统地掌握有关学科的基本理论，并在认识能力和实践能力上接受严格的训练，才能为进入发现领域创造必要的前提。如果不是以学习为主，或者以科研取代学习，则是脱离大学生的认识状况和认识规律的，不但不能使他们学到系统的知识，发现也是一句空话。

第二，大学教学过程不只是包含学习的因素，也包含发现的因素。所谓学习和发现的结合，从本质上讲，就是使大学生在以学习为主的条件下，逐步实现由学习向发现的转化。主要体现在：学习要以发现为目标；在学习过程中，要在知识、智力、科学方法、意志品质等各个方面为发现创造条件；在学习的基础上直接进入发现领域，使科学研究成为教学过程的重要组成部分。我们说学习和发现是逐步结合的，是指这种结合无论在内容上还是在程度上，都是按照学习和发现相互关系的内在逻辑，由低级向高级逐步发展的，它不应只是体现于教学的某一因素、环节和阶段，而是应当贯穿大学教学过程的始终。同时，整个大学教学阶段的结束，并不意味着这种逐步结合过程的完成，因为它还有待于学生在今后实践中去进一步发展和提高。

二、知识与能力的关系

知识与能力的关系，是指个体掌握知识与发展智力、培养能力的关系。由于智力与能力关系密切，所以我们所谈的能力，是智力与能力的统一。正确认识和处理知识与能力的关系，有以下三点需要明确和把握。

（一）掌握知识与培养能力是智育的两个不可分割的组成部分

教育者在制订智育目标时，除要有明确的知识目标外，还必须有明确的能力目标，要注意纠正和克服重知识而轻能力的倾向。

（二）知识与能力的区别与联系

知识与能力的区别主要表现在：知识是对客观事物的认识，而能力则是认识客观事物的本领；知识完全靠后天获得，而能力则是先天遗传素质与后天训练相结合的产物；知识的获得，

一方面是指需要通过实践获得直接知识，另一方面是指需要获得间接知识，而能力只有在亲历的认识活动与实践活动中才能得以形成和发展。从这些区别可以看到，掌握知识与发展能力具有不同的特点和规律，并不是一回事。

知识与能力的联系，首先表现为两者的相互依存性。如果没有能力，知识就无从产生，无从传递，无从掌握，更无从发展；如果没有掌握知识的需求，智力活动就失去了内容和对象，能力也就无从表现，无从开发，无从运用。可以说，知识与能力是互为前提的。

知识与能力除了相互依存外，在一定条件下还可以相互转化。个体在学习人类已有知识与开拓人类新知识的过程中促进能力的发展，这是知识向能力的转化；能力的提高又可以加速知识的掌握、更新和创造，这便是能力向知识的转化。

（三）创设促进知识与能力相互转化、共同发展的教育条件

知识与能力的相互转化不是自然发生的，而是有条件的。首先，学生必须有学习的积极性，尤其是思维的积极性，积极性是学习知识与发展能力的动力。其次，在学习途径上，必须为学生的独立学习提供更多的机会，一方面学习能力只能在独立的学习活动中培养，另一方面对知识的掌握归根到底要靠自学。再次，学习内容要保持一定的难度，这样既有利于能力的训练，也有利于加深对知识的理解。最后，帮助学生掌握科学的学习方法，方法是知识与能力互相转化的中介。科学的学习方法，不仅可以提高学生学习的质量和效率，而且也是提高学生学习能力的重要途径。

三、德与才的关系

从教育的角度来讲，德与才的关系，则是德育与智育的关系。才的概念，包含才智、才能、才学等多重含义，但其基本要素是知识与能力。德才兼备，自古以来就被视为人才的基本标准，只是因时代不同，其内涵有了变化和发展。这种德才统一的人才观，一方面体现了人才观的价值取向，另一方面也反映了德与才之间的内在联系。

（一）德才兼备人才观的价值取向

德才兼备的人才观，从人才的社会价值出发，强调人才在人格上的完整性。人才的社会价值，即人才必须是能对社会作出积极贡献的人，而这种贡献不仅表现在业绩上，而且还应表现在思想品德上，以自己的模范行为对社会产生积极的影响。因此，作为人才必须德才兼备，德与才缺一不可，无论是有德无才，还是有才无德，皆不合乎人才的要求。

（二）德才兼备人才观反映了德才之间的内在联系

人的品德与才能如何，是由多种复杂的因素形成的，并不完全取决于德与才之间的关系，但德与才之间确实存在着密切的内在联系。这种联系表现为一种相互渗透、相互影响的互动

关系。

具体而言，知识与能力是品德形成的认识基础，在形成品德的知、情、意、行四个要素中，道德认识与道德行为的控制能力，皆有知识与能力的因素。而思想品德对人的才能学识的形成与作用的发挥，起着动力作用与导向作用，对成才的质量与效率，以及能否正确而充分地发挥才能，产生直接的重大的影响。

（三）德才兼备人才观在学术领域表现为人品与学问的统一

学术是社会文化传承与创新的核心领域。追求真理，造福大众，即求真、求用，是学术的价值所在，也是学术精神的真谛。学术的兴衰关系到国家的前途和命运。人品与学问的统一，是学术价值与学术精神的内在要求，也是德才兼备人才观在学术领域的具体体现。

学问是学术成果的载体，属于知识的范畴，但也有它特定的含义：一方面指的是比较高深的知识和真才实学，另一方面也有探究和创新知识的意思。人品主要是指治学者主体必须具备的学术精神、学术作风和学术道德。大学是学术的殿堂，大学教师身兼育人与治学的双重任务，大学生则已进入高深学问的学习。因此，大学教师应以身垂范，做到人品与学问的统一，并使大学生受到学术的熏陶，学到真才实学，养成良好的学风，成为在人品与学问两方面具有较高素质的高级专门人才。

目前，大学与学术界在学术精神、学术作风、学术道德、学术法制等不同层面上存在着学术失范的情况。这集中反映了人品与学问的分离，不仅破坏了学术的声誉，而且严重腐蚀了学术精神，阻碍了学术的发展，也从反面告诉人们，人品与学问的统一是何等重要。

四、身与心的关系

身与心的关系，即生理与心理的关系，从教育的角度讲，则是体育与德育、智育的关系。

身体是人的生命的载体，是人的心理活动与实践活动的物质基础。而人的心理，包括思维与情感，是人的大脑的生理功能与社会实践活动相结合的产物，因此身与心存在着不可分割的联系。

（一）生理与心理是相互影响的

生物学与医学研究表明，生理与心理是相互影响的，而这种影响既有正面的，也有负面的。

从正面讲，健康的体质可以使人在活动中保持旺盛的精力和积极的心态，并能增强抗压能力与意志力；而积极的心态，不仅能增进身体的健康，还能增强抵御疾病的能力。

从负面讲，体质不好或有病在身，会产生精神上的压力和痛苦，并导致焦虑、消沉等不良的心态；而不良的心态或出现心理障碍，也会在生理上反映出来，使体质下降，乃至患上疾病。

根据生理与心理相互影响的机制，人应注意身心关系的调节，保持身心之间良性互动，达到身心健康。

（二）体育与德育、智育是相互渗透、相互促进的

体育的主要目标是增强体质，从而为学生顺利完成德育、智育等方面的学习任务提供了体质条件。同时，体育活动蕴藏着丰富的文化内涵，是品德培养和智力训练的重要途径。

德育与智育，一方面为体育提供了知识、能力、思想品德等文化素质的基础，另一方面也渗透着体育的因素，如学生在学习过程中，注意合理负担、用脑卫生、张弛有度、生活规律等，以保证自身的健康。

第五节　高等教育目标系统的整体框架

根据对高级专门人才的全面理解及发展要素的分析，并根据高等教育实施过程的特点，高等教育目标系统可以从普通素质与专业素质两个方面来建立框架。

一、普通素质

普通素质是指不分专业、不分层次，每个大学生都必须具备的素质，它所反映的是对人与人才素质的普遍要求，主要由科学素质、人文素质与身体素质构成。对大学生普通素质的培养一般称为通识教育或高级普通教育。下面主要阐述科学素质、人文素质，以及科学素质与人文素质的关系。

（一）科学素质

科学素质是科学知识、科学信仰、科学创新精神、科学研究能力与方法、科学伦理等因素的综合体现。科学知识的掌握虽然是科学素质的基础和载体，但仅有科学知识而无其他科学素质的修养，只能说是非常片面的科学素质而不能说在整体上具备了科学素质。科学信仰，就是信仰科学学说，是行动指南。科学创新精神是科学素质的核心和灵魂，应作为科学素质的首要目标。科学研究能力与方法为人们的科学认识提供了强有力的认知工具。科学伦理是一种行为准则，是我们应当恪守的价值观念、社会责任和行为规范。

（二）人文素质

人文素质是一个比科学素质复杂得多的领域，它既是人类共同的追求，又因时代不同而不同。按目前较为普遍的共识，人文素质的基本构成是人文知识与人文精神的统一。人文精神是指以人为本，以人类的解放为目的，以真善美为价值理想的精神。人文知识主要是指文学艺术、历史、哲学等学科的知识。提高学生的人文素质，当然离不开人文知识的学习，但更主要的是人文精神的传播。只有人文知识而无人文精神的人，不能被认为是具备了人文素质的人；

只介绍人文知识而不触及人文精神的教育,也不能被认为是实质意义上的人文教育。

(三)科学素质与人文素质的关系

在现代社会,科学与人文逐步走向融合,无论是从社会进步上讲,还是从人的全面发展上讲,两者都是不可或缺的。科学与人文是互相渗透、不可分割的,有学者提出了科学的人文主义与人文的科学主义的观点,认为科学本身包含着人性,科学的价值即人的价值,科学的人文主义就是人文主义的科学化。而人为的科学理应是而且必须是为人的;人性应该寓于科学之中,人的智慧亦是科学的智慧,人文的科学主义就是科学主义的人性化。[①]

二、专业素质

专业素质是指学生为适应本专业的工作所必需的素质,其主要素质要求是:
(1)掌握本专业的基础理论、专门知识及相关学科的知识。
(2)掌握本专业的方法和技能。
(3)具有从事本专业实际工作与科学研究的能力。
(4)了解与熟悉本专业国内外发展的动态和趋势。
(5)认同本专业的社会价值,热爱本专业。
(6)具备从事本专业工作所必需的职业道德。
(7)具备从事本专业工作必需的心理与身体条件。

以上要求打破了过去只讲专业知识、专业能力的专业素质结构,扩大了专业素质的内涵,强调了专业素质的全面性,并与相应的社会角色的素质要求相衔接,对学生适应未来专业工作具有重要意义。

三、普通素质与专业素质的关系

普通素质与专业素质的结合,是现代高级专门人才综合素质的体现。普通素质是专业素质的基础,专业素质是普通素质在一定方向上的强化和提升,两者是不可分割的。根据高等教育的任务与我国的国情,一方面,在教育时间的分配上,高等教育应以专业素质的训练为主;另一方面,在教育内容与途径上,高等教育则应加强专业素质教育与普通素质教育的相互渗透与结合。

四、寓于普通素质与专业素质之中的创造性

普通素质中的科学素质,包含了科学创新精神、科学研究能力与方法的要求,在专业素质

---

① 李醒明.走向科学的人文主义和人文的科学主义[J].光明日报,2004-6-1.

中包含了从事本专业实际工作与科学研究的能力的要求，集中起来就是对受教育者创造性的培养。创造性的培养，既要渗透于普通素质与专业素质的培养之中，同时，又是普通素质与专业素质的最高表现。

【复习题】

1. 如何全面认识高级专门人才的内涵？
2. 高等教育目标系统有哪些基本要素？
3. 如何把握高等教育目标系统诸要素之间的基本关系？
4. 简述高等教育目标系统的整体框架。

【推荐阅读】

1. 克拉克.高等教育系统：学术组织的跨国研究［M］.王承绪，等译.杭州：杭州大学出版社，1994.
2. 瞿振元.推进高等教育治理现代化：目标、价值与制度［J］.中国高教研究，2014，14（12）：1-4.
3. 王丽平，高耀明.本科人才培养目标系统及其一致性建构［J］.江苏高教，2019，9（7）：40-47.
4. 李政涛，文娟."五育融合"与新时代"教育新体系"的构建［J］.中国电化教育，2020（3）：7-16.
5. 冯建军.构建德智体美劳全面培养的教育体系：理据与策略［J］.西北师大学报（社会科学版），2020，57（3）：5-14.
6. 潘懋元，车如山.略论应用型本科院校的定位［J］.高等教育研究，2009，30（5）：35-38.
7. 刘献君，赵彩霞.在融合中生长：应用型人才培养路径探索［J］.高等教育研究，2022，43（1）：79-85.

第四章 高等教育的基本结构

【知 识 列 表】

高等教育的基本结构	高等教育结构概述	高等教育结构的含义
		高等教育结构与功能的关系
		影响高等教育结构的因素
	高等学历教育与高等非学历教育	高等学历教育
		高等非学历教育
	普通高等教育与高等职业教育	普通高等教育与高等职业教育的相同点
		普通高等教育与高等职业教育的区别
	高等教育层次结构	高等教育层次结构的历史发展
		高等教育层次结构存在的主要问题
		高等教育层次结构的优化
	高等教育科类结构	高等教育科类结构的历史发展
		高等教育科类结构存在的主要问题
		高等教育科类结构的优化

高等教育结构的整体效能取决于它与社会经济结构相适应的程度，高等教育的发展规模首先应表现为与国民经济和社会发展总体规模相适应，然而高等教育自身的特点和发展规模又决定了高等教育的结构和规模具有先导性。我国高等教育的结构与发展规模正面临着怎样更积极、更灵活地适应经济、科技和社会发展的需要，怎样处理好高等教育与基础教育和职业技术教育发展的关系，在教育财政拨款不充分的情况下怎样发挥高等教育投资的最佳效益等问题。这些问题虽然涉及复杂的社会因素和高等教育自身因素，但是，高等教育结构却对高等教育的后果或效益产生决定性影响。因此，正确认识高等教育结构，把结构调整和规模调控、外延式发展与内涵式发展有机结合起来，对我国高等教育的改革与发展以及深化高等教育研究都具有积极的现实意义。

第一节　高等教育结构概述

高等教育是一个庞大而复杂的系统，由系统要素及其相互关系构成。

一、高等教育结构的含义

高等教育结构是指高等教育系统内各组成部分之间的联系方式和比例关系，它是一个多维度、多层次、复杂的综合结构。从整体出发，高等教育结构可分为宏观结构和微观结构两大部分。在整个教育系统中，高等教育是一个比较复杂的部分，且具有相对的独立性和自身发展变化的规律。

（一）宏观高等教育结构

宏观高等教育结构主要包括层次结构、科类结构、形式结构、能级结构、地域结构（即布局）、管理体制结构等。

1. 层次结构

层次结构又称水平结构，是指高等教育内部由于教育程度和水平的高低不同而划分的层次及其相互关系，如高等专科教育、本科教育和研究生教育，也可根据所授学位的不同来划分高等教育的层次。

2. 科类结构

科类结构即不同学科领域的高等教育的构成状态。一般以高等教育机构所授学位、文凭与证书的科类划分为准。如我国高等教育分为哲学、经济学、法学、教育学、文学、历史学、理学、工学、农学、医学、管理学、艺术学、军事学、交叉学科（2020年新增）等14个学科门类。每个门类又分很多学科，如工学又分地质、矿业、能源动力、机械、水利、材料、纺织、轻工、建筑、交通运输等学科。每个学科又可分许多专业。

3. 形式结构

形式结构是指不同办学形式的高等教育的构成状态。根据经费来源和管理体制不同，高等教育可分为公立和私立两种形式；根据授课时间不同，高等教育可分为全日制、半日制、业余制三种形式；根据授课方式不同，高等教育可分为普通高等教育、函授大学、开放大学、职工大学、高等教育自学考试、管理干部学院等。

4. 能级结构

能级结构主要指具有不同办学条件、不同办学要求和培养目标的各类高等学校之间的比例关系。我国高等学校大致可分为三个能级：（1）设有研究生院，本科教育与研究生教育并重，教学与科研兼顾的院校；（2）以本科教育为主的院校；（3）以培养应用型、技艺型人才为主的专科院校。"双一流"建设高校可视为目前中国高校的第一能级。

5. 地域结构

地域结构是指高等教育结构在地区分布上的构成状态。高等学校在各地的数量分布状况，不同形式高等学校的分布，不同等级高等学校的分布，不同专业点的分布等则构成高等教育的整体布局。高等学校及专业点在区域分布上的结构状态，包括大区分布、省级行政区分布、城市分布、城乡分布、沿海与内地分布等，还有不同等级的高等教育布局结构，例如，"985工程""211工程"高等学校，有资格获得中央和地方政府提供的专项发展资金，并通过人才培养、科学研究、社会服务等方面的优势与利益相关者交换资源，取得优先配置资源的权利；绝大多数地方高等学校则依附地方政府，满足地方发展需求进行资源交换。[①] 我国幅员辽阔，各地区间经济、文化、科技、教育等的发展水平不平衡，地域结构合理与否显得尤其重要。

6. 管理体制结构

管理体制结构是指高等教育管理的机构设置、隶属关系、管理权限和管理内容以及与之相适应的各种法规制度等的构成状态及作用方式。高等教育的管理体制结构主要受国家政治制度、国家政体形式和生产资料所有制形式的制约。[②]

（二）微观高等教育结构

微观高等教育结构主要是指高等学校内部诸要素之间的组合构成状态，包括专业结构、课程结构、教材结构、教师队伍结构等。

1. 专业结构

专业结构是指高等教育所设置的专业的种类、个数。高等教育专业结构是否合理，其标准主要是看高等教育所培养出来的专业人才是否与经济结构、科技进步和社会发展的需要相适应。

2. 课程结构

课程结构是指学校课程体系中各种课程类型及具体科目的组织、调配所形成的合理关系与恰当比例，是由各类课程构成的有机的、完整的统一体。

3. 教材结构

教材结构是指教材内容之间的主要内在联系。教材结构由社会结构（主要是政治结构、经济结构）、学生心理结构和学科结构三者决定。

4. 教师队伍结构

教师队伍结构是指教师整体的构成关系。一所高等学校的教师队伍结构是否合理，与其教学和科研的质量和水平直接相关。教师队伍结构的主要内容包括职称结构、年龄结构、学历结构、专业结构等。

[①] 刘晖，马浚锋. 高等教育结构与质量的中国经验［J］. 教育发展研究，2020，40（7）：22-28.

[②] 胡平凡，饶玲. 高等教育学［M］. 南昌：江西高校出版社，2018：160.

二、高等教育结构与功能的关系

高等教育结构与功能的关系表现在两个方面。

一方面,高等教育结构的整体功能取决于它与社会的经济结构相适应的程度,高等教育的发展规模首先表现为与国民经济和社会发展的总体规模相适应。如经济的发展通常要求职业技术教育培养的人才层次不断提高,在经济发达地区,除专科层次的高等职业技术教育以外,更高层次的高等职业技术教育也受到重视。再如,要实现高等教育普及化目标,各国也通常借助高等教育结构的调整。高等教育要发挥应有的作用,应建立合理的高等教育结构体系,并随外部环境的变化适时地进行结构调整。同时,高等教育结构内部各要素、各子系统具有良好的自适应、自组织、自调整和抗干扰能力,这是高等教育结构和规模具有先导性、合理化和稳定性的反映。

另一方面,结构和功能虽联系紧密,但并不存在必然的一一对应关系。相同的功能常常可由不同的结构来实现。如在德国,职业技术教育重心在中等教育阶段;而在美国,职业技术教育的任务则安排在高等教育阶段,基本由社区学院来完成。中等学校教师的培养,在我国过去是由师范大学或师范学院单独完成的,但现在我国和许多国家的一些综合性大学也参与师资培养。之所以出现结构和功能之间的复杂联系,是因为高等教育结构是由多种因素综合作用的结果:现实的和历史的,经济的、政治的和文化的。这种复杂性决定了各国的高等教育结构不可能完全一致,也决定了一国无法照搬他国的高等教育结构模式。

三、影响高等教育结构的因素

(一)经济因素

在高等教育结构的诸多制约因素中,经济因素的作用是基础性的。经济因素主要包括生产力水平及其发展速度,经济发展水平与速度,产业结构以及由此引起的人力资源需求状况等。一定社会的经济结构就像一只强有力的、无形的手,通过对人才需求、教育投资以及就业市场等方面的调控,直接或间接地影响高等教育结构的变化。

经济结构中的产业结构和技术结构,对高等教育结构的影响更为直接。我国过去的专业设置偏重第一、第二产业尤其是第二产业所需的人才,而对口第三产业的专业很少。现在高等学校对专业设置作出了调整,纷纷向与第三产业相关的专业转移。这种转移显然与国家在经济发展过程中产业结构的调整密切相关。产业结构变化必然引起就业结构的变化,而就业结构的变化又必然促进高等教育专业结构的调整。经济作为高等教育发展的前提和条件,既表现为提出人力资源开发方面的需求,更表现在提供未来发展的可能。而有些属于价值观的因素,与经济增长相关,如"机会均等""教育民主"等观念的产生,向精英教育发出挑战,促使传统高等教育向普及化、多样化发展,打破单一的办学模式和僵化的管理体制,积极发展两年制或三年制的高等教育，并形成短期高等教育毕业生既可以就业又可以升学的灵活体制，使毕业生在毕业时能进行更多职业上的选择，既优化了高等教育结构，又提高了规模效益，还为第三产业培养了人才。从某种意义上说，这种转变起到了缓解社会结构性失业的作用，也是与现代社会经济增长、工业化和城市化几乎同步进行的。

（二）文化传统因素

文化传统因素主要包括全社会的总体文化水平，由历史传统形成的民族文化特点及观念。政治制度接近、经济发展水平相当的国家，其高等教育结构并不相同甚至有很大差异，文化传统因素往往是为高等教育的结构调整提供价值导向的主要因素，表现在人们对择业的态度、消费观念、教育价值取向、自身的文化需求以及对子女的教育期待等。美国在先后效仿英国、德国的高等教育模式，经过高等教育系统多元化、多层次的发展过程之后，最终形成以大批社区学院、初级学院为底座，以一批巨型研究型大学为塔尖的金字塔结构，即少数英才仍处于塔尖，相当一部分专门人才处于中层，而绝大多数实用型技术人才处于塔底的具有美国特色的高等教育结构体系。之所以这样，有当时美国经济发展的原因，还有民族和文化传统（尤其是实用主义价值观）等因素的作用。美国力图通过发展高等职业技术教育使学生获得谋生的能力，以缓和失业问题带来的压力。同时，高素质的劳动力也是保证美国经济强国地位的重要因素。美国的高等职业教育以市场为导向，企业需要什么人才，何时需要，学校就有针对性地培养相应的人才，这也与美国的产业结构调整密切相关。奥地利的传统职业教育创建于17世纪末期，至今已有300多年的历史。奥地利的社会和公众对职业教育的认可程度较高，毕业生就业率相当高。[①]

（三）科学技术因素

科学技术因素主要包括科学技术的总体发展水平与速度、科学技术系统的规模与结构等。科学的学科门类是高等教育专业设置的基本理论依据，因此学科的发展必然影响专业的发展。科学技术发展的分化与综合使得许多交叉学科、边缘学科应运而生，反映在高等教育中，人工智能、数据科学与大数据技术等一批新兴专业被列入高等学校的专业目录，同时为了适应复合型人才培养的需要，众多复合型的学科专业、课程模块不断出现，使高等学校的教学呈现出更多的选择性、灵活性和对社会、科学技术发展的适应性。科学技术发展对高等教育层次结构变化的影响主要体现在研究生教育规模的不断扩大，研究生教育成为高等教育的一个重要层次。《2020年全国教育事业发展统计公报》显示，2020年，我国研究生招生110.66万人，比上年增长20.74%；普通本专科招生967.45万人，比上年增长5.74%。研究生招生数的增长率远高于本专科招生数的增长率。

---

① 辜胜阻. 高等教育的结构失衡必须引起高度重视［J］. 中国高等教育，2001（7）：22-23.

（四）教育因素

在中国特色社会主义新时代这一历史发展时期，经济的飞速发展和技术革命带来的产业结构变化，与人们教育观念的变化以及对高等教育需求的剧增相伴，从各方面对高等教育提出要求并形成压力，迫使高等教育系统作出积极的反应，尽快建立面向不同经济形态的多样化的高等教育体制、结构和教育模式。这里有高等学校如何定位的问题，即高等学校如何依据自身的基础和优势、区域经济和发展特点，在"面向社会依法自主办学"中确定自己的办学目标和发展战略定位，学校类型和类别定位，办学规模和形式定位，人才培养目标和层次定位，学科专业定位，科研方向定位，服务面向定位，其中人才培养目标和层次定位最为关键，直接关系到人才培养的社会适应性、行业契合度以及高等学校竞争力的问题。高等学校要充分认识到学生作为重要生产要素的特点，尊重学生的个性发展，重视学生完美人格和全面素质的培养，还要注重学生的就业需求，提供多样化的学制和多种培养方向。根据学生实习和就业的反馈，不断更新教育内容、调整专业方向，用更为灵活和多样的教学形式，激发学生创业和创新的活力，形成鲜明的办学特色。学生是学校的名片，反映了学校整体育人的水平。

（五）区域因素

当代经济发展的一个重要特点是经济发展的区域化。区域经济发展的一个必然结果是建立一个与之相适应的区域性高等教育体系。如何有效地利用高等教育资源，如何有效地发挥高等教育在空间上的区位优势，促进高等教育与地区经济、社会环境协调发展，是高等教育和地区经济互动关系的热点和难点。影响区域经济发展的一个重要因素是区域经济结构尤其是产业结构。产业是国民经济各部门、各行业的总和。要实现区域产业结构的高度合理化，提高产品质量和经济效益，必须大力提高科学技术水平，依靠科技进步和科学管理，提高产业结构的密集度和对各要素的利用效率，增强产品的市场竞争能力，进而提高经济效益。那么，高等教育结构如何直接影响人才培养的规格、质量、水平，影响区域产业结构的布局，影响区域创新的能力，就成为区域经济实现梯度转移的关键所在。高等教育的区域结构和产业结构密切相关。高等教育的区域结构主要包括高等教育的水平/层次结构、类型结构、专业结构、课程结构和布局结构等。高等教育的区域互补，一方面要求高等教育结构与地区产业结构互补，高等教育与区域经济协调发展；另一方面要求区域内的高等教育机构制订科学的发展战略，重新调适中央与地方、政府与高等学校的关系，加强区域内的高等学校合作，优势互补，资源共享，以点带面，为区域高等教育的发展创造条件。

第二节 高等学历教育与高等非学历教育

《中华人民共和国高等教育法》规定："高等教育包括学历教育和非学历教育。高等教育采用全日制和非全日制教育形式。国家支持采用广播、电视、函授及其他远程教育方式实施高等教育。"

一、高等学历教育

（一）高等教育学历

我国目前国民教育系列的高等教育学历分为专科、本科、研究生（硕士研究生和博士研究生）三个层次；在学历系列上，主要包括专科、本科、第二学士学位、硕士研究生和博士研究生五个方面。高等教育学历文凭主要有三种：普通高等教育毕业（结业）证书、成人高等教育毕业（结业）证书、高等教育自学考试毕业（结业）证书。

以上学历证书由经国家教育行政主管部门批准备案的独立设置的高等学校、成人高等学校、民办高等学校发给其所举办的高等学历教育的毕业生，以及由社会力量办学单位发给高等教育自学考试毕业生。

《中华人民共和国高等教育法》规定："接受高等学历教育的学生，由所在高等学校或者经批准承担研究生教育任务的科学研究机构根据其修业年限、学业成绩等，按照国家有关规定，发给相应的学历证书或者其他学业证书。"

（二）高等学历教育的学业标准

高等学历教育分为专科教育、本科教育和研究生教育，应当符合下列学业标准。

专科教育应当使学生掌握本专业必备的基础理论、专门知识，具有从事本专业实际工作的基本技能和初步能力。

本科教育应当使学生比较系统地掌握本学科、专业必需的基础理论、基本知识，掌握本专业必要的基本技能、方法和相关知识，具有从事本专业实际工作和研究工作的初步能力。

硕士研究生教育应当使学生掌握本学科坚实的基础理论、系统的专业知识，掌握相应的技能、方法和相关知识，具有从事本专业实际工作和科学研究工作的能力。博士研究生教育应当使学生掌握本学科坚实宽广的基础理论、系统深入的专业知识、相应的技能和方法，具有独立从事本学科创造性科学研究工作和实际工作的能力。

（三）高等学历教育的修业年限、实施机构

专科教育的基本修业年限为二至三年，本科教育的基本修业年限为四至五年，硕士研究生教育的基本修业年限为二至三年，博士研究生教育的基本修业年限为三至四年。非全日制高等学历教育的修业年限应当适当延长。高等学校根据实际需要，可以对本学校的修业年限作出调整。

大学、独立设置的学院主要实施本科及本科以上教育。高等专科学校实施专科教育。经国

务院教育行政部门批准，科学研究机构可以承担研究生教育的任务。

二、高等非学历教育

高等非学历教育是在国家教育行政部门统一学制以外的无权授予学历证书的各类教育活动，具有学习时间较短、适用性强、内容更新快的特点，是一种以学习者为主体的自觉自愿的活动。高等非学历教育属于中学后教育体系，可以有多次重复。它是继续教育的主要形式。《中华人民共和国高等教育法》规定："高等学校和其他高等教育机构应当根据社会需要和自身办学条件，承担实施继续教育的工作。"

（一）非学历教育对人的发展的意义

高等学校开展非学历教育是制度性教育之外的、非强制的、遵从受教育者自我发展和自我完善需要的教育形式，是融于继续教育、终身教育体系之中的教育活动，其出发点和落脚点均服务于人的发展。非学历教育重在技能的增长、情感的丰富、心灵的陶冶、人格的完善，通过不定期、多层次、自主选择的教育训练，帮助人最大限度地开发潜能，促进人的全面发展和自我实现。

1. 通过应用技术培训，增强个人职业生涯的发展手段

企业升级换代或转行经营对劳动力资源的需求结构发生明显变化。高等学历教育不可能在短期内为企业输送大量适应转型需要的应用型人才。高等学校大力开展应用技术培训，有助于增强人的职业适应能力，拓宽职业生涯的发展路径。

2. 通过人文素质拓展，实现人的社会关系和谐

人的根本属性在于人的社会性，人的发展必然落脚于人的社会关系和谐。在追求物质利益的同时保持和谐的社会关系，现代人解决生计问题后更需要人文关怀。高等学校设置家庭伦理、社会礼仪、人际关系、道德法律等课程内容，能帮助人寻找到情感的合适归宿。

3. 通过休闲娱乐技能培训，提升人的幸福指数

人们享受生活总要借助一定的载体，选择何种载体体验做人的愉悦感，是享受生活时要面对的难题。高等学校通过举办诸如球类运动技能、歌舞类唱跳技能、棋牌类智力游戏等项目培训，使人们从休闲娱乐中享受人生的快乐，从而提升幸福指数。

（二）非学历教育的本质[①]

1. 非学历教育是目的教育

非学历教育的目的是促进受教育者意志、人格的完善，提升生活质量和道德水准；愉悦心灵，发展个性，健全素质，成为创建和谐社会的积极力量；强化受教育者的职业倾向、职业敏

[①] 姚静.浅析终身教育观念下的普通高校非学历教育[J].继续教育，2010，24（7）：22-25.

感、职业情怀,深化专业研究领域;促进受教育者知识、技能的增长,拓展受教育者的职业选择空间和提高生存智慧,提升受教育者的社会适应和发挥自我的能力。

2. 非学历教育是应用教育

非学历教育不是为了取得学历和文凭,而是为了应用。非学历教育的开展总是服务于某种职业或岗位的需要,带有很强的岗位意识。同时,各种形式的教育培训往往不进行理论体系和学科前沿的介绍,它带有一定的技术性,总是和操作技能以及应用技术结合在一起。

3. 非学历教育是市场教育

非学历教育的目的性和应用性,决定了它的市场性。有目标就有方向,有应用就有需求,有需求就有市场。非学历教育以市场为导向,为了提高培训质量和声誉,采取灵活的市场运作方式和运行机制。非学历教育应用性强、知识更新迅速、直接服务于具体需求的培训方式,体现出鲜明的市场教育特色。

(三)非学历教育的特点[1]

1. 短期性

非学历教育主要包括岗位培训、项目培训、专业技术培训、行业培训和各种层次、行业的继续教育,以及各种内容在内的中短期培训。非学历教育主要采用集中学习的方式,针对某项实用性内容,使学习者在短期内领会和掌握。如工程造价短期培训、家政护理短期培训等。

2. 实用性

非学历教育的授课内容注重实用性,是某一项目或某种需要所必须具备的相关知识,具有很强的实践性。学习者不是为了积累而学习,而是为了"马上使用"或"实际需要"而进行学习,如产业一线知识和产业最新技术应用等,内容非常具体和实际。

3. 快捷性

非学历教育一般采取集中学习的方式,针对某项实用性内容开展教育培训,学习者在短期内便可领会和掌握,较少顾及其他相关内容的齐头并进,学习的知识集中且具体。如平面设计快速培训、快速记忆培训、汽车装潢培训、白茶冲泡技艺培训等。

(四)非学历教育的定位

1. 教育性质

非学历教育是高等学校发挥社会服务职能,适应社会需求开展的教育形式,属中学后教育体系。重在学习者对学习意义的理解和对学习过程的参与,是一种以学习者为主体的自觉自愿的活动。它是继续教育的主要形式。

2. 教育对象

非学历教育的学习者没有严格的身份限制,超越学历、资历、履历,遵从学习者的主观需

---

[1] 姚静.浅析终身教育观念下的普通高校非学历教育[J].继续教育,2010,24(7):22-25.

要和职业安排，为一切有志于学、有心向学者提供最广泛的教育服务，真正体现"有教无类"的教育理念。

3. 教育内容

非学历教育主要对就业人员进行岗前培训，对未就业或下岗失业人员进行就业与再就业培训，对在岗或转岗人员进行专业技能和专题知识提升的培训，对从事特殊职业的人员进行职业资格及等级培训。此外，家庭与生活教育、社会关系与法律道德教育、兴趣爱好与闲暇教育等内容不断走进非学历教育的课堂，成为丰富人生的重要组成部分。

4. 课程设置

非学历教育的课程设置随社会需求的变化而变化，呈开放性、灵活性等特点，多采用"菜单式""模块式"设置形式，完全体现受教育者的主体地位，满足受教育者的真实需求。如汽车维修技术专业的课程模块有汽车发动机维修、汽车底盘故障维修、汽车电气维修、汽车空调维修等，其中汽车电气维修模块的"菜单"有电源系统拆装与检修、起动系统拆装与检修、灯光系统拆装与检修、雨刮系统拆装与检修、电动车窗拆装与检修、中控门锁拆装与检修、仪表系统拆装与检修等。

5. 教学条件

非学历教育主要依托高等学校优质的办学资源，师资队伍主要来源于相关领域的专家学者和技术能手；教学设施主要利用高等学校先进的教学设备和实验设备，丰富的图书资料和优美的学习环境。

第三节　普通高等教育与高等职业教育

学术性是高等教育的本质特征。高等教育是培养专门人才的专业教育，其毕业生直接面对的是社会就业市场，他们必然具备一定的职业技能和知识。因此，高等教育除学术性特征外，还表现出职业性特征，学术性与职业性统一于高等教育中。在高等教育实践中，便有了侧重学术性的普通高等教育和侧重职业性的高等职业教育。

一、普通高等教育与高等职业教育的相同点

（一）共同遵循高等教育的基本原则

在我国，普通高等教育和高等职业教育都以马克思主义关于人的全面发展理论为指导，培养德、智、体、美、劳全面发展的社会主义建设者和接班人；依据我国高等教育的普遍要求，培养具有独立工作能力的高级专业技术人才和管理人才；遵循学生的身心发展规律施行教育。

（二）培养目标的共同性

普通高等教育和高等职业教育在培养目标上都是培养全面性、专业性、创造性相统一的高级专门人才。培养目标包括基本规格和专业业务规格两部分。培养目标中的基本规格是共同的，它包括科学素质、人文素质、身体素质等。这些要求是由我国的教育目的和高等教育的性质决定的，是我国高等教育的基本要求。但在专业业务规格上二者是有明显区别的。

（三）管理上的共同性

从宏观管理体制上讲，普通高等教育与高等职业教育都遵循政策宏观调控与高等学校自主办学相结合的原则。高等学校作为独立的社会实体、法人单位，应当在国家法律允许的范围内，采取一切措施，调动人、财、物，保证教育质量，保证培养的人才符合社会需求。

（四）衡量教育质量有一个共同标准

普通高等教育与高等职业教育在衡量教育质量时有一个共同标准，就是学生接受一定的大学文化教育，并达到一定的综合素质要求和专业业务规格。高等职业教育并不意味着降低了教育质量标准。高等职业教育是高等教育的一个类型，国外的实践表明，高等职业教育有专科层次，也有本科层次和研究生层次，它与普通高等教育必然存在着内容交叉的共同教育质量标准。

二、普通高等教育与高等职业教育的区别

（一）教育类型上的区别

普通高等教育主要是学科教育，按学科设置专业，以学科理论体系为框架设置课程、组织教学，强调理论知识的系统性和完善性，要求培养的学生有"后劲"，对工作有较宽的适应性。高等职业教育主要是职业岗位教育，按社会职业岗位（岗位群）设专业，以岗位所必须具备的知识和能力为依据设置课程，根据必需和够用原则进行教学和实际训练。与某个职业岗位相关的学习内容常常涉及多个学科，学生在2~3年内全面掌握多个学科的理论体系是不可能的，因此，高等职业教育围绕"岗位能力培养"这一中心来决定取舍，强调所学知识的针对性和实用性，要求培养的学生具有胜任某一岗位工作的能力，毕业后能马上顶岗工作。至于"后劲"及工作置换、岗位变换等问题，则留待继续教育来解决。

（二）培养目标上的区别

我国的综合性大学和普通理工科院校培养理论型、应用型、设计型人才。社会主义市场经济的发展、产品技术含量的提高、工艺复杂程度的增大，迫切需要受过高等教育的技术人才。这一任务主要由高等职业教育承担。高等职业教育的培养目标是培养具有大学程度的专业

知识，具有高级技艺，善于将工程图纸转化为物质实体，并能在现场进行技术指导和管理的技术人才和管理人才。简言之，高等职业教育培养的是技艺型、操作型，具有大学文化程度的高级技术人才。学生毕业后就能上岗，无须经过一个过渡期或适应期。与普通高等学校的学生相比，他们出校门时就已具备某种相当的技艺或技能。

例如，深圳技术大学的培养目标是培养具有国际视野、工匠精神和创新创业能力的高水平工程师、设计师等高素质应用型人才。由于这一培养目标针对市场对人才需求的重点和要点，用人单位对毕业生的认可度一直较高。

（三）专业及课程设置上的区别

在课程的设置上，普通高等学校依据学科知识结构的内部逻辑来展开，将课程分为基础课、专业基础课和专业课，强调基础扎实宽厚，知识面广，以便适应学科发展的需求和日后个体发展的需要。高等职业院校的课程设置以岗位、职业所需要的能力或能力要素为核心来展开，或者说，是以能力培养为中心来展开的。它通过对工作岗位的分析，确定所需要的能力或者素质体系，根据这一能力体系再确定与之相对应的课程体系。在高等职业教育的专业教学中，不再单纯地强调专业知识或专业理论的系统性、完整性，而是强调知识的针对性、实用性，岗位或职业需要哪些知识与能力，学校便开设相应的课程，进行相应的技能训练。

例如，长春汽车工业高等专科学校注重与合作企业联合开发课程，如汽车检测与维修技术专业参照汽车修理工国家职业技能标准和品牌经销店岗位能力要求，对课程进行模块化和整体优化的体系建设，以合作企业一汽集团的产品技术为重点，将新车型的知识和技术充实到课程中，并将其全国各经销店反馈的故障实例引入课堂教学。[1]

（四）人才培养模式上的区别

普通高等教育以课堂教学为主，也有实验、实习等联系实际的环节，但联系实际是为了更好地学习、掌握理论知识，着眼于理论知识的传授；高等职业教育则着眼于培养岗位工作能力，将技能强化训练放在极其重要的地位，强调理论与实践并重、教育与训练相结合，教学与实践的比重往往达到1∶1左右。

例如，广西机电职业技术学院依托广西焊接技术中心，焊接专业对接企业人才需求标准，构建了"三层递进、四位一体"校企协同人才培养模式。"三层递进"，即学生焊接基础操作能力→焊接机器人操作编程能力→焊接机器人工艺设计能力。"四位一体"，即学生在理实一体课堂实施项目化学习→在焊接技术中心进行生产性实训→在科技社团开展创新型项目研究→在合作企业实践学徒制培养。[2]

---

[1] 郭扬.高等职业教育三十年探索与研究［M］.北京：冶金工业出版社，2021：170.
[2] 黄景荣.高等职业教育概论［M］.成都：四川财经大学出版社，2021：104.

(五)办学体制上的区别

高等教育办学体制一般是指举办高等教育的方式、方法与制度,主要反映高等教育管理者与办学者之间的关系,以及由此形成的办学模式。相较传统的普通高等教育而言,高等职业教育更强调办学的开放性,办学体制上更加灵活,强调社会参与人才培养。教学计划由系和行业(企业)共同制订,确定高级技术型人才的"应知、应会"要求;教师和学生定时、定点到行业(企业)实习,行业(企业)中有经验的工程技术人员定期到学院授课,实行"双向交流";毕业设计或科研课题本身就是实际工程中的实用课题;在办学设备上,尽量利用行业(企业)的现有条件建立学生实习基地;在技能考核上,与行业(企业)有实践经验的人员共同进行,实施由社会行业(企业)公认的职业资格证书制度。

例如,邢台职业技术学院与企业合作开发课程标准,吸纳企业技术专家实质性参与课程建设,将岗位标准、职业技能鉴定标准有机结合确定课程内容,并依据学生真实工作体验对教学内容的反馈进行调整。又如,新疆农业职业技术学院结合新疆种业的实际情况,成立校企专家组成的建设小组重点进行教材和教学资源库建设,并在专业教学中实施行动导向教学法。[1]

(六)师资队伍建设上的区别

普通高等学校以"高层次创造性师资队伍"为建设目标,要求师资优良、结构合理,既是专业带头人,又是学术带头人,更是科研项目主持人。高等职业院校与普通高等学校在师资方面的显著区别主要表现在:在结构上,强调专任教师与兼职教师相结合,要求教师努力向"双师型"方向发展;在业务要求上,既有较高的专业理论知识,又有较强的技能;要求教师对企业有深入的了解,或有企业工作的经历。同时,引进一部分确有专长的高级工、技师担任技能训练教师。

例如,无锡商业职业技术学院餐饮专业群从五个方面开展"三师三能型"教师队伍建设。一是建立"三师三能型"教师分层分类评价机制,促进教师协同进步;二是聚焦"三师三能型"教师素养培养,建构教师队伍人才进阶梯队;三是搭建协同创新平台,凝聚教师教科研合力;四是完善奖励与约束机制,激发教师教科研动力;五是打造特色团队,促使教师取得高质量教科研成果。[2]

第四节 高等教育层次结构

高等教育层次结构反映了高等教育的发展水平。它在很大程度上是由国民经济的技术结

---

[1] 郭扬.高等职业教育三十年探索与研究[M].北京:冶金工业出版社,2021:171.
[2] 林玉恒."双高计划"下高职"三师三能型"教师队伍建设研究[J].职业教育研究,2021(11):75-80.

构、产业结构与社会结构所决定的。随着社会生产力的发展，技术结构、产业结构与社会结构的变化使高等教育层次结构的多样化成为必然。世界各国的高等教育发展都经历了一个由单一本科教育向研究生教育与专科教育两端扩展的过程。我国高等教育的层次结构分为专科教育、本科教育和研究生教育三个层次。它们之间既应相互衔接、比例适度，又应相互独立、层次分明，以满足社会对各种专门人才的需求。

一、高等教育层次结构的历史发展

中华人民共和国成立前，我国高等教育非常落后，各层次的高等教育都很薄弱。以高等教育最发达的1947年为例，全国共有207所高校，其中大学及专门学院133所，专科学校74所，在校本科生13.07万人，在校专科生2.38万人，研究生只有424人。[①] 中华人民共和国成立后，我国高等教育走上了正轨。1951年10月，我国颁布《关于改革学制的决定》，确定了高等教育由专科教育、本科教育和研究生教育三个层次构成的层次结构。1958年后，本科教育和专科教育发展速度过快，违背了高等教育本身的发展规律。1961年，中央对1958年以来高等教育发展中某些不合理的结构作了调整。

20世纪60年代初，我国高等教育接受不同层次教育的人数中本科生占绝大部分。我国本科教育（"文化大革命"期间除外）一直都得到稳步发展，是高等教育中办得最好的层次。

专科教育不够稳定，几度大起大落。中华人民共和国成立初期，因经济建设等急需人才，加上培训干部的需要，许多大学大办专修科，促进了专科教育的发展。如1953年在校专科生达60 648人，占在校生总数的28.6%；而专修科在校生达52 900人，占专科生总数的87.2%。后来专科教育逐年下降，到1964年，在校专科生仅23 429人，仅占在校生总数的3.4%。20世纪80年代初专科教育招生有所减少，后来国家又逐步重视专科教育，20世纪80年代后期专科教育又得到较快发展。

中华人民共和国成立后，研究生教育逐步受到重视，但"文化大革命"前一直发展较慢，"文化大革命"中曾被取消（本科教育也曾被取消），1978年开始恢复。1980年颁布的《中华人民共和国学位条例》规定"学位分学士、硕士和博士三级"。此后，我国开始扩大研究生教育规模，大力发展研究生教育。

1985年《中共中央关于教育体制改革的决定》出台以后，我国高等教育层次结构有了进一步改善。1986年，研究生、本科生与专科生三者人数之比为9.6∶100∶56。进入20世纪90年代之后，我国经济高速发展，产业结构不断调整，高等教育规模进一步扩大。1996年高等学校在校生人数（不包括非学历教育）已达583.9万人，其中研究生16.5万人（含博士生3.5万人），比1990年增长74.2%；本专科在校生302万人，比1990年增长46.4%，其中专科生人数增长幅度大于本科生人数增长幅度。1999年，我国高等教育开始扩招，至2002年我国高

---

① 孙绵涛.高等教育学概论[M].武汉：华中师范大学出版社，1991：111.

等教育总规模达到 1 512.62 万人，比 1998 年增长 1.35 倍，毛入学率达到 15%。2020 年，我国高等教育毛入学率 54.4%；普通高等学校在校生 3 599 万人，其中专科生占 40.55%，本科生占 50.73%，研究生占 8.72%；研究生、本科生与专科生三者人数之比为 17∶100∶80。

进入 21 世纪以后，教育部加大了高等教育结构体系调整力度，2008—2018 年，教育部网站共发布与高等教育结构体系调整内容相关政策 35 项。[①] 其中，体现在专业结构和层次结构的调整为：第一，学科专业结构是高等教育结构体系调整的主要抓手。"十三五"时期，积极推进高等教育分类发展、特色发展，除国家控制布点的专业和尚未列入《普通高等学校本科专业目录》的新专业以外，通过实行高等学校自主设置专业备案制，不断加强省级政府对本科专业管理的统筹权，促进大数据、机器人、物联网、人工智能等新工科专业快速发展，持续动态优化高等学校学科专业结构。第二，人才培养层次结构重心逐步呈现上移态势。近年来我国高等教育人才培养增量向研究生层次大幅度倾斜。2009—2015 年，教育部持续推进研究生教育创新计划，并启动了研究生教育综合改革；2016 年以后，教育部与国务院学位委员会发布《学位与研究生教育发展"十三五"规划》，明确提出"以服务需求、提高质量为主线，着力优化学科结构和培养结构，改革招生计划管理模式和授权审核制度，联动协同，建立健全结构调整优化机制"的要求。2005—2015 年我国研究生教育规模增长 27.6%，本科教育规模增长 26.0%，高职专科教育规模增长 15.1%。研究生、本科生、高职专科生比例由 5.7∶48.4∶45.8 变化为 6.0∶50.4∶43.6，人才培养的层次结构呈现高移态势。[②]

二、高等教育层次结构存在的主要问题

近年来，我国通过积极推进高等教育层次结构的调整，坚持稳步发展本科教育，大力发展高等职业教育，适度加快发展研究生教育的原则，专科生比例偏低、研究生比例极低的结构性不合理状况有所改变，但还存在以下主要问题。

（一）专科层次独立性不强

从世界上很多国家的高等教育层次结构来看，研究生、本科、专科这三个层次呈金字塔形，专科层次的高等教育构成了高等教育体系厚重的底部。世界发达国家高等教育大众化进程大多是借助专科层次的高等教育来实现规模扩张的，其中，短期大学和初级学院近几年来很受重视，并获得了很大发展。如美国高等教育在大众化、普及化的过程中，社区学院作为一种集大学基础教育、高等职业教育、社区文教服务及成人教育等多种功能于一身的综合性短期

[①] 王少媛，徐琪. 我国高等教育结构体系调整政策检视与反思：基于近十年政策文本的分析[J]. 现代教育管理，2020（10）：10-17.

[②] 王少媛. 面向 2030：高等教育体系现代化的内涵特征与建设策略[J]. 黑龙江高教研究，2017（11）：19-23.

高等教育机构,在增加高等教育机会、满足社会多样化教育需求方面发挥了重要的作用。2020年,中国高等学校专科在校生1 459万人,本科在校生1 825万人,专科生数与本科生数之比为0.8,仍处倒挂形态,专科层次高等教育的发展尚有较大空间。

首先,要改变人们对专科教育的认识。长期以来,中国教育学界存在着一种不把专科视为一个独立的层次的观点。如有的学者认为高等教育层次结构包括本专科教育、研究生教育两个层次。由于存在着以专科为焦点的高等教育办学的"二层次"与"三层次"之争,人们对专科教育的独立性认识不清,所以高等专科学校办学定位不明,从而出现了相当一部分高等专科学校盲目升格的现象。

其次,要突出专科教育的办学特色。正如潘懋元先生指出的:"以往高等教育基本上是单一的本科教育,两层次不分,因具体的质量要求不明确而被忽视,以致人们往往把高等专科教育视为本科教育的压缩型,无非是本科课程学浅一点,学少一点。这样培养出来的专科毕业生,'理论水平不如本科,动手能力不如中专和职业高中'。"[①]高职高专在人才培养过程中,如果不深度开展校企合作、产教融合、产学交替,其社会适应性缺乏,必然会导致毕业生就业困难。

人才的层次结构,归根到底是由社会对人才的知识、能力结构的要求决定的,合理的人才层次结构应与各行业、部门对各层次人才的需求相适应。高等学校应认识到各个层次人才的规格是有特殊要求的,各个层次的教育都具有相对的独立性,这一点对于确保各个层次人才的培养质量和各个层次学校的办学特色,防止盲目追求专业培养层次升格具有积极的意义。

(二)研究生层次创新力不足

21世纪是知识经济时代,它以知识的创造和应用为社会发展的主要推动力,同时21世纪国家之间的竞争日趋激烈,各国综合国力的竞争归根到底是科技人才的竞争,是创造能力的竞争。基于这些认识,在一些高等教育进入普及化的发达国家,高等教育的重心逐渐由本科教育转向研究生教育。1970—2016年,美国累计授予博士学位545.9万人、硕士学位2 057万人,共2 602万人。1981年恢复研究生教育以来,截至2017年,我国累计授予博士学位75.8万人、硕士学位569.3万人,共654.1万人。[②]而我国总人口约为美国的4倍多,相比之下,我国人力资源中研究生以上人数占比与美国差距较大。进入21世纪,我国研究生教育快速增长,2020年研究生在校生比2010年增长104%,增长幅度大于同期本专科47.2%的比例。这表明我国研究生教育在高等教育发展中所占比重逐步提高,其发展速度超过其他层次的高等教育。根据刘志林基于1982—2017年高等教育与经济发展的数据分析得出:我国高等教育层次结构虽然能随经济的发展而调整变化,但近年高等教育层次结构重心偏低,高层次人才培养不能满足创新型经济的发展要求。[③]

---

① 潘懋元. 高等教育大众化的教育质量观[J]. 清华大学教育研究, 2000(1): 11-15.
②③ 刘志林. 高等教育层次结构与社会经济发展关系分析[J]. 高等工程教育研究, 2019(5): 120-126.

目前我国的研究生教育是一个相对薄弱的教育层次。主要表现为：

一是规模与质量的矛盾。1999年研究生招生规模增长21.38%，2000年增长39.32%，但由于扩招以前的基数小，研究生教育入学人数和在校人数在整个高等教育中所占比例仍然很小，在绝对数和相对数方面都还有较大的增长空间。2005年研究生招生总规模为36.7万人，2014年为63.1万人，十年间，我国研究生招生总规模增长近72%。2019年，我国研究生招生人数已近91.7万，博士研究生招生规模为10.5万人，硕士研究生招生规模为81.1万人。但是，规模扩大是有条件的。由于近年来的连续扩招，在师资力量未得到强化的前提下，一些学校的某些专业研究生培养已出现学生入学批量化、导师授课大班化的趋势。因此，研究生教育既不能不顾条件盲目扩大规模，又不能故步自封、裹足不前，要以积极的姿态处理好规模与质量的关系。

二是应用型人才培养规格与方式要进一步完善。自1992年开始，研究生教育进入快速发展时期，但高等学校和科研机构培养的研究生大都是理论型人才，毕业后主要从事高等学校、科研机构的教学和科研工作。而应用型的高级人才（如工程博士、工程硕士、临床医学博士等）数量满足不了社会的需求。2010年以后，招收专业学位研究生的比例逐年扩大，到2020年学术型学位研究生与专业学位研究生基本上是1∶1。《2021年全国研究生招生调查报告》显示，2021年我国设置专业学位类别47个，其中硕士专业学位达到40个，硕士专业学位授权点5 996个，博士专业学位授权点278个。一般来说，社会职业中高级管理人才、高级研究型人才、应用型专业技术人员、高素质技术工人的结构模式应该呈金字塔形，专业学位的硕士研究生，甚至是博士研究生也应该着眼于倒金字塔底部构筑，培养社会上急需的高级技师、工匠等高级应用型人才。但是，尽管我国专业学位研究生的规模上去了，但在培养规格和培养方式上明显适应不了社会的需要。因此，应用型研究生教育仍然亟待改革，必须朝多样化方向发展，其中包括人才规格，培养方式与途径，招生和就业制度等方面，特别应面向实际用人部门，采取多种途径、多种形式，努力为实际工作部门培养更多的高层次专门人才。

三、高等教育层次结构的优化

普通高等学校的发展要合理规划层次结构，不同类型、不同层次的高等学校应有不同的发展目标和重点，办学要办出特色。明确高等学校的分工，保证不同层次人才培养的规格、质量和特色。根据需要对学校的性质、层次、任务进行必要的分工，要保证不同层次人才的培养规格、质量和特色，使各校在各自层次上办出特色，提高水平。专科教育、本科教育及研究生教育各种层次都可以有重点大学，国家对办学效益好、教育水平高的学校要重点投资。普通高等学校可以分为三类：（1）少数教学和科研都较强的学校，本科教育与研究生教育并重，教学与科研并重，要保证理论型、研究型的高层次人才的质量，这类学校不宜搞专科教育。（2）大部分本科学校以本科教育为主，同时也围绕教学开展一些科研活动，也可以招收少数专科生，但重点是提高本科教育质量。（3）专科学校以教学为主，努力培养大批实际工作能力较强的应用型人才。国家可以组织有关部门对各类学校定期进行评估，并向社会公布各校的办学水平。

本科教育要把重点放在提高质量和效益方面。国家应强化对本科教育的统一质量要求，组织相关专家，联合专业性行业协会，根据各类专业的特点分专业研究制定基本的专业规范。对不同学位层次、不同专业教育的基本理论和基本能力提出明确要求，对本科教育在培养学生知识、能力等方面提出参考性要求，特别是在人才培养目标定位、理论教学、实验实践、毕业论文（毕业设计）训练、学习负担等方面提出原则性要求，供各级各类高等院校参考。

发展应用型本科应该成为今后的一个方向，一方面可以改善本科教育与社会用人之间的错位；另一方面可以解决高等职业教育的前途问题，为高等职业教育毕业生的继续教育提供渠道，也为高等职业院校创造更好的发展空间。

研究生教育要继续贯彻按需培养的原则，根据社会需要积极进行专业调整，既要从战略的高度加强基础学科，增设新兴学科，为国家长期发展准备高层次人才，也要从社会实际需要出发，重视面向实际用人部门培养工程硕（博）士和医学硕（博）士等，提升职业能力为导向的专业学位研究生培养模式，推动研究生教育参与产学研合作；要采取措施，减少社会需求不大的专业的招生数量，创造条件增加社会急需的短线专业的招生数量；要适当提高招收有实践经验的优秀在职人员的比例；要继续推行招生单位自筹经费招收研究生的试点工作，鼓励招生单位根据社会实际需要招收委托培养生和定向生；要进一步加快和深化高等教育管理体制改革，切实保障高等教育质量和效益的提高。

专科教育要以培养各类实用人才为主，基本稳定基础学科的规模，适当发展新兴学科和边缘学科，重点发展应用学科；要注意疏通渠道，提供预期发展空间，引导合理流动，促进专科教育与高等职业教育的协调发展；要贯彻按需培养的原则，压缩长线学科、专业的招生，增加应用学科和短线专业的招生，促进高等教育人才培养与经济和社会发展需要的紧密结合。

第五节 高等教育科类结构

高等教育科类结构是指不同学科领域的高等教育的构成状态。与层次结构不同，它是一种横向结构，是由社会经济发展水平、产业结构以及社会分工状况决定的。合理的高等教育科类结构应是能反映社会经济发展对专门人才需要的、种类相对齐全的学科专业构成。从总体上看，我国的高等教育按学科门类可划分为哲学、经济学、法学、教育学、文学、历史学、理学、工学、农学、医学、管理学、艺术学、军事学、交叉学科（2020年新增）等14个学科门类。

一、高等教育科类结构的历史发展

我国古代高等教育重文轻理，素有以文取士之风。中华人民共和国成立前我国的高等教育主要照搬欧美模式，大学设学院，院下设系，不分专业，名曰"通才教育"。中华人民共和国成立后，自1952年进行院系调整时起，我国的高等教育照搬苏联模式，改"通才教育"为

"专才教育",全国高等学校本科共设 215 种专业,主要分布在工科院校、师范院校等专门学院,综合性大学减少了,尤其是忽视了财经、政法教育。1958 年,工、农、林、医、理、体育、艺术七大科类的规模急剧膨胀,连续三年增长率达 30% 以上,最高的达 58.5%,而政法却年均减少 13.9%。1961 年,我国开始调整高等学校的专业设置和发展规模,但这次调整主要是相对压缩各大科类的规模,忽视了对科类结构的调整,由于原来各科类学生基数差别太大,调整后不合理的科类结构依旧如初。

20 世纪 60 年代初,我国高等学校专业数达 601 个,其中工科占绝对多数,达 52.4%,而财经、政法专业只占 3.5% 和 0.2%,这从一个侧面反映了当时的社会发展水平。[1] 从总体上看,当时专业设置的特点是专业种数偏多,专业结构不合理。"文化大革命"期间,高等教育科类结构遭到严重破坏,政法院校全被撤销,财经院校仅剩两所。此外,"理向工靠","文"或撤或并,有的专业被搞得非理非农、非理非工,致使政法类在校学生一度为零,财经类在校学生比重也仅占 0.6%,科类结构极不正常。

1978 年,我国国民经济开始调整,长期存在的农业、轻工业、重工业比例失调的状况逐步改变,随着经济体制改革的逐步深入,社会主义民主和法制建设得到重视。这就使财经、政法、应用文科以及工科中的电子、轻工等得到迅速发展。1977—1988 年,就在校学生的绝对数来看,各科类发展速度最快的为:政法类增长了 74.8 倍,年均增长 48.2%(在校生由 1977 年的 576 人增至 1988 年的 43 654 人,所占比重由 0.2% 增至 2.1%);财经类增长了 24.8 倍,年均增长 34.4%(在校生由 1977 年的 7 992 人增至 1988 年的 206 088 人,所占比重由 1.3% 增至 10.0%)。此外,各科的在校学生数都较以前大幅度增加,但所占比重除工科还略有增加外,医药、师范各下降约 4%。[2] 专业设置中的这种格局虽历经调整,但直到 20 世纪 80 年代中期仍然没有实质性的变化,专业数在 1980 年突破了 1 000 种,达到 1 039 种,1986 年专业数达到 1 343 种,[3] 其中一半以上属于工科,专业划分过细,口径太窄,所培养的人才社会适应性差等一时成为比较突出的问题。

1985 年,《中共中央关于教育体制改革的决定》发布之后,我国高等教育科类比例失调的状况有了明显改善,教育部先后于 1987 年和 1993 年两次修订和规范普通高等学校本科专业目录,专业种数分别由 1 343 种减少到 1987 年的 671 种和 1993 年的 504 种。到 1992 年,财经、政法院校及其专业设置点数分别占全国院校和专业设置点数的 10.2% 和 13.3%。从 1980 年到 1993 年普通高等学校分科类的招生数看,财经类增长 11 倍,艺术类增长 10.5 倍,法政类增长 5.9 倍,文科增长 2.9 倍,工科类增长 2.5 倍,师范类增长 1.4 倍,但专业总数仍偏多。

从 1996 年起,国务院学位委员会对学科专业进行第四次重大调整。这次调整旨在减少一

---

[1] 谢安邦. 高等教育学 [M]. 2 版. 北京:高等教育出版社,1999:154.
[2] 孙绵涛. 高等教育学概论 [M]. 武汉:华中师范大学出版社,1991:114.
[3] 中华人民共和国教育部高等教育司. 普通高等学校本科专业目录和专业介绍:1998 年颁布 [M]. 北京:高等教育出版社,1998:前言.

级学科设置不够规范、二级学科划分过细的弊端，以科学、规范、拓宽为基本原则，做出学科专业大调整：一级学科坚持按学科体系设置，力求宽窄适度，扩大了15%，二级学科由原来的654种调整到近380种，比原先压缩40%多；75.4%的二级学科范围得到不同程度的拓宽，增大了学科容量。① 在本、专科专业教育中则强化文化素质教育，拓宽专业口径，专业数由原来的504种减少到249种。

随着我国市场经济改革的深入和第三产业的蓬勃发展，受过高等文科教育尤其是应用型文科教育的高级专门人才十分缺乏。2018年1月30日，教育部颁布了《普通高等学校本科专业类教学质量国家标准》，制定的基本原则包括：一是突出学生中心。二是突出产出导向，以学生的学习效果和结果为中心，以学生最后学到了什么、学会了什么、学好了什么作为中心。三是突出持续改进，人才培养不仅要培养的结果，还要建立一种不断改进的机制。该国家标准涵盖了普通高等学校本科专业目录中全部92个本科专业类，包括全部587个本科专业，涉及全国高等学校56 000多个专业布点。随之启动"兜住底线、保障合格、追求卓越"的三级专业认证工作。三级专业认证首先在最好的专业点落地。通过它们的专业认证，带动其他高等学校也积极达到国家标准。少量高等学校如果达不到国家标准，经过几年努力，质量提升之后也能够达到认证标准，最后仍达不到国家标准的专业，将会被调整或淘汰等。一系列改革举措层出不穷，我国高等教育正经历一场质量革命。

二、高等教育科类结构存在的主要问题

（一）适应新产业结构、与经济结构调整相契合的新兴学科和应用学科发展不足

当前，我国高等教育应重点培养适应高新技术产业化的计算机、生物技术、新材料、电子通信技术、医药、自动化等专业技术人才，加快培养具有国际竞争能力的法律、金融、贸易、工商管理、公共管理等方面的高层次管理人才。高等学校的专业设置与调整，要进一步适应人才市场的需求和国际的竞争与变化，高等职业教育必须进一步办出特色，增强适应性。面向今后国民经济和社会发展的需要，调整高等学校人才培养的科类专业结构势在必行。

（二）出现了学科专业新的失调，进而造成人才结构性过剩

例如，20世纪90年代，法律、会计等专业的人才趋于饱和，1995年全国在校学生540万，学会计学的有52万人之多。学科专业失调的现象在今天仍然存在，如文学、管理学、艺术学等学科的人才明显过多，以2020年为例，全国在校本科生1 825.74万人，其中学管理学的多达299.48万人，学文学的多达177.99万人，学艺术学的多达177.65万人。② 这固然反映

---

① 王栾井. 重点学科建设与学科综合化发展［J］. 上海高教研究，1997（12）：45-49.
② 中华人民共和国教育部发展规划司. 中国教育统计年鉴2020［M］. 北京：中国统计出版社，2021：38-39.

了高等学校积极适应社会需要的良好愿望，但也反映出盲目发展造成重复建设，办学效益和质量下降的问题。高等学校的专业设置，一是应考虑社会经济的需要，二是应考虑学校的条件与实力。两者必须结合，才能实现专业设置的合理化。有些高等学校在专业设置上不是考虑社会需要，而是仅从学校利益出发，盲目跟风，导致一些专业人才培养相对过剩。此外，有的学校在设置新专业时不认真考虑自己的硬件、软件和师资，使本来就不是很好的办学条件更加恶化。还有学校过分地追求"大而全"、学校升格、学术突破等，造成了高等学校同质化现象日趋严重。

三、高等教育科类结构的优化

高等教育的科类结构不平衡是一个长期和复杂的问题。在未来15年内，学科的分化与综合并存的特点将持续存在。2007年2月，《教育部关于进一步深化本科教学改革全面提高教学质量的若干意见》提出以社会需求为导向，合理设置学科专业。要从国家经济社会发展对人才的实际需求出发，加大专业结构调整力度，优化人才培养结构。国家一方面应加强专业与学位规范建设，各级地方教育行政部门要把本地区高等学校人才培养纳入地区整体经济社会发展计划的大系统中，做好人才预测和统筹规划。在本科专业的设置和管理上，严格标准、规范程序、加强监督和检查。另一方面应建立专业目录的动态调整机制，在建立和完善本科专业评估，提供招生就业信息服务和宏观调控制度的基础上，进一步扩大高等学校学科专业设置自主权。即对基本走向成熟、趋于稳定的专业，应强化专业目录的规范化管理；对新兴专业应鼓励其充分发展。应坚持政府和市场互动的原则，即凡是市场需求大、社会可支付力强、预期受益大的学科专业，如经济学、管理学、计算机科学等专业，应更多地调动市场的积极性，依靠社会加快发展；对市场暂时需求小、社会支付意愿弱、预期受益低的冷门学科、长线专业，政府应给予积极支持；对与国民经济建设密切相关的新兴专业、急需专业，必要时政府可以采取措施予以支持。既强调学科专业市场的适应性，又着力加强学科专业内涵建设，以发展高新技术类学科专业和应用型学科专业为重点，还要引导高等学校对"中国制造2025""绿色转型""一带一路""互联网+"等国家重大战略的新兴专业人才需求做出积极回应，促使高等学校学科专业结构及时进行调整变化，努力形成与国家经济、科技和社会发展相适应的高等教育学科专业和人才培养结构和学科专业调整机制，促进高等教育高质量发展。

优先发展信息科学、生命科学、新材料科学等高新技术类专业。优先发展适应经济发展需求的金融、法律、贸易、商务等类的专业，着力提高人才培养质量。适当调整各类专业人才培养的比例。农、林应当重点发展。中国是个农业大国，农业现代化急需大批高级专业人才。此外，各科类内部各种专业人才培养的比例还不太合理，要及时进行调整，以满足社会的需要。

大力发展与地方经济建设紧密结合的应用型专业。随着我国高等教育规模扩大以及产业结构调整步伐的加快，社会对高层次应用型人才的需求将更加迫切。国家将根据产业布局和行业发展需要，采取措施，大力发展先进制造等产业需要的新兴专业。高等学校尤其是地方高等学校，要紧密结合地方经济建设发展需要，科学运用市场调节机制，合理调整和配置教育资源，加强应用型学科专业建设，积极设置主要面向地方支柱产业、高新技术产业、服务业的应用型学科专业，新增新建高端装备制造、生物医药产业、集成电路、网络空间安全、储能储电、重型燃机、人工智能、大数据发掘、现代服务业等战略紧缺专业，为地方经济建设输送视野开阔、善于决策的经营管理人才，勇于开拓、不断创新的高新技术人才，操作应用能力强的人才。

鼓励高等学校积极探索建立交叉学科专业，探索人才培养模式多样化的新机制。跨学科设置交叉学科专业，是培育和发展新兴学科的重要途径，也是国际上许多发达国家专业建设的共同趋势。鼓励有条件的高等学校打破学科壁垒，在遵循学科专业发展规律和人才培养规律的基础上，积极开展跨学科设置本科专业的实验试点，整合不同学科专业的教学内容，构建教学新体系。促进学科交叉融合，构建特色专业群，以适应新兴工业化发展的需求。要深化专业设置、学籍管理制度改革，进一步完善学分制；探索跨专业、跨院系、跨学校选课制；建立健全第二学士学位、主辅修制等教学管理制度，形成高等学校人才培养多样化的新格局。

提倡部分高等学校尤其是国家重点建设高等学校进一步拓宽专业口径，灵活设置专业方向。本科教育应更加注重素质培养。在符合人才培养规律的前提下，鼓励并支持有条件的高等学校按照《普通高等学校本科专业目录》中的二级专业类设置相关专业或按二级专业类组织招生。在考虑就业需要的情况下，高等学校可以在宽口径专业内灵活设置专业方向。

重视人文社会学科专业的建设和发展。高等学校要进一步提高对人文社会科学在推动国家发展和社会进步中所处地位及重要作用的认识，优化人文社会科学专业人才培养结构，在稳定人文社科基础学科专业并不断提高其人才培养质量的同时，积极开办应用文科专业和新文科专业。进一步加强人文教育与科技教育的结合，在其结合点上形成新的学科专业方向。例如，从语言学、政治学和经济学等多学科视角综合开展"一带一路"区域国别研究；跨文化交际中中国元素的研究；民族文学与文化的外宣译介研究；中国国力增强与世界的共同发展研究等人文社科研究领域，通过新时代社会文化建设的创新驱动和引领，提升国家软实力。[①]

加强传统学科专业的改革和改造。传统学科专业的改革、改造是高等学校学科专业建设的重点和难点。高等学校在发挥传统学科专业师资力量强、办学经验丰富、教学资源充裕等优势的同时，应不断更新教学内容、改革课程体系。鼓励高等学校加大使用信息科学等现代科学技术提升、改造传统学科专业的力度，实现传统学科专业新的发展。

【复习题】

1. 名词解释：高等教育结构　层次结构　科类结构

---

① 宋雨.新时代中国特色新文科应用型人才培养［J］.西昌学院学报（社会科学版），2020，32（3）：106-109.

2. 如何认识高等学历教育与非学历教育之间的互补关系？
3. 如何认识普通高等教育与高等职业教育的共同点与不同点？
4. 如何优化高等教育的层次结构？
5. 如何优化高等教育的专业结构？

【推荐阅读】

1. 潘懋元.中国高等教育大众化的结构与体系［M］.广州：广东高等教育出版社，2009.
2. 梁传杰，罗勤.高校学科建设改革与发展研究［M］.北京：人民出版社，2017.
3. 叶忠海，等.终身教育学通论［M］.上海：学林出版社，2020.
4. 钟秉林.高等教育普及化初级阶段的结构优化策略［J］.北京教育（高教），2022（3）：8.
5. 高文豪，崔盛.普及化阶段高等教育层次结构调整的国际借鉴［J］.大学教育科学，2021（1）：111-119.
6. 别敦荣.回归还是超越：行业性高校转型发展的愿景［J］.高等教育研究，2021，42（8）：36-44.

第五章　现代大学制度建设

【知识列表】

现代大学制度建设	建设中国特色现代大学制度	党委领导下的校长负责制
		中国特色现代大学制度体系建设
	完善大学内部治理结构	大学去行政化
		制定大学章程
		建立更为积极有效的用人机制
		改进高等教育质量评估方式
		建立总会计师制度
		扩大学校与社会合作
	中国特色现代大学制度建设的路径	加强党对大学的全面领导
		协调大学治理与协商民主的关系
		完善高等教育法律保障机制
		加强大学制度文化建设

> 《中共中央关于坚持和完善中国特色社会主义制度 推进国家治理体系和治理能力现代化若干重大问题的决定》深刻总结了中国特色社会主义制度的优势，为坚持和完善中国特色社会主义制度、推进国家治理体系和治理能力现代化谋划了蓝图、指明了方向。[①] 大学制度建设是国家治理体系建设的重要组成部分。"现代大学制度"这一概念具有"追求完善、指向未来的理想的大学制度的意义"[②]。什么是理想的大学制度呢？我国进入中国特色社会主义新时代，构建和完善现代大学制度，是实现高等教育可持续发展的必然选择。

---

① 邓传淮．推动中国特色现代大学制度建设［J］．中国高教研究，2020（2）：6-8．
② 张应强，蒋华林．关于中国特色现代大学制度的理论认识［J］．教育研究，2013，34（11）：35-43．

第一节　建设中国特色现代大学制度

现代大学制度建设是高等教育现代化的重要组成部分，两者存在相互依存、相互促进的关系。现代大学制度是中国高等教育改革发展进程中的一个"关键节点"，处于不断建构、改造、变革与完善的过程中，是实现高等教育现代化的重要抓手。

一、党委领导下的校长负责制

全世界的高等教育从来没有一个统一的标准和模式，多样化是事物发展的基本规律。不同时期、不同国家、不同学校结合其办学理念和发展环境，探索形成了不同的制度安排。中国现代高等教育有100多年的历史，从民国时期到社会主义建设时期，大学经历了不断的演变，真正提出现代大学制度还是改革开放以后的事情。在内部领导体制方面，不同时期分别施行了校务委员会制、校长负责制、党委领导下的校务委员会负责制、党委领导下的校长分工负责制等，直到1989年中央确定高等学校实行党委领导下的校长负责制，这一制度被1996年颁布的《中国共产党普通高等学校基层组织工作条例》和1998年颁布的《中华人民共和国高等教育法》以法规的形式规定下来。

二、中国特色现代大学制度体系建设

根本制度规定下来后，如何实施和完善现代大学制度一直是高等教育讨论和探索的重要内容。2010年，中共中央、国务院印发的《国家中长期教育改革和发展规划纲要（2010—2020年）》提出"完善中国特色现代大学制度"，并部署了改革试点。中国特色现代大学制度是以党委领导下的校长负责制为根本制度的制度体系。这一制度，首先是中国的，即本土化，要符合中国实际，扎根中国大地，契合中国历史文化传统、政治制度和经济社会制度，坚持社会主义办学方向。没有本土化，我们要建立的大学制度就会丧失生命力。其次是现代的，即国际化，要符合世界高等教育发展的普遍规律和趋势。没有国际化，我们的大学制度就不可能获得现代大学之精神。最后是体系化的，就是在落实大学法人地位的基础上，建立以"党委领导、校长负责、教授治学、民主管理"为根本特征的一系列规则体系。从制度体系建设出发，确立根本制度是党委领导下的校长负责制，基本制度包括学术委员会制度、教职工代表大会制度、学生代表大会制度等，重要制度包括决策议事规则、人事管理、财务管理、学生管理、招生管理、合作办学、后勤管理等治校办学的各个方面。[①]

[①] 解飞厚，华蜜.关于"治学""治校"及相关制度建设的思考[J].江汉大学学报（社会科学版），2014，31（6）：110-115.

自《国家中长期教育改革和发展规划纲要（2010—2020年）》颁布以来，按照中央决策部署，我国进一步完善中国特色现代大学制度，深化高等教育领域"简政放权、放管结合、优化服务"改革，落实《关于坚持和完善普通高等学校党委领导下的校长负责制的实施意见》，加强大学章程建设，出台《高等学校学术委员会规程》《学校教职工代表大会规定》《高等学校理事会规程》等，取得了重要进展，有力支撑和保障了高等教育现代化进程。[①]

第二节 完善大学内部治理结构

中共中央办公厅印发的《关于坚持和完善普通高等学校党委领导下的校长负责制的实施意见》，从落实和扩大学校办学自主权，完善高等学校内部管理体制等方面提出了重要的指导性思路，强调推进政校分开、管办评分离，围绕政府宏观"管学"、学校自主"办学"、社会组织"评学"进行制度创新。对于公办高等学校，重申了坚持和完善党委领导下校长负责制的基本要求；同时，提出所有高等学校都要完善治理结构，加强章程建设，扩大社会合作，推进专业评价等一系列重要举措。其中，探索教授治学的有效模式，探索建立高等学校理事会或董事会，探索高等教育评价体制与机制，形成中国特色学校评价模式等，都是非常突出的政策新亮点，需要不同类型的高等学校创新实践。

一、大学去行政化

大学组织不同于其他社会组织的本质特征之一是学校中存在两种权力，即学术权力和行政权力。两种权力以不同的方式作用于不同的层面，但二者之间经常发生矛盾。在建设中国特色现代大学制度的过程中，如何处理好学术权力与行政权力的关系，是完善大学内部治理结构的首要问题。

（一）西方大学学术本位

所谓学术本位是指作为学术组织的大学中，位于最基层的决定教学科研的学术权力是学校权力的基础，为教学科研服务的学校行政权力归根结底是为学术权力服务的。当二者发生矛盾时，行政权力要服从于学术权力。

1. 大学职能与组织属性

如前所述，大学具有三种基本职能：培养人才、科学研究和社会服务。大学实现三种职能的过程是传授、研究和应用高深学问的过程。传授、研究和应用高深学问是学者的事情，是专业性非常强的工作，非专业人员不可能介入。学者的学问越高，拥有的权力越大，这就是所谓

[①] 邓传淮.推动中国特色现代大学制度建设[J].中国高教研究，2020（2）：6-8.

的学术权力。

大学的学术性决定了大学的组织属性,即大学组织与传统的官僚制结构、金字塔式的等级结构截然不同,以讲座、研究所和教研室为单位的组织分布在大学的基层,学术权力分散在基层的各个组织之中,行政权力对学术事务基本不起作用,因而大学被称为无政府状态。当然,大学并非真正的"一盘散沙",行政权力在大学中起着联结的作用。

2. 学术权力的基本特征

"与其他组织生活方式相比,学术权力结构的基本特征是底部沉重,影响弥散和决策渐进。"[①] 学术权力集中在大学的基层,也就是在每个大学教授的手中,大学教授在教学、科研中有极大的自主权,这与行政权力集中在上层少数人手中形成鲜明对比。无论是教授委员会的决策还是教授个人的影响,其作用方式大多是渐进的,是在教学和科研中分步贯彻和实施的,如一个科研课题必须得到参与者的认同才能组成一个研究团队,这不同于行政决策的强制性。

3. 组织保证

西方大学经过数百年的积淀,形成学术权力本位的组织保证。大学教授委员会、大学评议会是大学学术决策组织,哑铃形和金字塔形权力模式是典型的学术本位,纺锤形模式中学校层次拥有较大的权力,但权力主要集中由大学教授委员会和大学评议会掌握。西方国家大学校长是学校法人,通过招聘、选举或董事会任命的方式产生,对董事会负责。校长对外代表学校,有很大的责任和权力,与政府是对等的、平起平坐的关系。校长行使行政权力的主要精力用在对外交流上,代表学校的形象;对内是宏观控制与协调,校长及其行政权力较少介入与学术有关的微观层面。

4. 权力产生方式

院长、系主任、讲座教授是通过层层选举产生的,真正是教学科研人员的代表。伯顿·克拉克把他们的"行政权力"称为"教授权力",是因为这些行政领导必须为教授说话,反映基层的意见,代表基层的利益,他们需要"讨好"下级而无须"迎合"上级,否则就会被赋予他们权力的教授罢免。

5. 行政权力与学术权力的关系

学术权力本位并不是否定行政权力,大学组织的职能和属性决定了学术权力是大学权力的基础,行政权力为学术权力服务,是为教学科研创造良好的外部条件。美国大学出于通才教育的需要,学校层次的权力是较大的,可以看作行政权力,但行政权力是建立在学术权力的基础之上的,是在保障学术权力的条件下才能行使的。

(二)中国大学行政本位

所谓行政本位是指大学权力结构中以行政管理机构为中心,学术权力服从于行政权力。中

[①] 克拉克. 高等教育系统:学术组织的跨国研究[M]. 王承绪,等译. 杭州:杭州大学出版社,1994:145.

国高等教育改革中流行的一句话是"体制改革是关键",而体制的内涵主要是指行政管理体制,改革的任务就是如何理顺管理关系、精简管理机构、提高管理效率。说到底,体制改革还是围绕着行政本位做文章,尽管学者们一直在讨论学术权力的地位与作用、学术权力与行政权力的关系,但在实践中难以落实到位。可以肯定地说,目前中国大学的权力配置仍然是行政本位,主要表现在以下三个方面。

1. 大学是科层组织

中国是中央集权制国家,高等教育是金字塔结构中的一个组成部分,行政级别和官本位在高等教育管理中占据主导位置,厅级大学、副部级大学是科层组织的集中表现。依此类推,大学内部亦形成一个权力金字塔,行政权力居于主导位置。校长管院长和职能部门,职能部门管院长和教学科研人员,院长管教学科研人员,学术权力被淹没在行政权力之中。在一所厅级大学中,教授数以百计,而享受厅级待遇的校领导只有几个,因而校领导更受人尊重,其地位和权力远远高于教授。

2. 干部任命中的行政取向

大学校长、处长和院长的产生方式是任命制,尽管他们大多是教授,但任用的标准是根据行政需要来取舍。从行政功能来说,他们已不是学者,而是官员,他们的主要精力是从事行政而不是从事教学科研。任命方式极大地强化了行政权力,以大学校长为例,校长由上一级组织部门任命,校长与政府是上下级关系,在与政府的交流中无权力可言。由于官本位的传统,校长在对外交流中失去的权力要在学校内补回来,甚至要加倍补回来。于是,行政权力必然利用其"天时、地利",挤压学术权力。

3. 学术组织职能不到位

改革开放以后,大学中陆续建立了学术组织,如学术委员会、学位委员会,但学术组织的工作基本上是在行政权力的约束之下进行的,学术权力的发挥十分有限,学术组织机构的职能没有到位。

(三)推进行政本位向学术本位的转变

比较中西方大学中的行政本位与学术本位,重要差别表现在:中国大学的校长、院长及职能部门视自己为学校管理者,学校一切事务尽在行政管理之中,忽视了大学组织的学术特点;而西方大学的行政管理真正体现了"管理就是服务",为教学科研服务,教师与科研人员是学校的主体,他们的学术权力得到足够的尊重。

党委领导下的校长负责制是对大学政治权力与行政权力相互关系的规定,从本质上说,大学的政治权力和行政权力都是为学术权力服务的,只有学术权力在教学科研领域得到充分的施展,大学的工作才能实现高速优质的可持续发展。

在现代大学制度建设中实现行政本位向学术本位的转变,至少有三层意思:一是必须做,这是大势所趋,需要进行新的制度设计;二是怎么做,应是"先立后破","立"就是要探索建立符合大学特点的管理制度和配套政策,"破"就是取消实际存在的行政级别和行政化管理模式；三是从哪里入手，应从容易之处做起，逐步向难点推进。建设中国现代大学制度离不开中国实际，但是在强调中国特色的同时也要遵循高等教育的规律，要汲取西方国家大学的先进经验，为我国高等教育现代化提供制度保障。

二、制定大学章程

《国家中长期教育改革与发展规划纲要（2010—2020年）》第四十条提出加强大学章程建设，北京大学等26所部属高校是推动建立健全大学章程，完善大学内部治理结构的试点学校。一个大学的章程，是大学实现依法自主办学、自主管理的依据。经过实践反复修订后形成的章程，具有学校大法的作用，不应因校领导的变更而随意改变。学校各部门的职权、学校学术委员会等机构的组织和职责、院系的设立与运转等，在学校章程中要有具体的规定，一目了然，切实可行。从现有的学校章程来看，有的规定太抽象，操作性不强；有的规定太随意，缺乏严谨性与科学性。经过多年的探索，多数大学制定了章程，并得到了上级主管部门的批准，章程成为学校工作的纲领性文件。制定大学章程不是一蹴而就的事情，需要在实践中不断地修订和完善。

三、建立更为积极有效的用人机制

2006年以来，国家稳步推进事业单位整体改革，为大学进一步深化用人机制改革创造了良好的外部制度环境。教师的聘任、考评和激励机制是推动学校发展最活跃的因素，也是学校"以人为本"的具体体现。除了教师以外，职工的积极性也是至关重要的，直接影响学校运转的支撑环境。建立合理有效的、符合中国国情的用人机制，是现代大学制度建设的重点之一。多年来各大学对用人机制进行改革，在岗位资源配置、人才选聘、人才评价、人才激励、人才流转与退出、权益保障等方面进行探索和实践，取得了一定的效果，在学校发展中发挥了积极作用。然而，大学不同于企业，在用人机制上，特别是对高级专门人才的使用不能只看眼前的效果，更要关注长期效应。例如，对研究成果的评价目前仍然是重视科研项目、论文、获奖等，这种评价机制不利于基础研究和重大成果的推出，宽松平和的研究环境和制度是大学用人机制的精髓。因此，建立积极有效的用人机制要切实尊重知识、尊重人才，表现出"海纳百川"的大学品格。

四、改进高等教育质量评估方式

目前高等教育领域的各种评估较多，评估的价值和作用也参差不齐。一是以大学排名为核心的社会评估。大学排名起源于发达国家，我国紧随其后，各种大学排名已成为不少高考学生择校的标准。哈佛大学的学生曾在哈佛大学的学生杂志上发表题为《最后一次排名第一——哈佛大学应当退出大学排行榜》的文章，他们认为，哈佛大学应该利用它的名气和影响力，通过退出排名的行动来削弱排名的重要性，并指出高等教育领域是非常多元化的，根据一个标准化的体系为大学排名，不能提供学校的准确信息。[①] 二是教育部组织的本科教学水平评估和合格评估。自20世纪末开始，教育部组织专家对全部本科院校先后进行了两轮评估，各高等学校对评估工作极为重视，评估对于强化高等学校本科基础建设、提升本科教学质量发挥了重要作用。三是各大学发布《本科教学工作审核评估自评报告》。自评报告是形成性评估，各大学通过评估总结成绩，找出差距，提出改进方案，接受政府主管部门和社会的监督，从实际效果来看应该是比较好的。此外，还有各种专业评估，对大学的专业建设和人才培养质量提升发挥了积极作用。

在世界高等教育发展史中，教育评估发挥着重要的导向作用，我国高等教育评估工作起步较晚，基础研究薄弱，评估对象体量大，发展不平衡，评估机构水平较低，因此，做好高等教育质量评估工作需要政府、学校、社会组织等多部门携手合作，齐心协力向前推进。

五、建立总会计师制度

总会计师是单位主要管理人员，承担着经济预测、决策、控制、分析等工作职责。一所大学每年运行的经费有数亿甚至数十亿，靠校长或主管财务的副校长管理如此多的经费肯定是不行的，必须有高水平的专业人员管理，这就是大学的总会计师。《会计行业人才发展规划（2021—2025年）》提出，要适应现代会计职能重大转变，积极推动修订《总会计师条例》，进一步强化总会计师职能，提升总会计师地位，充分发挥总会计师在加强单位经济管理、提高经济效益中的重要作用。这既为进一步强化总会计师地位和职能指明了方向，也是当前和今后一个时期实施会计人才战略的一项重要任务。因此，建立总会计师制度是大学现代制度建设的内容之一，部分大学作为试点学校在建立总会计师制度方面积累了一定的经验，有望推而广之。

六、扩大学校与社会合作

大学与社会的合作十分广泛，在建设现代大学制度的层面上，主要指学校理事会或董事会中社会的参与。目前，绝大多数公办大学建立了理事会或董事会，参与其中的社会人士以校友为主体，校友通过各种形式的捐赠为学校发展作贡献。与世界一流大学相比，我国对社会捐赠的政策支持、舆论导向、文化氛围、沟通渠道、经费使用与监督、权利与义务等还存在较大差距，需要继续积极探索，健全社会支持和监督学校发展的长效机制。此外，还应探索大学与地方、行业、企业密切合作共建的模式，推进大学与科研院所、社会团体的资源共享，强化大学服务经济建设和社会发展的能力。

---

① 成建宇. 大学排名：批判与反思［J］. 黑龙江高教研究，2022，40（2）：42-45.

第三节　中国特色现代大学制度建设的路径

2017 年，中共中央办公厅、国务院办公厅印发的《关于深化教育体制机制改革的意见》把形成"充满活力""富有效率""更加开放""有利于科学发展"的教育体制机制和完善中国特色现代大学制度作为我国高等教育体制机制改革的重要目标。当前，中国高等教育处于从规模扩张转向内涵发展的新阶段，人民群众对更加公平、更高质量的高等教育的需求非常强烈，构建服务全民终身学习的教育体系对中国大学提出了新命题、新要求。探讨中国特色现代大学制度建设的路径，对大学满足社会经济文化发展的需要意义重大。

一、加强党对大学的全面领导

党委领导是办好大学的根本保证。学校党委和各级党组织要增强"四个意识"，坚定"四个自信"，做到"两个维护"，自觉在思想上、政治上、行动上与以习近平同志为核心的党中央保持高度一致。要坚持党管办学方向、管改革发展、管干部、管人才，把党的领导贯穿办学治校、教书育人的全过程。党委领导下的校长负责制是大学全面贯彻党的教育方针、坚持社会主义办学方向的保证，必须毫不动摇、长期坚持并不断完善。要把抓好党建工作作为基本功，落实好《中国共产党普通高等学校基层组织工作条例》，抓实、抓严学校和院系党建工作，发挥党支部的战斗堡垒作用和师生党员的先锋模范作用。要坚持马克思主义在意识形态领域的指导地位，加强对大学课堂、论坛、讲座、网络等宣传舆论阵地的管理，营造规范有序而又生动活泼的学术生态。

二、协调大学治理与协商民主的关系

传统大学管理结构的重心是上级对下级的管理，构建大学治理结构就是要打破自上而下的官僚体制，从制度上重新划分各利益相关方，即各治理实体的权力与责任，重新建立他们在组织运作过程中的相互关系，使开放系统中的任何一方在制约他方的同时也受到他方的制约，包括政府与大学之间的相互制约，大学与社会之间的相互制约，学校行政管理人员与教师之间的相互制约，教师与学生之间的相互制约。大学治理是一种新的高等教育管理模式，是政府、社会团体和企业界、大学行政人员、教学科研人员、学生等共同参与的基于合作伙伴关系的多元化的大学利益相关者治理模式，权力与利益是它的基础，合作关系是它的基本架构，利益相关者之间的协商民主是它的决策机制。协商民主就是所有受到决策影响的公民或其代表都能参与集体决策，集体决策是秉持理性与无私态度的参与者，通过讨论、协商的方式来形成的。具体来说，建立中国特色现代大学制度就是要构建全新的大学治理结构，在加强党委领导的前提

下，利益相关方，校内包括教师、学生、管理者、后勤人员等，校外包括政府管理部门、社会组织、投资人、校友等，大家都有权力参与大学决策，以保证决策关照方方面面的利益。[①]

三、完善高等教育法律保障机制

建设一流大学，法律制度的完备是基础更是保障。2015年，教育部推动修订了《中华人民共和国高等教育法》，将此前高等教育在目标宗旨、拨款体制、办学体制、质量监督、学术治理等方面形成的改革成果予以法律化。《中华人民共和国高等教育法》颁布实施的20多年，中国高等教育正值高速发展的时期，完成了从精英教育到大众化乃至普及化的过程，高等教育质量快速提升，法律的保障作用得到了实践的证明。此后，教育部积极推进学位条例、教师法、职业教育法的修订工作，其中包含如何进一步改革学位制度，减少和优化行政审批，增强学校自律，促进新兴学科的发展；如何根据发展需要，明确教师的权利与义务，建设高素质教师队伍；如何健全产教融合、校企合作的职业教育制度，促进不同类型大学的协调发展；等等。这些都与大学改革发展密切相关，切实推进着中国特色现代大学制度的建设。

2020年7月，教育部印发了《关于进一步加强高等学校法治工作的意见》，把依法治理作为学校治理的基本理念和学校管理的基本方式，把法治融入学校治校办学的各方面、各环节，以法治化推动、服务和保障学校治理体系和治理能力现代化。高等学校法治工作除了外部关系要体现法治精神外，内部关系要强化大学章程意识，要持续推进高等学校章程的学习宣传和贯彻实施，评估高等学校章程实施情况，建立章程实施监督机制，健全章程的解释和修订程序。高等学校要以章程为依据，制定内部管理制度及规范性文件，构建形成规范统一、分类科学、层次清晰、运行高效的规章制度体系。

四、加强大学制度文化建设

显性的现代大学制度文本背后是隐性的制度文化。从制度文化建设着手进行中国特色现代大学制度建设有助于摆脱制度改革表面化、形式化的弊端，通过制度文化的功能激发办学活力和提高办学效率。[②]

首先，为大学制度确立健康的文化和价值取向。健康的制度文化要充分体现大学精神，追求善治，推崇公平、公正、学术至上、真理至上的价值观，这是学术共同体凝聚力和生产力的来源。中国大学要强化制度建设，但绝不能为制度而制度，而是要在制度建设的同时充分地渗入文化的东西，使制度的每一条每一款都充满着文化血液，这样的大学制度才是高起点、高水

[①] 解飞厚.试论高校治理与协商民主[J].高校教育管理，2009，3（2）：43-47.

[②] 王绽蕊.中国特色现代大学制度建设：愿景、任务与路径[J].复旦教育论坛，2018，16（4）：5-10.

平的，才能更有利于中国大学的治理、发展和崛起。①

其次，制定并推行中国特色大学治理准则。大学治理准则是"规则"文化，属于制度文化建设的范畴。大学治理的基本原则、治理机构成员的行为守则和治理运作规范等都是大学治理准则的内容，带有价值导向性，可以为大学治理改革和治理实践提供专业指南。通过治理准则"外化"我国大学现阶段的"善治"标准，建立改善治理实践的行业规范用以指导我国大学建设，对于培育崇尚"善治"的大学治理文化，完善中国特色现代大学制度建设，具有十分重要的现实意义。

最后，推动学术共同体成员之间的沟通与对话，促进合作，培育信任文化。人与人之间的许多矛盾都是因为缺乏信任而导致的，大学内部成员之间的矛盾亦如此。不信任、非合作博弈文化与中国特色现代大学制度建设目标格格不入。培育信任文化，一方面在重视大学文化和制度文化建设的同时，要明白大学制度建设过程同时也是生成制度文化的过程，要通过好的制度培育信任文化；另一方面要重视信息公开制度的重要治理意义，除了决策结果公开以外，还要做到决策过程合理公开，以减少不必要的猜疑和误解，增加成员对决策者的信任。学术共同体成员之间有了充分的信任，即使大学制度有缺陷，信任文化也可以予以弥补，大学制度在实践中可以不断得到完善。

理论研究可以为中国特色现代大学制度建设设计多重路径，然而，纸上谈兵容易，实践探索困难重重，中国特色现代大学制度建设不可能一蹴而就，我们必须立足国情，正视问题，在实事求是地评估我国国情的基础上确立合理的改革方案，推进中国特色现代大学制度建设。

【复习题】

1. 试述中国特色现代大学制度建设的意义。
2. 如何认识党委领导下的校长负责制？
3. 如何正确认识和处理政府、高等学校、社会三者之间的关系？
4. 试论大学制度文化建设的意义。

【推荐阅读】

1. 郭一凡.高等教育现代化进程中的现代大学制度建设：契合点、地位与路径［J］.扬州大学学报（高教研究版），2021，25（6）：10-19.
2. 邓传淮.推动中国特色现代大学制度建设［J］.中国高教研究，2020（2）：6-8.
3. 解飞厚，华蜜.关于"治学""治校"及相关制度建设的思考［J］.江汉大学学报（社会科学版），2014，31（6）：110-115.

---

① 赖明谷，柳和生.大学治理：从制度维度到文化维度［J］.现代大学教育，2005（5）：90-93.

4. 赵玄. 章程修改：中国特色大学章程建设新常态［J］. 中国高教研究，2022（1）：90-95.

5. 张蕊. 我国本科教学评估政策文献计量研究［J］. 上海教育评估研究，2021，10（4）：63-67.

6. 罗祎. 高校总会计师的历史生成与现代大学制度构建［J］. 西华师范大学学报（哲学社会科学版），2014（3）：97-99.

7. 王佳，吕旭峰，翁默斯. 让理事会真正"理事儿"：美国大学董事会的启示［J］. 高等工程教育研究，2020（1）：137-141.

第六章 大学的学术追求与科学研究

【知识列表】

大学的学术追求与科学研究	大学的学术追求	学术追求是大学组织的本质特征
		大学在学术发展中的地位与作用
	大学的科学研究	现代科学研究的特点
		大学科学研究的特点与原则
		对我国大学科研工作问题的思考
		高等教育研究
	青年教师的学术发展	青年教师的教学学术发展
		青年教师的专业学科学术发展

培养人才是大学的根本任务。对于学术追求与科学研究，国家有科学院、社会科学院、农业科学院等科研机构组成的国家级科研系统，企业有研发机构，还有私人性的科研机构，大学为什么还要参与其中？大学的学术追求与科学研究有何价值？大学应该如何开展科学研究？这些是值得我们认真讨论的问题。

第一节 大学的学术追求

大学具有三项基本职能：人才培养、科学研究和社会服务。高层次人才培养离不开科学研究，人类科技的发展在很大程度上有赖于大学的学术追求，社会服务主要是通过科技服务来实现的。

一、学术追求是大学组织的本质特征

学术特指系统的、高深的学问，学术追求则是指通过科学研究获得系统的和高深的学问的信念和过程。科学研究作为大学的三项基本职能之一，被广泛认同和接受是由大学组织的本质特征所决定的。学校不同于其他社会组织的本质特征在于它的知识性，知识是学校工作的要素，学校通过传播知识培养人才。大学不同于其他类型学校的本质特征在于它的知识的高深性，通过传播高深知识培养高级专门人才，通过科学研究发现高深知识。传播和发现高深知识离不开身为学者的大学教师对学术的追求。[①]

学术追求是大学文化和大学精神的重要组成部分，是大学组织本质特征的表现。现代大学在文化精神建设中需要格外突出学术地位，鼓励学术创新，维护学术尊严和学术研究的自由；需要高度弘扬科学精神，特别是批判精神、求实精神及科学方法论；离开了创新、求真、自由，大学就不能称为大学。

（一）"大学者，研究高深学问者也"

德国教育家洪堡是较早阐述大学学术追求理念的教育家，他把柏林大学称作"柏林高等学术机构"，充分体现了学术追求的思想。洪堡在《论柏林高等学术机构的内部和外部组织》中指出，大学是高等学术机构，是学术机构的顶峰，它总是把科学当作一个没有完全解决的难题来看待，它因此也总是处于研究探索之中。[②]大学不是高级中学，也不是专科学校，而是带有研究性质的学校，它一方面进行纯科学的研究，从而发展科学，探索真理，另一方面将研究过程与教学过程结合，通过寓研究于教学实现培养高级专门人才的目标。哈佛大学之所以卓尔不群，是因为它始终坚持把探求真理与追求高深学问作为大学的核心价值。正如哈佛大学第24任校长普西所言："每一个较大规模的现代社会，无论它的政治、经济或宗教制度是什么类型的，都需要建立一个机构来传递深奥的知识，分析、批判现存的知识，并探索新的学问领域。

[①] 解飞厚.高等学校定位问题辨析[J].高等教育研究，2005，26（3）：48-52.

[②] 贺国庆，赵子剑.19世纪以来德国高等教育结构演变研究[J].河北师范大学学报（教育科学版），2016，18（1）：22-28.

换言之，凡是需要人们进行理智分析、鉴别、阐述或关注的地方，那里就会有大学。"[①]"高深学问"就是这样一种产品，每个时代都有相对高深的学问，需要人类整理、传承乃至创新，从而使大学得以延续与发展。[②]1917年1月4日，新任北京大学校长蔡元培到校视察，根据北京大学官僚化倾向，他在五天后发表公开演讲，称"大学者，研究高深学问者也"[③]。蔡元培是中国近现代高等教育史上的一面旗帜与一座丰碑，他在北京大学的改革取得成功，给中国高等教育留下永不褪色的精神财富。

（二）大学学术至上

追求学术是学者的天职，大学教师应成为学者；学术至上是大学生存之道，大学教学必以学术为龙头。所谓学术至上，就是任何一所大学都要视学术为其立足之基、力量之源。学术至上是大学作为一个社会组织不同于其他组织的独特个性，是大学的生机和活力所在。现代大学承担着多重社会职能，学校工作千头万绪。然而，无论客观上有多大困难，学校都应当始终如一地把学术作为学校一切工作的核心，其他工作必须以学术为中心，服务于学术。当前，我国正在建设世界一流大学和一流学科，研究型大学无疑应成为学术至上的典范。然而，有些大学尽管也在弘扬学术、推崇学术，但学术地位已失去往日的尊严和神圣，部分教授追求学术的热情已大不如从前，学术正在被异化，成为追求名利的手段。因此，只有排除外力的干扰，淡化金钱名利和官本位，高擎学术的大旗，牢固确立和进一步强化学术至上的观念，形成崇尚学术、尊重学术、探求学术的氛围，建设世界一流大学和研究型大学才有其生长的土壤，在追求学术中大学人才培养质量才能得到保证和不断提高。[④]

（三）大学学术追求的层次性

大学学术追求有两个层次。第一个层次表现为追求学术的意识，即大学具有浓郁的校园学术氛围，广大教师具有强烈的创新和求真的理念，将科学精神、科研方法自觉地引入教学之中，培养学生的科学素养。第二个层次表现为追求学术的行为，即学校拥有一流的学术队伍和科研条件，争取足够多的科研经费，承担高水平的科研课题，做出一流的科研成果。

第一个层次的学术追求具有隐蔽性和普遍性。隐蔽性表现在学术追求寓于校园文化之中，寓于教师的观念之中，寓于教学过程之中；普遍性表现在所有的大学和大学教师都应该有学术追求，也能够做得到，它是培养具有创新精神和实践能力的高级专门人才的前提条件。由于它的隐蔽性，人们很可能对它视而不见，甚至错误地认为只有教学而没有科研的教师就没有学术

---

① 布鲁贝克. 高等教育哲学［M］. 王承绪，等编译. 杭州：浙江教育出版社，2002：13.
② 付八军，马陆亭. 大学嬗变中的不变：世界高等教育规律探寻的"四维"逻辑起点［J］. 高等教育研究，2020，41（4）：103-109.
③ 蔡元培. 蔡元培全集：第3卷［M］. 北京：中华书局，1984：5.
④ 解飞厚. 非研究型大学科研与教学关系的思考［J］. 高等教育研究，2004（1）：52-56.

追求；事实上，对于大学完整地实现职能，特别是对于科研与教学的统一而言，学术追求是客观存在的，而且具有普遍性。因此，第一个层次学术追求的意义绝不在第二个层次之下，甚至更为重要。

第二个层次的学术追求则具有外显性和条件性。外显性表现在看得见、摸得着，学术追求的成果是论文、著作、专利、科技开发等，具有显著的学术价值、社会效益和经济效益；条件性表现在人员条件和物质条件，如科研团队、课题经费、手段设备等。尽管学术追求的外显性能引起学校和教师的重视，但由于条件的限制，并非所有的大学和大学教师都能够在第二个层次上追求学术。一般来说，只有承担精英教育和研究生教育的大学和教师才具备必要的条件，才可能在第二个层次上追求学术。克拉克先后出版了两本著作——《研究生教育的科学研究基础》和《探究的场所——现代大学的科研和研究生教育》，专门讨论研究生教育与科研的关系，特别强调研究生教育阶段科研与教学的结合。他认为，以本科教育为主的大学和在本科教育阶段，不宜过于突出科研的地位。我国高等教育处于大发展时期，各大学在处理科研与教学关系时要特别慎重，不要盲目地追求科研课题和经费，以本科教学为主的大学对学术的追求应主要体现在第一个层次上。

二、大学在学术发展中的地位与作用

人类进入 20 世纪以来，科学研究的重要性日渐彰显，科研水平逐渐成为一个国家核心竞争力的关键，国家之间的政治、军事、经济、教育等方面的竞争最终表现为科技实力的较量。为占领科技制高点，各国纷纷建立庞大的科学研究体系，对大学寄予厚望，大学在基础研究领域是当之无愧的主力军，在应用开发研究领域大学亦是重要方面军。

（一）大学是基础研究的主力军

科学研究一般分为基础研究和应用开发研究，基础研究的目的在于认识世界和解释世界，应用开发研究的目的在于改造世界和创造世界（第二自然）。基础研究与应用开发研究是源与流的关系，前者的重大突破往往会带来科学与技术的革命，甚至从根本上改变人与自然的关系。基础研究没有明显的功利性，有赖于多学科的合作，而且研究周期长，需要"十年磨一剑"。大学正好具备基础研究的基本条件，具有其他科研机构所不可替代的优势。

"教学与科研相结合"是美国大学的重要特征。美国的大学承担着全国 60% 以上的基础研究课题，绝大多数高水平的基础研究成果出自大学。诺贝尔奖是以基础研究成果为对象的奖项，美国是获得诺贝尔奖最多的国家，其中 80% 以上获奖者是大学教师。[①] 日本的大学是基础科学的研究中心，政府给予重点资助。从国立大学、公立大学、私立大学 2017 年度科学研究

---

① 陈武元.高校三大职能与其经费筹措能力的关系研究：基于美日比较的视角[J].高等教育研究，2019，40（5）：100-109.

费补助金项目申报数、立项数及拨款额等情况来看，国立大学的申报数和立项数均占一半，在拨款额上优势更加显著，体现了其承担基础研究的强大实力。[①]日本大学教授都比较注重基础研究，大学评价教授主要看他们通过基础研究发表的论文、出版的论著的数量和水平，以及基础研究成果在学术界的影响。从日本科学技术的整体布局来看，大学、企业和研究机构在研究方向上各有侧重，大学是以基础研究为主，企业是以开发研究为主，政府和社会上的研究机构也侧重开发研究。[②]

法国的国家科研中心（相当于国家科学院）只设极少数的独立研究所，大多数研究机构与大学结合，归国家大学部统一领导，基础研究主要在大学里进行。英国、德国的大学在基础研究方面有很好的传统，多数诺贝尔奖得主来自大学。

我国大学承担了国家自然科学基金面上项目的三分之二，自然科学基金重点项目的一半和重大项目的40%。在历年全国自然科学奖获奖项目中大学都占60%以上，2020年达到69.6%。尽管我国科研体系中中国科学院及其他政府科研机构拥有强大的基础研究力量，但从上述数据我们仍然可以看到我国大学基础研究的水平和实力，大学无疑是基础研究的主力军。

（二）大学是应用开发研究的重要方面军

20世纪以前，欧洲国家大学中的科学研究称为纯学术研究，也就是我们所说的基础研究。美国以威斯康星为代表的州立大学通过社会服务开拓科学研究新领域，从纯学术研究扩展到应用开发研究。在第二次世界大战中，美国部分大学参与雷达、原子弹等军事科学研究并取得突出成就的事实，进一步增强了各国大学开展应用开发研究的信心。20世纪50年代以后，随着高等教育规模的扩大，从事科学研究的大学教师人数增加，大学与社会经济发展联系加强，大学在保持基础研究优势的同时积极开展应用开发研究，成为推动社会发展和经济进步的重要方面军。

美国的研究型大学实际上承担着国家科学院的职能，是美国研究与开发体系中的"集结点"和"引力中心"，其作用体现在：国家的重大科技开发项目主要是由研究型大学完成的，如雷达的研制、原子弹的研制、火箭的研制等。美国联邦政府除了委托大学开展基础研究以外，在应用开发研究方面下达众多的与国计民生密切相关的课题给大学，政府与大学之间建立了亲密的合作伙伴关系。美国联邦政府内阁主要部门，如国防部、卫生与人类服务部、国家航空航天管理局、能源部、国家科学基金会等把研究开发经费的绝大部分投给研究型大学，相关的科研成果主要来自大学；国家重点实验室基本上设在研究型大学，设在大学内的联邦政府实验室已成为连接联邦政府与大学之间的桥梁。此外，大学还得到工业界及其他各界的支持，以横向课题的方式开展应用开发研究。企业向大学的投资不仅在国内，日本很多企业投巨资在美国大学建立研究中心，大学实际上成为企业的研发机构。

---

① 陈武元.日本高校三大职能与其经费筹措能力的关系研究[J].现代大学教育，2019（2）：17-27.
② 鲍健强.论日本大学科学研究的特点[J].科学管理研究，2001（5）：77-80.

日本大学的科研经费中有一项叫"外部研究经费",是大学与日本的企业或财团合作的研究经费。日本政府积极鼓励产学研合作,希望大学能吸引社会上委托和合作的科学研究项目,推动科学研究成果产业化。日本的研究生教育不同于其他国家,一流国立大学的研究生院依赖于工业部门的投入,企业或财团是应用研究和有关训练的大本营,研究生教育的科研基础从大学转移到了工业部门。克拉克在《探究的场所——现代大学的科研和研究生教育》一书中称日本的大学为"应用型大学"。

德国的经济市场主体结构中,98%的企业属于中小型企业,约有65%的企业属于创新型企业。对创新技术的迫切需求使大部分企业都建立了自己的科研部门。随着科研技术投入费用和技术开发难度的加大,以及政府鼓励校企合作政策的推广,不少企业选择与大学共同开发的方式来节约研发成本,这也是德国大学的科研能够实现供需匹配的重要因素。德国校企合作的基础是由企业的需求出发,主动寻求能够提供相应基础研究与应用研究的大学和专家团队,以科研来拉动教育和生产,使在大学产生的研究成果能够直接契合企业拓展市场产品的需要。[1]

大学的科研不仅表现在与已有企业的合作,而且还表现在自己孵化企业,如美国斯坦福大学利用自身的科研成果建立的斯坦福工业园(即硅谷)就是如此。硅谷的成功引得美国其他大学竞相仿效,而且不少其他国家也仿而效之,如英国的剑桥-彼德伯格高技术走廊、日本的筑波科学城、法国的南法兰西岛科学园、中国北京的中关村科技园、中国武汉的东湖新技术开发区等。这种模式既是20世纪末21世纪初大学科研的一个重要特点,又是现代大学服务社会的一种趋势。

我国大学的应用开发研究始于20世纪80年代,应当时社会经济发展的需要,国家要求各大学将科技力量的70%转移到面向国民经济建设主战场。近年来,大学的应用开发研究取得了长足的进步。2021年11月3日,在备受瞩目的2020年度国家科学技术奖励大会上,清华大学王大中院士获国家最高科学技术奖。从通用项目获奖情况来看,2020年度国家科学技术奖励授奖项目共211项,大学作为第一完成单位获奖137项,占授奖总数的64.9%。其中自然科学奖获奖31项,占总数的69.6%;技术发明奖获奖35项,占总数的81.8%;科学技术进步奖获奖62项,占总数的57.0%。大学为高铁、核电、生物育种、疫苗研发、国防军工等重点领域提供了关键技术,参与研制超级计算机、北斗卫星导航系统、神舟飞船等国家利器,支撑引领文化强国、人才强国、体育强国、健康中国、美丽中国、平安中国建设。上述数据足以说明我国大学具有很强的科技创新能力,大学通过科技开发为我国的经济建设和社会发展作出了突出贡献。

第二节 大学的科学研究

大学科学研究的优势在于基础学科,许多重大的科学突破都是大学完成的。近年来,大学

---

[1] 徐兰,徐婷.德国技术转移体系对我国的启示[J].中国高校科技,2017(4):51-53.

在应用开发研究领域也取得了令人瞩目的成绩。

一、现代科学研究的特点

20世纪中叶以后，人类开始进入大科学时代。1963年美国科学史家普赖斯在其名著《小科学，大科学》一书中对大科学概念作了明确阐述。他指出："现代科学不仅硬件如此璀璨，堪与金字塔和欧洲中世纪大教堂媲美，而且国家用于科学事业人力和物力的支出也使科学骤然成为国民经济的主要环节。现代科学的大规模性，面貌一新且强而有力使人们不得不以'大科学'一词来美誉之。"相对于传统的小科学而言，大科学科研难度大，需要复杂的实验仪器设备和庞大的信息支持系统，依赖国际的技术合作与资金资助，表现出鲜明的特点。[①]

（一）高度创新性

大科学活动的目的是在未知和未有的科学技术领域中，发现新的事物和现象，揭示新的本质和规律，创立新的科学概念和科学理论，发明新的技术。所以，科学创造活动的实质和灵魂在于创新，大科学的研究正是如此。

（二）高度探索性

大科学活动的指向是未知领域和未有领域，在研究对象上，在研究方法、手段和途径上，甚至在科学范式上，都要进行全新的探索。要创新就必须探索，走前人没有走过的路，才可能攀登新的高峰。

（三）高度综合性

大科学的研究对象是自然、社会与人构成的复杂系统，以信息技术、生物技术、新材料技术、新能源技术、海洋技术、航空航天技术等为代表的高新技术大大突破了单一学科，是多学科的综合和交叉。因此，大科学活动是一个极其复杂的过程，必须综合运用各种工具和手段，去变革和加工各种不同的对象，以取得新的科学创造和技术发明。

（四）高度组织性

大科学的分工越来越细，专业化程度越来越高，竞争越来越激烈。由于资金、设备、知识，甚至时间和地域上的局限，单一科研机构或科学家很难解决一项复杂的科学问题，因此，不同的科研机构或科学家之间要高效有序地合作，需要有专门的机构整合多种资源才可能保证科学研究获得成功。

---

① 秦旭，王树恩. 论大科学时代的科技战略[J]. 科学管理研究，2003，21（3）：24-27.

（五）高度风险性

大科学活动多集中在当代科技发展的前沿和先导领域，主要是高新技术的研究与创新活动，这些活动具有高投入、高收益、高风险等特征，因而使得科研主体必须承受巨大压力和风险。

当然，在大科学时代，小科学仍然存在，且是大科学无法替代的具有很强生命力的一种科研模式。所谓小科学又称当代小科学，不同于19世纪以前的传统小科学。传统小科学是由科学家自由选题，私人资助，以个体为主的研究方式。当代小科学仍然是自由选题，但由政府、社会或私人基金会投资，以自由组合的团队为主的研究方式。

二、大学科学研究的特点与原则

（一）大学科学研究的特点

与其他科研机构相比较，大学科学研究具有自身的特点。

1. 大学学科齐全，门类众多，具有高度的组织性，能满足大科学交叉综合研究的需要

世界一流大学绝大多数是综合性大学和多科性大学，真正的单科性学院已很少见。综合性和多科性的学术背景是交叉学科和边缘学科研究的前提条件，这是单一的科研院所无法与大学相抗衡的一个重要方面，是大学的优势所在。20世纪90年代，北京大学组织了中文、数学、计算机、软件、物理、无线电等院系的教师，通过协作取得了具有国际领先水平的重大成果——新型计算机激光汉字编辑排版系统，并建立了"北大方正"科技企业，几十年来取得了重大的社会效益和经济效益。

近年来，北京师范大学教育学部一直在探索多学科建设的理论与实践，将脑方向的学科建设分为三个方向。第一个方向是脑智发育与教育神经科学研究，即主要探索从婴幼儿到儿童青少年时期脑结构和功能发育的规律、脑疾病的教育干预，以及教育情境中的脑与认知加工规律，利用相关成果设计可以实际应用的教育教学方案，促进个体的学习和成长，促进基础研究和应用研究的结合，驱动教育理论、教育政策与教育实践的改革和创新。第二个方向是脑机联合智能研究，主要是推进人工智能、类脑计算与教育的深度融合，研究智能时代的认知科学规律，推动人才培养模式的转型和变革，促进学生全面而有个性地发展，创新智能教育公共服务，以新的产学研协同机制来驱动教育实践的理念、方法与模式创新。第三个方向是特殊儿童脑功能发展机制和教育干预研究，主要探索特殊儿童脑功能发展机制，为开展科学有效的教育干预研究夯实基础，设计和研发具有良好循证依据的特殊儿童教育干预体系，改革和创新已有特殊儿童的教学和干预现状。[1]

---

[1] 朱旭东，施克灿，王晨. 提升科学研究能力 保持教育学科领先优势：北京师范大学教育学部学科建设的新探索[J]. 教育发展研究，2021，41（19）：44-46.

2. 大学学术思想活跃，后备力量充足，能满足大科学探索和创新的需要

探索和创新是大学学术追求的精髓，也是大学取得重大科研成果的根本保证。大学创新的重要源泉是大学生，特别是众多的硕士、博士研究生，他们思想活跃，勇于打破陈规，标新立异，别出心裁，能够为大学科研带来生机与活力。实践证明，相当多的发现和发明出自莘莘学子。

3. 大学是信息集散地，能满足大科学对信息的需要

现代科学研究对信息具有极高的要求，谁拥有了最新的信息，谁就可能占领制高点，赢得主动权。在信息全球化、一体化的时代，大学是国际交流的重要场所，众多国际学术交流会议在大学举行，大学教师的国际流动最为频繁，大学的教育科技信息网是其他系统无可比拟的，所有这一切无不证明大学是信息的集散地，为大科学提供了信息保障。

4. 大学研究承担国家重大基础性研究课题，适宜原创性研究

国家重大基础性研究课题的投入与企业投入的重要区别在于：前者注重长远效益，属于战略性的研究，关系到十几年甚至几十年后国家发展的需要；后者注重短期利益，以满足企业当前和近期的需要为主。大学研究以国家投入为主，且是持续的跟踪投入，大学通常开展长周期的、基础性的原创性研究。实践证明，科学研究中原创性的重大突破多数出自大学，过去如此，今后仍会如此。

5. 大学教师广泛开展自由选题的研究，大学是小科学的研究基地

大科学是国家组织的具有重大战略意义的研究。但是，大科学不能取代一切，大科学时代仍然需要大量的小科学，即由研究者自由选题、自由组合，通过不同渠道获得资助的分散研究。小科学也可能推出大成果，也可能取得重大突破，国家自然科学基金资助的就是小科学。参与国家组织的大科学研究项目的教师毕竟是少数，多数教师是根据自己的兴趣开展研究，我国申报国家自然科学基金项目的大学教师每年逾万人，获得资助的项目占面上项目总数的三分之二，足以证明大学是小科学研究最重要的基地。

从现代科学研究的特点审视大学科学研究的特点和优势，我们不难发现，大学在很多方面正好满足现代科研的要求。因此，20世纪以来，特别是进入21世纪以来，大学科研表现出明显的优势和强劲的势头。大学青年教师要充分利用大学科研的优势，在态度上应积极主动地开展科学研究，有两条路可供选择：一是抓住机会跻身大科学，融入科研团队之中，在学科带头人的带领下迅速走上科研之路；二是在自己感兴趣的领域埋头进行自由研究，努力提高自己的科研能力，摸索出一套适合自身实际的科研之路。总之，青年教师应该尽早进入角色，使自己成为一个教学优秀、科研脱颖而出的大学教师。

（二）大学科学研究的原则

大学科学研究的原则，从不同的角度可以归纳出许多条，如社会经济效益与学术水平相统一的原则，以应用研究和发展研究来支撑基础研究的原则等。以下为教师开展科学研究应该遵循的原则。

1. 科研与教学相统一的原则

大学教师做科研不要忘记自己首先是一个教师，不要忘记教学和自己的学生。因此，教师在科研中必须注意以下三点：第一，科研选题要充分考虑教学的需要，问题来自教学，使科研尽可能与教学保持一致；第二，将科研成果引入教学之中，充实教学内容，将科研方法、科学精神寓于教学之中，培养学生的科学素养；第三，为学生参与科研创造条件，特别是要吸收研究生进入科研过程，通过科研实践使学生得到真正的训练，以提高学生的科研能力。

2. 课题中心原则

以课题为中心，保持相对稳定的研究方向。大学教师，特别是青年教师，科研伊始可能难以立项，但一定要有很强的课题意识，选准一个方向，持之以恒地做下去，必将有所成就。

3. 团队原则

大科学时代的科研需要团队协作才有竞争力，才可能出大成果。即使是自由选题的小科学，也不能单枪匹马地干，而是要组建小团队进行合作研究。大学科研的最大优势在于多学科攻关，因此，大学教师应主动地融入一个团队，以团队利益为重，不要过多地考虑个人得失，从长计议，齐心协力，最终大家都会是赢家。

三、对我国大学科研工作问题的思考

大学科研为国家作出了重要贡献，对提高人才培养质量也起到了重要作用，但是，我国大学科研工作在稳步发展的同时依然存在很多困难，一些长期困扰大学科研工作的问题尚未取得明显突破。

（一）大学科研组织模式和运行机制需要创新

随着我国高等教育改革的深入，大学科研工作面临着诸多问题和挑战：一方面，高等教育走过大众化进入普及化以后，我国公共财政难以支撑大学科研发展所需的全部资源；另一方面，随着知识经济时代发展和创新驱动战略的实施，大学承担的服务社会的职能不断扩大，社会各界对大学发挥自身优势，不断提升自主创新能力寄予很大期望，但在传统教育体制机制的制约下，大学科研创新工作开展和科技人才培养面临着转型困境。[①] 在此背景下，如何深化我国大学科研体制改革具有重要的理论与实践意义。在基础建设方面，国家重点实验室、省部级重点实验室、国家及省部级工程（技术）研究中心等已形成体系，但是，由于学科之间缺乏高度整合，基础研究、应用研究和产业开发之间尚未形成高效有序的科技创新链，各类科研实体承担重大科技任务的能力较弱，大学自身在科研组织模式及运行机制上，大学与产业结合上仍需创新。另外，在分配制度、激励机制以及科技评价体系和管理队伍建设方面也存在与现代科技发展不相适应的问题。这些问题的存在影响了重大科技目标的实现和重大科技成果的产生。

---

① 李根. 创业型大学的兴起对高校科研体制改革的启示［J］. 中国高校科技，2018（3）：34-36.

摆在我国面前的任务是，适应当今世界大学和经济、科技结合日趋紧密的发展趋势，大胆地进行大学科技体制的改革和科技创新资源整合，校内从制度上和结构上实现学科间的整合，校外与科研机构、产业之间按照市场机制实现产学研整合，从而在组织模式和运行机制上形成优势，提高大学科技创新能力，为国民经济建设和社会发展作出更大的贡献。

（二）大学科研经费需要开拓新的渠道，提高经费使用效率

现代科学研究在某种程度上就是依靠设备和手段，没有高强度的科研投入就不可能购置先进的设备，也就难以做出世界一流的成果。重点大学是我国科学研究的排头兵，其科研应着眼于世界先进水平，必须有充足的科研经费。截至2016年，1995年开始实施的"211工程"和1999年启动建设的"985工程"，我国为支持世界一流大学建设已累计投入1100亿元人民币。2017年9月，"双一流"名单正式公布，中央和地方各级政府已经投入和准备投入的资金数额巨大。与此同时，大学整体水平明显提升，进入上海交通大学世界大学学术排名前500强的大学数量从2003年的9所增加到2019年的58所，清华大学和北京大学更是多次刷新排名记录。[①] 可见，我国大学科研经费状况已经有了明显的改善。然而，与发达国家一流大学相比，我国大学科研经费仍然处在比较低的水平。尽管我国GDP稳居世界第二，但是人口多、底子薄依然是基本国情，国家只能在基础研究领域为大学尽可能提高支持强度，应用开发研究领域需要大学向社会寻求科研资助，最有效的办法就是通过校企合作共建工程研究开发中心，企业出课题和资金，大学出人力，研究模式从供应型向需求型转变，研究成果直接应用于企业生产。

提高大学科研效率与效益是经费使用中亟待解决的一个问题。从基础研究来说，世界一流水平的成果较少；从应用开发研究来说，科技成果转化率不高。大学是科学研究的组织者，学校宜从以下四个方面开展工作可有效提高科研经费的使用效率与效益。

第一，统筹兼顾，优化配置。科学研究是人、财、物等资源优化配置的有机整体，合理的顶层设计和科学的科研政策，有利于资源优化配置，从而推动大学科研事业的发展。大学应根据现有学科结构，有目标、分层次地进行合理规划，以人为本促进人才培养和科研队伍建设；优化配置现有资源，制订长期、稳定、合理的人才培养政策，完善科研评价机制，加强政策调控，保证科研创新效率和规模效率达到长期、持续、稳定。

第二，适时调整结构，激发新增长点。因受地理位置、地方经济等多重不利因素影响，教师的科学研究活动大多关注基础科学，以发表论文为评价取向。为提高科技成果转化效率，各大学应合理调整学科布局，提升解决国家、地方、企业等重大需求的能力，力争满足多方面对科学技术全链条、一体化的需求。同时，要通过政策引导转变科研工作者的行为取向，加强学校科研与行业、产业接轨，激发学校科研活力和一线科研工作者的积极性。

第三，关注人才培养，加强团队建设。优秀人才辈出、高水平科研团队不断涌现是推动学

---

① 毛建青，陈文博. 世界一流大学经费规模、收支结构与科研产出的关系研究：基于36所美国大学16年间的数据分析[J]. 教育发展研究，2019，39（19）：34-43.

科发展、促进科研实力提升的有力支撑。只有不断加强人才培养，才能从根本上提升学校自主创新能力，提高争取国家、地方、企业经费支持的竞争力，从而形成协调发展的良性循环。

第四，完善科研经费管理体制，提高教师科研积极性。一是改革管理体制，实现科研经费管理由单一的"管理"职能到"放管服"多重职能的转型升级。"放管服"就是简政放权、放管结合、优化服务。根据"放管服"的要求，大学科研经费管理一要扩"权"，赋予科研人员更大的科研活动决策权和经费使用自主权；二要放"钱"，加大对科研人员的薪酬激励，开展扩大科研经费使用自主权试点；三要"简"管理，简化科研经费申报程序，缩减过程管理流程，合并财务验收和技术验收，关注重要节点监督，避免重复多头检查。二是立足科研活动实际，促进科研经费管理目标由以财务目标为主向以科研目标为主的转型升级。大学科研经费管理的宗旨在于调动科研人员的积极性和创造性，鼓励科研人员积极投入科学研究，所以，财务目标应从属于科研目标，"节约"应是科研经费使用的一个原则，而非主要目标。通过建立明确的科研目标体系，适当放宽、放松财务管理目标。[①]

四、高等教育研究

（一）大学应当研究自己[②]

20世纪初有一位学者说过，大学什么都研究，就是不研究自己。中国办高等教育，20世纪上半叶学习德国、美国，20世纪中叶学习苏联，80年代以后又转向学习西方，尽管此时开始有了一些研究，但总体上还是模仿和借鉴。中国的国情十分复杂，高等教育关乎千家万户，与社会经济、政治文化息息相关，是一项浩大的系统工程，任何照搬照抄都是行不通的，必须在"拿来主义"的基础上，认真研究中国高等教育的发展之路。大学是我们每一个"大学人"的大学，大学管理干部要研究高等教育管理的规律，大学教师要研究教育教学规律，包括培养目标、教学内容、教学方法、教学组织形式等，大学生也要研究大学学习的规律。可见，大学除了研究学科专业外，还要研究自己。

（二）问题研究是高等教育研究的基本路径之一

高等教育研究有两条路径：一是学科建设，二是问题研究。两条路径并行不悖，相互补充，共同实现研究目的。

一般来说，高等教育科学的学科建设是专职高等教育研究人员的事情，主要是运用历史的方法和逻辑的方法从理论上进行系统的研究；问题研究是大学管理干部和教师研究高等教育的

---

① 曹树青.深化科技体制改革背景下高校科研经费管理转型升级研究[J].中国高校科技，2022（3）：33-36.
② 潘懋元.大学应当研究自己：中国高等教育科学研究的发展与特征[J].大学教育科学，2003（1）：1-4，27.

基本路径。当然，专职高等教育研究人员也要研究问题。近年来，我国高等教育得到了空前发展，既取得了巨大的成绩，也暴露出了很多问题。这些问题正在困扰着我们，影响着高等教育的健康发展。我们的研究围绕着具体问题展开，分析原因，提出对策，最终能全部或部分地解决问题，这就是通常所说的"问题研究"。高等教育学科在中国的发展是与中国高等教育改革与发展的实践紧密结合、同步前进的，正是由于广大干部和教师的参与，我国的高等教育研究在短短的30多年时间里无论是在学科建设上还是在问题研究和解决上都取得了长足的进步。潘懋元主编的《多学科观点的高等教育研究》运用不同学科的方法来研究高等教育，它们分别是历史学、哲学、心理学、文化学、科学学、经济学、社会学、政治学、管理学、系统科学和比较教育学等。大学科研的优势在于综合性，研究高等教育同样如此。大学中不同专业、不同学科的教师，站在各自的专业和学科上研究高等教育，也许能收到意想不到的效果。①

（三）教学研究是高等教育研究的题中之义

除了从整体上研究高等教育外，每个教师都可以在教学层次上开展研究，包括专业培养目标，教学内容及课程，教学组织形式及方法，教学过程及手段等。

第三节 青年教师的学术发展

大学教师的工作是双专业工作，大学教师既要具备高等教育学的专业知识和能力，当好一名教师，也要具备所在专业学科的知识和能力，探讨专业学科的未知世界。因此，大学教师的学术发展包括教学学术发展和专业学科学术发展。

一、青年教师的教学学术发展

（一）什么是教学学术

大学具有科研、教学和社会服务三项基本职能，科研是学术工作，而教学和社会服务不是学术工作。那么，从重要性来说科研排在第一，教学和社会服务只能名列其后，结果导致大学教师重科研、轻教学。本节引进"教学学术"概念，将大学教师的教学冠以"学术"而与科研等同，从学术的视角讨论大学教师的教学，以提高人们对教学重要性的认识，并对教学提出更高的要求。大学教师重科研、轻教学是一个世界性的问题，美国教育部前部长、著名教育家博耶于20世纪90年代首次提出教学学术的概念。

博耶把学术分为四类：发现（discovery）的学术、整合（integration）的学术（综合的学

---

① 解飞厚. 高等学校定位问题辨析［J］. 高等教育研究，2005，26（3）：48-52.

术)、应用(application)的学术和教学(teaching)的学术。在这里，学术不仅意味着探究知识、整合知识和应用知识，而且意味着传播知识。我们把传播知识的学术称为教学学术。[①] 探究与应用的学术是大学基础研究与应用研究所形成的知识体系，整合的学术是形成学科间有机联系的知识体系，而教学学术则是在知识传播的过程中形成的知识。博耶强调，倘若没有教学，知识的连续性就会中断，人类知识的积累就会面临削弱的危险。没有教学的支撑，学术的发展将难以为继。因此，要给教学学术以新的尊严和新的地位，以保学术之火不断燃烧。[②]

(二) 教学学术始于站稳讲台

近年来，新补充到大学的青年教师已成为本科教学的主体，他们大多具有博士学位，充满活力，对自身发展的期望值很高。青年教师进大学首先要过教学关，要站稳讲台，掌握高等教育学的相关知识，开展教学学术研究，这是青年教师专业发展的必由之路。但从目前的情况来看，不少青年教师尚未认识到大学教学的学术价值，对教学重视不够，教学基本功欠缺，课堂教学经验不足，过分依赖多媒体教学，导致青年教师的教学难以满足高质量专业人才培养的需要。

如何进一步加强青年教师培养，不断提升他们的教学能力，一直受到高度关注。"不要以为有了硕士或博士学位就能上好课。"国家级高等学校教学名师奖获得者、北京理工大学教授梅凤翔说，"现在的青年教师大多有硕士或博士学位，从这一点看比许多老教师有优势。从知识角度看，给学生上课应不成问题。但传授知识与认识知识是不一样的。你自己搞明白了，给学生讲时，人家不一定能明白。学问很高，但上课讲不明白的，大有人在。"[③]

(三) 要解决好"教什么"和"如何教"的问题

绝大多数新教师是在没有教育学理论基础的情况下开始教学生涯的。从教师专业化的角度来审视，大学教师应该既具有解决"教什么"这一问题的学科专业知识，又具有解决"如何教"这一问题的教育专业知识。只有解决了"教什么"和"如何教"的问题的大学教师，才是一个真正合格的教师。

高学历的青年教师所具有的学科专业知识不等于课堂教学中的知识，"教什么"要根据学生的需要进行教学设计，要精心备课，把学科专业知识转化为课堂教学知识，使学生通过知识学习形成专业素质和专业能力。

岗前培训是现阶段非师范专业毕业的大学教师有组织地获取教育专业知识、解决"如何教"的唯一途径，在现阶段对提高大学教师的整体素质和大学教学质量有着重要的作用。但岗前培训实践也表明，它存在着很大的局限性。按照《高等学校教师岗前培训教学指导纲要》的

---

① 博耶.关于美国教育改革的演讲[M].涂艳国，方彤，译.北京：教育科学出版社，2002：77.
② 博耶.关于美国教育改革的演讲[M].涂艳国，方彤，译.北京：教育科学出版社，2002：78.
③ 唐景莉，陈帆波.青年教师怎样站稳讲台[N].中国教育报，2007-8-20(1).

要求，目前开设了高等教育学、高等教育心理学、高等教育法规、高等学校教师职业道德修养等课程，总课时不超过 110 学时。如果以满足大学教师具有职业需要的教育专业知识为目的，岗前培训的课程设置和学时远远不够。况且，解决"如何教"的问题需要教师在长期的教学过程中实践和积累，因此，青年教师要站稳讲台有赖于自身今后的潜心探索和刻苦钻研。

（四）建立和完善青年教师助教制度

青年教师助教制度在我国有很好的传统，20 世纪五六十年代，新教师必须当至少两年的助教才能上讲台，且开始只能讲授部分章节。改革开放以后，青年教师助教制度实际上有名无实，新教师上岗即上讲台，大学教学质量缺乏基本的制度保障。有本科教学督导反映目前教学中最大的问题是青年教师上讲台的问题。教育部、财政部组织实施的"高等学校本科教学质量与教学改革工程"对加强青年教师队伍建设提出了许多要求，如建立和完善青年教师助教制度，加强青年教师的培养与培训，督促青年教师学习先进的教学方法，积累教学经验，增强他们教书育人的责任感和使命感。还要求大学建设教学团队，通过教学团队加大对青年教师的培养力度，促进教学研讨，提高青年教师的教学水平。中国高等教育学会前会长周远清认为，青年教师的成长要激励与培养并重。激励要政策化、制度化、人性化，培养要经常化、规范化。在培养中要重视老教师传、帮、带的作用。老教师不仅要做"督导员""裁判员"，更要做"教练员"。近几年，青年教师助教制度在部分大学得到恢复，且在不断完善中。

（五）积极参与教学研究

既然大学教学工作也是学术工作，那么，大学教师就应该以研究的姿态来对待教学工作。教学研究立项有国家级、省部级和校级三个层次，国家级、省级、校级教学名师是教学研究的带头人，青年教师应该积极参与教学研究，以提升教学学术水平，尽快成长为一名合格的大学教师。

1. 大学教师通过教学研究改变教学方式

"大学是所有社会机构中最保守的机构之一；同时，它又是人类有史以来最能促进社会变革的机构。"[①] 大学教师是大学中最保守的群体，尽管他们为教学制定的目标是培养创新人才，但是他们不愿意改革自己的教学，因为长期的教学已形成一套固有的方式，运用起来驾轻就熟，改革就要重新摸索，重新组织教学要素。有人说，改变教师的教学方式无异于改变他们的生活方式。没有足够的压力教师不会改变他们的教学方式，也就是不会自觉地开展教学研究。没有广大教师参与教学研究就没有教学改革，高等教育就跟不上时代的步伐，就难以培养适应时代要求的合格人才。因此，大学在抓常规教学工作的同时，要动员全体教师积极参与教学研究，强化教学研究意识，营造只要有教学就必须开展教学研究的氛围，通过政策导向形成一种

---

① 克拉克. 高等教育系统：学术组织的跨国研究 [M]. 王承绪，等译. 杭州：杭州大学出版社，1994：203.

压力，敦促每位教师不断改革自己的教学方式。

2. 青年教师的科研宜从教学研究开始

很多具有博士学位的青年教师认为自己受了十多年专业学科知识的训练，教学不是问题，往往把主要精力放在专业学科研究上，这样对青年教师的成长和学校教学质量的保障是极为不利的。因此，各大学采取多种措施，引导青年教师把主要精力放在教学上，最有效的办法就是鼓励他们开展教学研究。按照教学学术的要求，教学研究也是学术研究，是大学科学研究的重要组成部分，是大学学术的重要组成部分。青年教师的专业学科研究固然重要，但一般在短时间内难以形成研究方向和取得突破，不妨从教学研究开始。教学研究的切入点很多，只要研究就能取得一定的成绩，可增强青年教师开展科学研究的信心；教学研究也要讲究规范，研究程序与专业学科研究相通，也要撰写相关研究论文和研究报告，这对青年教师的科研训练是有帮助的，有利于今后的专业学科学术发展。由此可见，教学研究是青年教师成长的重要路径。

二、青年教师的专业学科学术发展

教学是一项无止境的工作，青年教师在站稳讲台的基础上，要尽快投入所在专业学科的科研，实现专业学科学术发展。专业学科的科研与专业教学的关系是点与面的关系，教学需要拓宽知识面，科研需要在较为宽广的面上逐渐形成一个点深入下去，成为某一个点上的专家。很多青年教师的科研积极性很高，但苦于无从下手，参与他人的课题研究是必须的经历，但最终都要能够自己主持课题，从小课题逐步走向大课题。只有强化课题意识，以课题为导向，青年教师的科研才能从稚嫩走向成熟。

（一）要形成明确稳定的科研方向

一个人的能力和精力都是非常有限的，不可能同时在很多领域开展科学研究。青年教师如果集中精力在某个研究领域的一个方向上矢志不渝地开展工作，经过长期积累就可能成为这个方向的专家。确定自己的科研方向后，青年教师还要经常关注该研究领域方向的国内外前沿研究动态，找准自己的研究切入点。

（二）要增强自信心，发扬坚持不懈的科学精神

自信心对于青年教师尤为重要，很多青年教师往往因为不自信而瞻前顾后，在科研上不敢提出自己的思路和想法，甚至不敢申报高级别的科研课题。实践表明，很多高学历的青年教师第一次申报国家自然科学基金项目或社会科学基金项目获得成功，说明只要选题有新意、标书做得好，有一定的前期成果，任何级别的科研课题都是有希望的，关键是要建立信心，要有科学的态度。当然，越是级别高的课题竞争越激烈，命中的概率越低，很多老教师成功申报国家级的课题往往需要三次以上。青年教师要认识到项目申报不可能一蹴而就，要有经受打击和承受失败的心理素质，要发挥胜不骄、败不馁的精神，坚持不懈地走自己的科研之路。

(三)要多争取学术交流和外出培训学习的机会

对青年教师来说,参加学术会议对科学研究和项目申报是非常重要的,一是可以充实自己的专业知识,开拓科研视野,了解科研的前沿动态;二是可以增加与本专业领域的专家学者接触和交流的机会。所以,青年教师要多争取学术交流和外出培训学习的机会。

(四)填写项目申报书要做到精益求精

青年教师要学会未雨绸缪,精心准备项目申报书,不断积累科研前期基础。项目申报成功与否至关重要,关系到个人科研能否实现可持续发展,项目申报书的撰写一定要及早准备,切忌匆匆了事,其核心是项目申报人的选题及目标和科研思路。一个好的科研选题和一份好的申报书往往需要很长时间甚至几年时间来锤炼和完善,项目申报书要做到科研课题立意新颖,研究方法科学可行,科研思路清晰明了,形式上要做到精益求精、尽善尽美,最好还要请有经验的教师指点和提出修改建议。科研前期基础也是决定项目申报成功的重要因素之一,青年教师一定要注意平时的工作积累,最好给自己定一个年度计划和目标。

(五)项目申报要紧扣项目申报指南,做到有的放矢

不同级别、不同类型的科研项目都有不同的申报要求,而且每年都会有相应的申报指南。基金类项目主要侧重基础理论研究,注重理论和研究方法的创新;科技计划项目侧重开发应用研究,注重生产与推广应用。项目申报要紧扣当年的项目申报指南,并尽可能地贴近项目申报指南中重点资助的研究方向。同时,青年教师在申报项目前一定要仔细阅读相关申报通知和管理办法,避免出现不必要的低级错误。

总之,青年教师做研究绝不能东打一枪西打一枪,要通过项目尽快凝练自己的专业学科研究方向,只有这样才能事半功倍。

【复习题】

1. 为什么说学术追求是大学组织的本质特征?
2. 如何理解大学学术追求的层次性?
3. 大学科学研究有哪些特点?
4. 青年教师如何正确处理教学学术发展与专业学科学术发展的关系?

【推荐阅读】

1. 潘懋元.大学应当研究自己:中国高等教育科学研究的发展与特征[J].大学教育科学,2003(1):1-4,27.

2. 臧琰琰.大学教师评价的理论遵循和应然选择［J］.黑龙江高教研究，2021，39（4）：85-90.

3. 刘宝存，赵婷.知识生产模式转型与研究型大学科研生态变革［J］.北京大学教育评论，2021，19（4）：102-115，187.

4. 宗晓华，付呈祥.我国研究型大学科研绩效及其影响因素：基于教育部直属高校相关数据的实证分析［J］.高校教育管理，2019，13（5）：26-35.

5. 方泽强，黎旋.普及化阶段高等教育研究应何为？：主体、论域、价值和方法之变革［J］.江苏高教，2022（4）：10-18.

6. 高筱卉，赵炬明.舒尔曼大学教学学术思想初探［J］.高等工程教育研究，2022（2）：143-149.

第七章　大学教师与学生

【知识列表】

大学教师与学生	大学教师在教学中的角色定位	教师是学生发展的引导者、促进者
		教师是教学过程的组织者、协调者
		教师是教学活动的反思者、创造者
	大学生在教学中的角色定位	学生是自主发展、自我建构的主体
		学生是教学过程的积极参与者和推动者
		学生是具有独立性、探究性的学习者
	大学师生关系	师生关系的主要类型
		构建良好师生关系的基本策略

大学教学是人才培养的主要途径，其育人职能是由教师与学生的主体定位及其角色行为协同完成的。有效发挥大学的教学功能，必须明确教师与学生在教学中的地位、作用及其相互关系。本章集中讨论大学教学中的主体的问题，厘清教师与学生在教学中各自的角色定位，分析相互之间的关系特质。讨论的方法是理论与实践相统一，在理论上提出明确的观点，并进行认真的分析论证，在实践方面提出符合理论倾向的若干建议。

第一节　大学教师在教学中的角色定位

习近平总书记非常强调教师工作的重要性，认为教师工作是塑造灵魂、塑造生命、塑造人的工作，鼓励教师成为塑造学生品格、品行、品味的"大先生"。大学教师在教学中要成为"大先生"，必须明确作为主体在教学过程中的角色定位，有效履行主体职责。

一、教师是学生发展的引导者、促进者

从本体价值上讲，促进学生发展是大学教学的目的。在大学教学过程中，教师能否成为学生发展的引导者、促进者，取决于很多前提条件。首要前提是大学生的发展是否需要引导和促进，其次是教师是否能够担当引导者、促进者。

首先来看第一个问题，大学生的自我发展状况如何，他们的发展是否需要引导和促进。当然，这里的发展是从自我统合的角度而言的。所谓自我统合，是指个体尝试把与自己有关的多个方面整合起来，形成一个自己觉得协调一致的整体自我。当自我统合形成之后，个体在自我发展上就达到了成熟阶段，就会有明确的自我概念和自我追求方向。[①]

心理学家按照自我统合的不同程度，把大学生的自我发展分为四种类型：（1）迷失型统合。这类学生对未来的一切尚未找到自己的方向，他们既不考虑未来，也不太关心现在，多属于年龄较小或智力相对较差者。（2）未定型统合。这类学生了解自己所处的现实环境，对自己的现状感觉不太满意；他们正在寻找自己的发展方向，但还没有找到。多数大学生属于这一类型。（3）定向型统合。这类大学生已经找到了自己的前进方向，具有自我定向能力。他们坚定自己的专业选择，明确自己将来要从事的职业。（4）早闭型统合。这类学生在自我统合中没有经过统合危机，对现实的一切也没有认真考虑，多半将自己的一切交给父母或长辈处理，不关心现在，也不考虑将来。张春兴参照上述分类方法，对1117名一至四年级的大学生的自我发展做了调查。结果发现，从学生对职业的考虑看，能够达到自主定向的大学生只占1/4，多数学生仍然停留在前途未定的心态之下，继续寻求自己的发展方向。按照年级分析，达到定向型统合的人数随着年级升高而增加。这些研究结果表明，许多大学生的自我发展仍不完善，他们的自我认识、自我控制、自我规划能力都有待进一步发展，他们仍需要教育引导。[②] "00 后"是当今大学生的主体，面对社会和家庭结构的急剧变化，经济形势和财富分配的全新格局，个人价值和社会道德的冲击等，部分大学生表现为生活状态迷茫彷徨，自我信念摇摆剧烈，兴趣

[①] 庞维国. 自主学习：学与教的原理和策略 [M]. 上海：华东师范大学出版社，2003：147.
[②] 张春兴. 教育心理学：三化取向的理论与实践 [M]. 杭州：浙江教育出版社，1998：128-137.

平淡快乐缺失，动机外控现实功利。①

　　第二个问题，教师是否能够担当引导者、促进者。这是关于教师的资格和素质的问题。不过，在讨论资格问题之前，还有一个观念上的问题需要解决。关于大学教师的角色，常常有"经师"与"人师"的不同说法，二者并不一定统一在教师个体身上。有的教师注重"传道、授业、解惑"，对引导和促进学生发展的问题不够重视。一些学科的教师认为：大学教学是一种专业分工非常细致的工作，教学各有分工。在大学中根据工作性质，设置了专门从事思想政治工作、德育工作的教师；根据学科专业的不同，也有专门开设马克思主义理论课、思想品德课的教师，这些教师专门从事思想政治、德育工作，负责承担"育人"任务，因此自己主要是进行学科专业知识的教学。这种认识具有片面性。立德树人是教育的根本任务，教学的目的是育人，教学具有教育性是"现代教育学之父"赫尔巴特明确表述的教育原则。习近平总书记强调，教师不仅传播知识、思想和真理，而且是品行之师，要担当塑造时代新人的重任。大学教师除了承担促进学生智力、能力发展的责任，还必须担当学生人生发展与道德价值取向的引导者。教师应该认识到"你不仅是自己教课的老师，而且是学生的教育者、生活的导师和道德的引路人"②。教书育人是教师职责的基本内容，教师具有引导和促进学生发展的义务。

　　在观念上扫除障碍以后，接下来需要讨论教师的资格素养是否与其职责义务相适应的问题。不是所有的大学教师都有能力担当引导和促进学生发展的任务的，履行这项职责要求大学教师具有一定的思想道德修养和能力素养，其中思想道德修养是基础，同时必须具有指导学生发展的能力。这里主要讨论教师的思想道德修养的要求，能力问题具有弥散性，包括文化修养、专业知识、专门技能等，这些在后文详加讨论。

　　习近平总书记指出，好老师要有理想信念、有道德情操、有扎实学识、有仁爱之心。大学教师要成为学生发展的引导者、促进者，在思想道德素养方面有以下三个要求：（1）献身高等教育事业。教师对高等教育的性质、功能、地位要有清醒的认识，认识到自己从事的工作具有非常重要的社会价值，不应该把这一职业仅仅作为谋生的手段，要有对学生的高度责任感，对教育的强烈事业心。在高度责任感、强烈事业心的驱使下，教师就会自觉地把人才培养当作自己的天职，对学生的发展尽心尽力，追求教育教学的成功，同时实现教师的自我价值。（2）热爱学生。热爱学生不仅是一种高尚的道德情感，也是一种强有力的教育力量。对教师来说，热爱学生就要做到：深入了解学生，这是爱生的起点；真诚关心学生，这是爱生的主要内容；尊重信任学生，这是沟通师生感情的桥梁；严格要求学生，这是爱生的理智表现。（3）为人师表。为人师表是教师道德的重要特征。教师的工作具有示范性，教师要在思想品德和作风上成为学生的表率。教师不仅要以自己的学识教育人，更要以自己的品格感染人。教师高尚的品质和美好的心灵是师表的基础。教师应当成为学生为学的榜样，更要努力成为学生人生的导师。

---

① 王晓艳，周霞.心理社会发展理论视角下大学生"自我"发展困境解析［J］.北京化工大学学报（社会科学版），2020（2）：103-108.
② 苏霍姆林斯基.给教师的建议［M］.周蕖，等译.武汉：长江文艺出版社，2014：108.

二、教师是教学过程的组织者、协调者

大学教学是教师教与学生学双向互动的活动过程,教师是教学过程的关键组成要素。关于教师在教学过程中的地位作用问题,理论上一般认为教师是主导者,发挥主导作用。所谓主导作用,是指教学过程中作用的大小,效果如何,教师这个要素起着主要的、关键的、方向性的作用。从教学过程的性质来看,教师的主导作用,是从教师对教学过程的领导、组织和控制这一角度出发的,我们因此把教师的这种角色称为组织者、协调者。

根据管理学的有关理论,作为组织者、协调者的教师,在教学过程中顺利履行自己的职责,必须要有权威作为基础和保证。不过,由于大学教师的教学对象是成人,民主平等的观念在现代大学生中是普遍观念,"权威"在某些人看来是一个非常敏感的概念。为了确立教师在教学过程中组织者、协调者的地位,我们必须理解权威的必要性与合理性。

一般说来,权威是指在一个社会控制系统中某个特定规则的制定者、解释者或执行者,诸如立法者、法官、裁判、警察等,他们被一个社会系统赋予了制定、执行规则的权利,并使其他人处于服从状态。在教学过程中,教师的权威主要来自两个方面:一是法律制度所赋予的权利。如《中华人民共和国教师法》规定,教师有进行教育教学活动,指导学生的学习和发展,评定学生的品行和学业成绩的权利。在一些具体的规章制度中,还有很多对教师履行教学职责相应权利的规定。二是因自己拥有的专门知识产生出来的专家性权利,我们常常听到"知识分子是无冕之王""学者为百代之师""知识就是力量"等说法都表明了这个意思。从法律制度上讲,教师拥有的权威是相同的,但在实际的教学过程中,我们常常看到,不同的教师往往具有不同的权威地位,这是由教师的学术地位和人格形象所形成的,因此,教师的实际权威需要通过个人的努力才能够真正确立。

尽管权威有大小高低的不同,但是,教师拥有权威是法定的、必需的。[①]学校是一个把教育效率作为主要目标之一的社会合法机构。在这个社会活动系统中,要保持其效率,就必须构成控制性的社会组织形式,保证组织活动的系列化。我们非常熟悉的班级授课制就是一种控制性的组织制度,是几百年来已被证明的一种高效率的教学组织形式。一方面,教师在学校中必须拥有权威,否则就很难使活动保持一定的效率。另一方面,权威依然是现代生活方式中的重要内容,当代社会仍然是通过权威来组织的,否认权威就等于否认人们共同的生活方式。如果在学校否定权威,我们怎能保证学生走出学校后顺利适应社会共同生活呢?当然,运用权威要防止权力主义,这是另一个问题,在此不讨论。

教师权威具有现实的合理性,为教师成为教学过程的组织者、协调者奠定了理性的基础。教师拥有法定权威,只是权威的外在形式,在这个基础上,大学教师更重要的任务,是努力提高实质性的权威地位。根据权威来源的分析,实质权威的大小,主要取决于教师自身的素质和行为方式。作为大学教师,其素质与中小学教师相比,内在要素是不一样的,最大的不同是学

---

① 周浩波.教育哲学[M].北京:人民教育出版社,1999:166-167.

术水平。大学教师必须是某一学科专业的研究专家，具有一定的学术地位。另一方面，大学教师在教学过程中的权威地位，实际上与其运用权威的方式也有很大的关系。大学教师必须根据教学过程的性质，放弃包办代替或单向控制的专制做法，采用合适的方式，真正担当组织者、协调者的角色。

教师教学实践的根本目的不是单纯向学生传授和灌输知识，而是要逐步确立和发展学生在学习过程中的主体地位，塑造和建构学习主体。[①] 在高等教育中，大学生的主体性发展已经达到较高的水平，在教学过程中要保证学生的主体地位，发挥其主体作用。为了完成由教到学的转化，真正建构学生主体，关键是要抓住教与学之间的中介，即学生活动共同体。在教学过程中，学生主体性的发展，归根到底要靠学生的自我作为。学生必须作为主体去活动，才能在活动中实现对象与自我的双向建构。因此，教学活动的目标，不是直接指向学生，而是要指向学生的活动，然后再回到实现学生的全面发展这个最终目的上。大学教学有课堂教学、科学研究、社会实践等多种活动方式，教师在这些活动中的主要任务，不是直接负责活动的具体过程，而是创造活动条件、设计目标任务、决定组织方式，在必要的时候，对学生活动给予指导、协调等。教师要切实担当组织者、协调者的角色，保证学生作为主体开展活动，激发学生的主动性和创造性，把学生的主体能动性、活动条件、对象以及目标在活动中组成一个有机整体。这样，教师通过学生活动共同体这个中介，就能实现由教到学的主体转换，为学生主体性的发展创造条件。

三、教师是教学活动的反思者、创造者

大学教师从事教学活动不仅要根据经验和个人观察、模仿，而且要重视学习教学理论，更要重视对教学活动进行研究。有的教师教学责任心很强，备课充分，讲课时恨不得把全部的知识都给予学生，讲得滔滔不绝、完美无缺，但教学效果并不好，甚至让学生厌倦。为了不断提高教学水平，改善教学效果，大学教师要努力成为教学活动的反思者、创造者，成为研究型教师。

无论什么类型、什么形式的教学活动，总在一定程度上体现教师的教学观念，尽管在很多时候教师是无意识的、不自觉的。在教学过程中，教师总会秉持一些不言自明的假定，这些潜在的假定决定了教师思考和行动的框架。这些观念在教师看来，其正确性是不用怀疑的。但是，我们在探询、反思这些用作前提的假定时，会发现未经检验的常识是极不可靠的行动向导。

举一个例子。在教学中有一种常识性的观念认为，尊重人、富有同情心的教师会放下他们的专制角色，承认学生是教学合作者。这种观念其实并不可靠。这样的教师宣称他可以从学生身上学到的东西会比学生从自己身上学到的更多，希望打破自己的权威地位，但对学生来说，

[①] 桑新民，陈建翔. 教育哲学对话[M]. 石家庄：河北教育出版社，1999：282-287.

教师的这种谦虚并不切乎实际。学生知道教师具有一定的专业知识、经验和技能，教师的谦虚可能会从一开始创设一种不信任的基调。只有当教师的可信度已经建立，并且令学生感到满意，当学生已经了解到教师的象征意义之后，他们才会因为自己是教学合作者而感到高兴。[1]

一些类似的所谓正确观念，如果仔细地进行分析思考，会发现有很多是不可靠的。反思过程的核心是试图从多种视角来看待问题，对于一些表面看起来显而易见的"真理"，一经反思都会得到不甚相同甚至完全相反的结论。

教师这个职业是应用性和创造性很强的职业。教师面对的是变化的环境、变化的个体，只有不断研究新情况、新环境、新问题，并不断反思自己的教育教学行为，才能有效地开展教育教学工作。反思教育经验能有效提高教师的职业能力和教学水平，成为反思型教师是教师专业化发展的要求。所谓反思型教师，除了具有专门学科的知识和能力外，还应具有深厚的教育理论修养，广阔的教育前沿视野，敏感的教育问题意识，过硬的教育科研能力。[2] 教师不可奢望仅靠职前教育解决这些问题，而需在长期的教学实践中，借助反思不断探究和解决教学问题，掌握科学研究的本领。这使得教师必须把反思性教学作为自身发展和获得较多自主权的手段。

反思性教学是 20 世纪七八十年代兴起的教学理论与实践。关于反思性教学的界定，不同学者看法还很不一致。这里简单介绍一种适合课堂教学的反思性教学过程。林崇德教授认为，优秀教师＝教育过程＋反思。他从认知心理学、教师心理学的角度提出了"教师教学监控能力"的概念，强调教师的教育工作多一份反思与监控，就多一份提高，就与优秀教师更接近了一程。[3] 他认为，教师教学监控能力是教师为了保证教学的成功、达到预期的教学目标，在教学的全过程中，将教学活动本身作为意识的对象，不断地对其进行积极主动的计划、检查、评价、反馈、控制和调节的能力。教学监控的实质就是对教学过程的自我意识和调控，即反思。根据教师教学监控能力在教学过程不同阶段的运用，教学监控主要分为以下四种表现形式：(1) 课前的计划与准备。在课堂教学之前明确教学任务、目标、手段、方法及学生情况，预测教学中可能出现的问题与教学效果，这是教师进行教学监控的前提。(2) 课堂的评价与反馈，是指教师对课堂状况、学生反应、教学过程中问题的敏感判断，以及对所发现问题的解释与分析。评价与反馈是教师教学监控能力的基础，教学监控的过程是从教师对教学活动反思、评价与反馈开始的。(3) 课堂的控制与调节，是教学监控的目的。教学监控能力的根本作用就在于教师有意识、自觉地对教学活动进行调节和修正，以求达到最佳教学效果。(4) 课后的反思。在一堂课或一个阶段的课程教学结束后，教学监控能力高的教师就会对自己教学的情况进行回顾和评价，发现问题，积累经验，自觉提高自己的教学水平。

---

[1] 布鲁克菲尔德. 批判反思型教师 ABC [M]. 张伟，译. 北京：中国轻工出版社，2002：7.
[2] 刘捷. 专业化：挑战 21 世纪的教师 [M]. 北京：教育科学出版社，2003：252.
[3] 林崇德. 教育的智慧：写给中小学教师 [M]. 北京：开明出版社，1999：46-50.

第二节　大学生在教学中的角色定位

教学过程不仅要明确大学教师的主体定位及作用，还要对作为教学主体的大学生的角色定位进行分析。下面以心理学理论作为分析的基础，同时吸收哲学和知识论的研究成果，从有利于学生主体性发展的角度出发，对大学教学中学生的角色定位问题进行初步探讨。

一、学生是自主发展、自我建构的主体

国内外已有的调查研究表明，随着时间的推移，大学生的自我界限逐渐明确，自我力量逐渐增强，自我成了决定其认知发展过程、速度、质量的核心力量。正是这种日益成熟、完善的自我，引导个体不断学习、提高、超越自己。可以说，大学生已经具有自主发展、自我建构的主体能力。[①]以下从五个方面进行简要分析。

（一）学习动机

庞维国对 238 名一至四年级大学生的调查结果表明，我国大学生的自主学习动机主要来源于他们对学习意义的看法以及对自身能力的评价，为了个人发展前途而学习是大学生的主导动机。赵俊峰等以 317 名大学生为被试，调查发现大学生自主学习在内在目标、学习控制、学习意义等维度得分较高（测量按六级计分所得结果均分接近 5 分），说明大学生自主学习动机具有较高内在性。[②]2021 年，安桂花等用同样的量表对 602 名大学生进行了问卷调查，得到的结果与赵俊峰的研究基本一致，大学生自主学习动机处于六个水平中的"比较符合"水平。[③]

（二）认知学习策略

大学生已经具有丰富而完备的学习策略。庞维国的调查结果是：大学生通常使用的学习方法达 14 种之多，从认知学习策略的类型来看，大学生既使用精加工策略（如记笔记、涉猎相关内容、课后整理），也使用复述策略（如复习、背诵、反复看书），他们还使用一些理解监控策略（如做练习、认真听课、复习薄弱环节）。可见，大学生对认知学习策略的使用已经达到相当高的水平。安桂花等人的调查也发现大学生使用多种学习策略，并能够作出合适的

---

① 庞维国.自主学习：学与教的原理和策略[M].上海：华东师范大学出版社，2003：146-154.
② 赵俊峰，崔冠宇，彭雅静.大学生自主学习及其与应对方式的关系[J].教育研究与实验，2006，6（4）：60-63.
③ 安桂花，师玉生，魏凯.河西学院大学生自主学习现状的调查研究[J].河西学院学报，2021，37（2）：100-105，99.

策略选择。[①]

（三）学习自我监控

大学生不仅能够对自己的学习过程进行监控，而且能够对自己的学习动机进行调节。沃尔特斯以 115 名大学生为被试，探讨了他们在四种任务（听讲、阅读、写作、复习备考）、三种动机条件（学习内容不重要、有困难、令人心烦）共 12 种情境下的学习动机调节策略。结果发现，为了使自己的学习坚持进行，大学生所使用的动机调节策略达 14 种之多。当学习的内容不重要时，他们往往采用确立表现性目标（如可以得到好分数）、赋予任务以高价值、改善学习环境等策略使学习进行下去；当学习任务有难度时，他们主要采取运用更好的认知策略、寻求他人帮助等策略来维持自己的学习；当学习内容令人感到心烦时，他们往往采用确立表现性目标、使学习内容变得更加有趣、营造学习环境等策略来维持自己的学习。

（四）学业时间管理

学业时间管理对大学生的学习成绩有明显影响。研究表明，大学生已具备较强的学业时间管理能力。莫里斯等研究了教师指定学习进度与学生自定进度对大学生学习成绩的影响。在教师指定进度条件下，要求学生每周至少掌握一个单元的学习内容；在学生自定进度条件下，学生自己安排一个学期的学习时间表，按照自己的进度学习课程内容。经过一个学期的实验表明，学生自定进度与教师指定进度条件下，大学生的学习成绩之间没有明显的差异，都有 90% 的被试者成绩达到优秀。

（五）学业求助

卡拉本尼克与奈普的研究认为，几乎所有的大学生在一个学期的课程学习中都曾经寻求过别人的帮助。庞维国的调查结果与上述结果基本一致。23.9% 的大学生把请教或与别人进行讨论作为自己的学习方法；在应对学习困难时，80.2% 的大学生向教师求助，69.7% 的大学生向同学求助。这些研究结果表明，学业求助是大学生的一种重要自主学习策略。

当然，以上研究结果只是表明，大学生已经具备自主发展、自我建构的主体能力，但在现实教学过程中，大学生是否真正处于主体地位，还需要他们付出艰辛的努力。自主发展、自我建构的主体，不仅仅是一个名称问题，它需要大学生在教学过程中通过学习活动予以确证。任何主体都是活动中的主体，不是自封或者他封的一成不变的名号。

[①] 安桂花，师玉生，魏凯.河西学院大学生自主学习现状的调查研究［J］.河西学院学报，2021，37（2）：100-105，99.

二、学生是教学过程的积极参与者和推动者

学生是教学过程的积极参与者和推动者,这是"教"与"学"同时进行时对学生的角色定位。在教学过程中,学生首先必须是积极的参与者,然后才能成为积极的推动者。积极参与是前提,积极推动是角色定位的更高要求。

(一)学生是教学过程的积极参与者

学生是教学过程的重要组成要素。[①] 在教学过程中,学生作为参与者的主要任务是学习。学生的学习态度、学习行为、学习状态以及学习效果等,就是学生参加教学过程的程度及水平的表现。

从经验上讲,大学生参加教学过程,最后取得什么样的学习效果,有很多不可控因素。大学生在教学过程中,如果不是采取一种积极的态度和行为,实现教学目标就不能得到保证。许多学生听同一位教师的同一门课,却可能有不同的收获,并因此有不同的发展水平。大学生已经初步形成了自己的世界观、人生观和价值观,他们思维的独立性、批判性已有很大发展,对事物有一定的分析能力和选择能力,学生不仅根据自己的兴趣、意向对教师所传授的知识做出反应,而且根据自己的价值取向对知识进行重新加工、改造、吸收,提取并吸收教育影响中对自己有益的部分,加以选择和改组,建构自己特定的知识体系和主体精神。这一过程是教师无法替代的,只能由学生独立完成,教师不可能单方面控制学生的发展和教学活动过程。

从理论上讲,大学生作为教学过程的积极参与者,是知识观转变的要求。知识作为教育的重要内容,是教育目的得以实现的基础。高深的知识是大学教学的核心。某个时代的知识观深刻地影响着这个时代学校教育的课程形态、教学特点和学习方式。随着传统知识观向新的知识观的转变,教学过程的性质也要发生变化,学生在教学中的地位将由知识的旁观者变成积极的参与者。[②]

(二)学生是教学活动的积极推动者

教学活动的根本目的是建构学习主体。[③] 学生要成为教学活动的积极推动者,就必须在建构学习主体中发挥推动作用。教学活动是教与学双边互动,是以教促学或助学的活动。教师在教的方面付出的一切努力,其所指向的发展对象是学生,学生通过学落实教的目的。学是教存在的前提,教是学的条件性活动。教学活动的过程是教与学螺旋上升的过程,当教的行动发出的时候,它的方向就是向学的转化,教以自身的消失和隐退实现学的进步。当学吸收教的精华,发展为自我教育的时候,一个教学过程就结束了。正所谓"教是为了达到不需要教",所

---

① 潘懋元.高等学校教学原理与方法[M].北京:人民教育出版社,1996:100.
② 钟启泉,安桂清.研究性学习理论基础[M].上海:上海教育出版社,2003:43-48.
③ 桑新民,陈建翔.教育哲学对话[M].石家庄:河北教育出版社,1999:282.

以说，学生是推动教学活动的革命性力量。作为教学活动的积极推动者，学生通过学与教的互动，创生、发展、占有教育资源，实现知识、能力等的发展，在教学活动中成长为学习主体。大学生作为教学活动的积极推动者，在学习过程中表现出很强的独立性和探究性。

三、学生是具有独立性、探究性的学习者

关于中学生和大学生的学习差异，怀特海曾形象地指出："在中学阶段，学生伏案专心于自己的课业，而在大学，他应该站起来，环顾四周。"[①]在大学里，学生要学会自己去探索知识、发现知识。大学生对教师的依赖性已大大减少，自我管理、自我选择的能力增强，学习的自觉性、独立性已大为提高。作为具有独立性的学习者，大学生在教师的引导下，通过自己的独立思考获得知识，并用所学知识分析问题和解决问题。

大学生的学习独立自主性表现在时间分配、课程设置和活动安排等很多方面。从时间分配来看，大学生上课的时间较少，自学的时间很多。现在大学生每周上课时间一般为20～30学时，其他大部分时间都是自由支配。学生有时间去图书馆、实验室，开展社会调查等，自主学习新的知识，训练实验技能，开展探索研究。从课程设置来看，大学不仅开设不同层次的必修课，而且设置了大量的选修课。大学生可以根据自己的专业要求和兴趣爱好，选择学习选修课程，拓展知识范围，开阔学术视野，完善知识结构。从活动安排来看，大学生学习活动的形式也是多种多样的，学生可以利用学校提供的条件，尝试进行科学研究，开展社会调查，参加社会实践等，提升自身发现问题、分析问题和解决问题的能力。

大学生是具有独立性的学习者，从学生的身心发展水平来说，是有充分根据的。大学生都是20岁左右的成人，他们的身心发展日臻成熟。从生理发展来看，大学生处在生理机能和神经系统发育成熟的最佳阶段，体魄健壮，精力旺盛，具有独立承担学习任务的身体素质。从心理发展来看，大学生的个性心理品质、认知与情感心理渐趋成熟，抽象思维能力的发展处于从量变到质变的重要时期，大学生思维的逻辑性、独立性、批判性与独创性随年级升高而加强。尤其重要的是，大学生的自我意识已经形成，具有自我认识、自我评价、自我监控的能力，独立学习和自主发展已经成为他们的心理需求。

大学生作为独立的学习者是社会发展的客观要求。大学阶段是学生从学校到工作岗位的过渡时期，大学生必须提高独立学习和工作的能力，才能适应就业的要求。大学学习的知识，无论多么丰富、多么高深，与实际工作的要求相比较，总会存在这样或那样的欠缺。何况大学所进行的专业教育并不是完全对口的职业训练，特别是在人才培养口径比较宽大的今天，大学生走出学校以后，面对自己不熟悉的知识和技能，必须具备独立学习的能力。美国教育心理学家巴斯指出，在20世纪初期，人们从大学毕业后，大约有70%的所学知识一直可以运用到退休前；而在当今时代，这个数字缩减为2%。这就意味着，大学生毕业后，从事某项职业所需要

---

① 怀特海.教育的目的［M］.庄莲平，王立中，译.上海：文汇出版社，2012：35.

的知识技能有 98% 需要自我补充。[①] 与 20 世纪相比，当前知识创新与社会发展更是日新月异，学习已经成为一种时代特征，培养大学生独立学习的能力是社会发展的客观要求。

根据大学教学的性质，大学生还应该是具有探究性的学习者。大学教学的知识具有前沿性，大学教学不仅向学生传授已有定论的科学知识和专业知识，而且向学生有选择地展示不同学派、不同观点、没有定论的学说、方法、思路等，为学生进行知识的发现、探索提供背景资料，鼓励学生自主探究新的知识。大学教学过程作为认识已知和探索未知的统一，表现在教学过程的各个环节，从目标的制订、课程的安排、教学方式方法的选择，到实践环节的组织、毕业论文（毕业设计）的指导、教学评价的开展等。因此可以说，大学学习具有非常明确的探究性特点。

大学教学过程作为认识已知和探索未知的统一，突出地体现为教学与科研的紧密结合。大学教学与科研紧密结合，是大学教师的职业要求。雅斯贝尔斯说："最好的研究者才是最优良的教师。"[②] 我国著名科学家、教育家钱伟长在谈到大学教学与科研相结合时说："你不上课，就不是老师；你不搞科研，就不是好老师。教学是必要的要求，不是充分的要求，充分的要求是科研。科研反映你对本学科清楚不清楚。教学没有科研作为底子，就是一种没有观点的教育，没有灵魂的教育。"[③] 大学生在学习中同样需要与科研相结合，以掌握已有知识和科学理论为基础，在教师的指导下从事一定的科研活动，大胆探索新的知识。随着知识观的转变，根据知识参与者理论，大学生并不是接受知识的容器，而是知识创生的主体，探究新知是大学生的合法权利。

综上所述，在大学教学中，大学生的学习具有明显的独立性，这是大学生个人发展的需要，也是大学教学的过渡性和职业倾向性所决定的社会客观要求。由于大学教学与科研的结合，大学生当然具有参加科研、探索新知的责任。在知识观和大学学习文化深刻变革的背景下，大学生作为知识探究的主体也是时代发展的要求。总之，在个人发展和社会需要的合力作用下，大学生不可逃避地要成为具有独立性、探究性的学习者。

第三节 大学师生关系

"良好的师生关系不仅是顺利完成教学任务的必要手段，而且是师生在教育教学活动中的价值、生命意义的具体体现。"[④] 师生关系问题是教育研究的重要专题，本节根据师生角色定位的要求，主要讨论大学教育教学中师生关系的主要类型以及构建良好师生关系的基本策略。

---

① 庞维国. 自主学习：学与教的原理和策略[M]. 上海：华东师范大学出版社，2003：12.
② 雅思贝尔斯. 什么是教育[M]. 邹进，译. 北京：生活·读书·新知三联出版社，1991：152.
③ 钱伟长. 钱伟长论教育[M]. 上海：上海大学出版社，2018：231.
④ 全国十二所重点师范大学. 教育学基础[M]. 3 版. 北京：教育科学出版社，2014：152.

一、师生关系的主要类型

（一）传承关系

知识和文化的传承是传统教学模式中最主要的内容。大学教师的首要职责就是向学生传递人类先进的历史文化成果。韩愈在《师说》中讲："师者，所以传道、授业、解惑也。"这已成为对教师角色的经典概括。这一角色的功能是：以知识传授为基础，发动、组织、指导和评价学生的学习活动和学业状况。教师的这种文化传承作用是非常重要的。可以说，如果没有教师教学这"过去和未来之间的一个活的环节"，如果没有大学教师这种将"储存形态的文化"转化为"活的文化"，那么，人类的文明、文化的发展、社会的进步将会受到极大的影响。师生之间的传承关系要求教师具有丰富高深的专业知识，具有广阔的文化基础，这是教师教学的主要内容。教师还应该具有较高的教学业务能力，能够选用合适的教学方法和策略有效进行知识文化的传递。一个学科研究专家，不一定是一个好老师，大学教师应该既有良好的学科专业修养，同时也是大学教学的专家。在知识社会和信息时代，知识获取的途径多样、手段便捷，教师的知识文化传承功能将会逐渐减弱。

（二）导学关系

联合国教科文组织在1972年出版的《学会生存——教育世界的今天和明天》的报告中提出了"教会学生学习"的口号。这是对传统教育目标的重大变革，迄今为止仍然是世界教育教学改革的重要指导观念。我国传统教学方法过于偏重知识传授，大学教学改革中一直把"教会学生学习"作为改革的方向，并取得了一定的进展。在大学教学中，教师与学生之间导学关系的确立，首先是科技迅猛发展的客观要求。当今世界，科技发展日新月异，人类业已掌握的全部知识中，约有3/4是近50年内取得的，20世纪六七十年代的10多年中，新的发明与发现比过去2000年的总和还多，进入21世纪之后知识的陈旧周期仅为5—10年。[①] 知识经济时代，学习已经成为一个人的终身需要。因此，希望大学教学解决学生的知识需求问题，早已是一种过时落后的观念。其次，师生之间的导学关系也是当今世界各国大学教学方法的共同要求。导学关系要求教师着重培养学生学习知识、发现知识、运用知识的方法和能力。教师在教学方法运用的过程中，要着眼于调动学生学习的积极性和主动性，将教学活动的重点，放在组织与指导学生的自主学习活动上，不断提高学生学习的独立性程度与水平；要把知识的起源、发展过程和最新动态告诉学生，让学生了解知识在历史上曾出现过的谬误及人类认识走过的弯路，注重学习方法与研究方法的指导。

（三）合作关系

大学教学中教师与学生的合作关系主要体现在两个方面。其一，合作求知。根据新型知识

---

① 王言根.学会学习：大学生学习引论[M].北京：教育科学出版社，2003：2-4.

观的要求，知识的合理性得到修正和扩展，知识是多元化和类型多样化的。教师充当知识权威的地位被动摇了，教师不再是知识权威的代言人。学生也从知识的压迫中解放出来，知识学习成为一个探究的过程。由于知识是可怀疑、批判和建构的对象，教师和学生可以以知识为中介，形成交互主体性的伙伴关系，平等交流，相互理解。在教学过程中，教师和学生围绕具体的问题情境，在各自不同的立场上给出自己的思考，通过沟通达成思想的交流。其二，合作研究。从研究能力上讲，大学生参加研究是不存在问题的。在历史上，读大学期间就有惊人发现、有重大发明者不乏其人。哥白尼新天文学体系的孕育，伽利略振摆定律的发现，牛顿万有引力定律、二项式定理的发现以及微积分的发明，乌伦贝克和高德斯密特电子自旋理论的创立，等等，都是这些科学家在大学读书期间完成的。[①] 从大学教学实践来看，吸收大学生参加科研工作是高等教育的普遍做法，特别是在西方发达国家的大学中。美国的大学一向重视学生科研，如加州大学伯克利分校，本科生可以作为学徒参与以教师为主的研究小组，在其中担任研究助理。教师把指导本科生科研当作自己最重要的责任。在德国，高年级的优秀本科生以合同形式被吸收参加科研活动，充当教授的科研助理，科研时间多则一周20小时，少则每周5～6小时。目前，中国大学生参加科研的机会以及学校对学生参加科研的支持力度都在不断增加。

（四）相长关系

早在两千多年前，《礼记·学记篇》中就有关于教学相长的论述："学然后知不足，教然后知困。知不足，然后能自反也；知困，然后能自强也。故曰：教学相长也。"《尚书·兑命》中说："学学半。"孔颖达将此解释为"言教人乃是益己学之半也"。教学相长是教学过程中的普遍规律，在大学教学中，教学相长表现得更为明显。在大学教学中所教授的知识具有高深性、前沿性和探索性，教学与科研结合得十分紧密，教学过程是学习已知与探索未知的统一。由于大学生已经具有相当的文化科学知识基础，抽象逻辑思维迅速成熟与完善，具有较强的思考能力，同时想象力丰富，保守思想很少，因此在知识学习和科学研究中，大学生不仅能够提高自身的知识能力水平，而且常常给教师带来新的启示。在知识继承中，大学生求异创新的思维，常常为教师提供新的专业视角；在科学研究中，大学生热情、无拘无束，充满想象力的问题和解决思路，不断激发教师的灵感，为研究带来新的活力，有利于教师取得创新的科研成果。因此，在大学教学中，相长关系既是教学过程的内在机制，也是师生交往的追求方向。

二、构建良好师生关系的基本策略

在教学过程中，建立良好的师生关系需要双方共同努力，但教师在师生关系建立与发展中

---

① 徐辉，季诚钧，等.大学教学概论[M].杭州：浙江大学出版社，2004：104.

居于主导地位。建立良好的师生关系,对于教师来说,主要有以下五种策略。[①]

(一) 了解和研究学生

了解和研究学生包括了解学生的身心发展规律和学生群体的特点,了解学生个体的思想意识、道德品质、兴趣爱好、知识水平、学习态度及方法、个性特点等,研究学生的需求和存在的问题。了解和研究学生是大学教师的工作职责,教师在这个方面要有自觉的意识,投入足够的精力,同时要讲究方法。教师可以通过理论学习、查阅资料,从总体上把握大学生的特点和身心发展的一般规律。在此基础上,教师还要了解和研究自己的教学对象的特殊情况。

(二) 树立正确的学生观

学生不是被塑造与控制的对象,而是具有主体性、独立性和探究性的学习者,教师在教学过程中,要发挥学生的积极性、主动性和创造性,促进学生主体性的发展和自我建构。当前,大学教师的学生观仍然存在一些偏差,特别是对学生的自控能力、创新精神认识不够。有的教师局限于所在学校的文化氛围、办学层次以及学生素质,把学生的现状等同于学生观,缺乏必要的超越性和宽广的视野。

(三) 热爱、尊重学生,公平对待学生

习近平总书记指出,好老师应该是仁师。爱是教育的秘诀,教师要热爱所有的学生,对学生充满爱心;尊重是人的心理需求,教师要尊重学生的人格,保护学生的自尊心,维护学生的合法权利;在处理学生问题的时候,教师要努力做到公正无私,平等对待学生,不偏袒任何人,这样才能赢得学生的信赖。

(四) 主动与学生沟通,善于与学生交往

师生关系一般要经历生疏、接触、亲近、协调、默契等阶段。在师生交往的初期,往往会出现不和谐因素,教师要掌握沟通与交往的主动性,经常与学生交心、谈心,参加学生的活动,尽快拉近与学生之间的距离。教师要通过增强与学生的情感联系,丰富师生关系的内涵,提高师生交往的生活价值。

(五) 努力提高自我修养,健全人格

教师素质是影响师生关系的核心因素。好老师要牢固树立终身学习理念。为了建立和谐亲密、教学相长的师生关系,教师要不断完善自己的师德修养,提高专业水平和治学能力,培养耐心、豁达、宽容、理解的个性品质,以圆满的智慧、深厚的学养和高尚的人格吸引学生。

[①] 全国十二所重点师范大学. 教育学基础[M]. 3版. 北京:教育科学出版社,2014:158-159.

【复习题】

1. 名词解释：
自我统合　权威　学生活动共同体　教师教学监控能力
2. 简要分析大学教师在教学中的角色定位。
3. 如何理解大学生在教学中的主体地位？
4. 调查大学教学中师生关系的现状，并对现实中的师生关系进行归类分析。
5. 试论大学生学习的自主性与探究性。
6. 论大学师生之间的教学相长关系。

【推荐阅读】

1. 道尔. 如何培养终身学习者：创建以学习者为中心的教学环境 [M]. 周建新，译. 广州：华南理工大学出版社，2014.
2. 本书编写组. 习近平总书记教育重要论述讲义 [M]. 北京：高等教育出版社，2020.
3. 吴俊. 学习型场域与反思性惯习的交互建构：大学生主体性学习研究 [M]. 北京：中国社会科学出版社，2020.
4. 张建林. 导生制：规模效益的项目制本科研究性学习模式：华中科技大学 Dian 团队研究 [J]. 中国大学教学，2007（5）：4-10.
5. 比格斯，唐. 卓越的大学教学：建构教与学的一致性：第4版 [M]. 王颖，丁妍，高洁，译. 上海：复旦大学出版社，2015.

第八章　大学教学的特点与整体改革

【知识列表】

大学教学的特点与整体改革	教学与教学过程概述	教学的概念
		教学过程的规律性
	大学教学过程的特点	大学教学的专业性
		教学与科研相结合
		大学生学习的独立性
	大学教学整体改革的目标与策略	教学是在改革中发展的
		大学教学整体改革的目标
		大学教学整体改革的策略
	大学课堂教学的整体改革	教师讲与学生讲相结合
		教材与文献相结合
		线下教学与线上教学相结合
		演示文稿与板书相结合
		课堂管理与学业评价相结合

高等教育承担着为国家培养人才的重任。培养国家需要的人才，需要重视大学教学的发展。站在新的历史起点，随着我国高等教育规模的不断扩大和体制改革的不断深入，高等教育的教学工作也面临着许多新情况、新问题，所面临的任务将会更加艰巨。因此，高等教育在持续发展的同时，要明确教学的地位和作用，切实做好大学的教学工作。

第一节　教学与教学过程概述

教学是什么？教师应该如何教？学生应该如何学？传统教学观与现代教学观的主要区别在哪里？要做一名合格的教师，必须掌握这些教学的基本问题。

一、教学的概念

我们的教育工作者虽然经常接触教学、研究教学，但对教学的理解并不完全一致，各种教育学的论著和教材对教学的概念也有不同的提法。存在这种情况，一方面反映了人们在教学实践、认识方法和认识水平上的差异，另一方面也与教学现象的复杂性和变化发展有关。对教学的概念，我们应从现有的实践经验和认识成果出发，认真地分析它的基本内涵，然后再进行科学的概括。

（一）教学是教师指导下学生的学习活动

人类的学习活动，从心理学的角度讲，是凭借经验产生的比较持久的行为变化，也就是说，通过一定的途径获得经验并导致行为变化的活动就是学习活动。从社会学的角度讲，学习是个体掌握人类社会历史经验的过程，人类的生理素质是可以遗传的，但人类的社会历史经验却不能遗传，要将社会历史经验转化为个体的经验，只能依靠后天的学习。[①] 人类的社会历史经验正是通过学习活动一代一代地传递继承下来的。另外，就学习的范围而言，有广义和狭义之分：狭义的学习，主要指对人类已有知识的学习，它是人类认识活动的一个侧面，与知识的发现相对应；广义的学习，则包括知识、经验、道德等各种社会历史经验的继承。

教学活动作为一种学习活动，是专指学生的学习活动，它与社会上的一般学习活动具有很大的区别。这种区别主要在于，学生的学习活动是在教师指导下进行的，它是一种教与学的双边活动，是教与学的统一。正是基于这一点，我们把教学活动视为一种特殊条件下的学习活动。在教学中学生是学习者，教师是学习的指导者，两者缺一不可。因此，不能把教学仅仅理解为教，不能只见教而不见学，研究教学的理论就是教的理论与学的理论的统一。这里要特别指出的是，虽然教与学是不可分的，但教是为学创设的条件，归根到底只能指导学习，而不能代替学习。

（二）教学是教育的基本途径

就教学与整个教育的关系而言，教学是实现教育目标的基本途径，也就是说，教学是属于

---

① 黄爱玲，宋艳丽.基于学习共同体的中小学生学习心理机制及有效教学策略[J].当代教育与文化，2019，11（6）：60-65.

教育途径的范畴。

1. 把教学与智育等同是不对的

认为教学就是智育是一种常见错误观念,它在理论上的表现就是将教学与德育并列。这种观念之所以是错误的,是因为它将教育任务、目标与教育途径混淆了,教学作为教育的基本途径,它是实现德、智、体、美、劳整个教育任务、目标的基本途径,而不仅仅是实现智育的基本途径。因此,教学的任务绝不限于智育,而是为了促进学生德、智、体、美、劳等方面的全面发展,也就是全面育人。

2. 教学是教育的基本途径,但不是唯一的途径

实现各项教育任务与目标,主要是通过教学,因此在学校的各项教育活动与教育工作中,必须坚持以教学为主,这是一条重要的教育规律。如果违背了这一规律,不仅会严重影响学校教育质量,而且会造成学校秩序的混乱。

我们虽然强调教学是教育的基本途径,但它并不是教育的唯一途径。实际上教育的途径是多种多样的,除了教学外,还有课外、校外活动,党、团组织活动,班级管理工作等,这些教育途径对实现教育任务与目标都具有重要的教育作用,不可忽视。为了提高教育质量与效率,教育应以教学为主,多种教育途径密切配合,充分发挥各种教育途径间的互补效应及多种教育途径的整体效应。

3. 对教书育人应有正确理解

"教书育人"是作为对教师的要求提出来的。育人是一个整体的概念,包括德、智、体、美、劳诸方面的教育,这一认识早已为我国教育目的与教育方针所确认,而教学作为教育的基本途径,只要进入实施过程,它就会发挥育人的功能,因此,"只教书,不育人"的现象是不可能存在的。问题的症结在于,教师在教学工作中是全面地育人,还是片面地育人,这是应当特别加以注意的。基于以上分析,对"教书育人"的理解,应是"通过教书来育人",或者是"通过教学全面育人",以防止教学中育人的片面性。①

(三)教学是一种人为的可以控制的系统

人为事物是指经过人为加工的人造物或人工物,是相对于自然事物而言的。这里所说的自然事物并不是单指自然界,而是指自然状态下的事物,包括自然界、人类社会一切自然状态下的事物。随着人类的进步,人为事物越来越多,而在科学技术高度发达的当今世界,与其说是自然的世界,远不如说是人造的或人为的世界。就课堂而言,教室、桌椅、黑板、粉笔、书本以及各种教具等无一不是人工的产物。

自然事物是按照自身的法则运行的,是不以人的意志为转移的;而人为事物则是根据人的意愿或一定的目的经过设计与施工创造出来的。这里需要指出的是,虽然人为事物是根据一定的目的设计的,但能否取得成功仍然要受自然法则的制约,正如美国学者西蒙指出的:"我们

---

① 罗建美,罗建英. 对高校教师教书育人的几点思考[J]. 教师,2022(4):96-98.

称之为人造物或人工物的那些东西,并不是与自然相分离的。它们绝不脱离自然法则,或破坏自然法则。在服从自然法则的同时,它们还符合人的目的和意图。"①

人为事物还有一个重要的特性,即在创造的过程中是离不开控制的。人为事物一般的创造过程是,首先确定目的和具体目标,然后根据目标进行设计,接着按照设计组织施工,而为了使施工不偏离目标,则必须对施工过程进行控制。由于人为事物是有目的、有计划进行的,也就是有序进行的,因而人为事物不仅有控制的必要,而且还为控制提供了可能。

自然形态的教育伴随人类的产生而产生,它是人类得以延续与发展不可缺少的条件。而学校教育是从自然形态的教育中分化来的,它是在一定的社会经济、文化条件下,为更有利于新生一代的教育而人为地创设的。学校教育不同于自然形态教育的主要之处,在于它是根据社会需要与教育对象的特点,经过精心设计,有目的、有计划、有组织地进行的。学校教育的这一特点,在教学中表现得尤为突出。因此,学校教育,尤其是学校教育中的教学,具有显著的人为性,属于人为事物的范畴。

教学的人为性决定了教学的可控性。控制是管理的重要职能,实际上自有学校教育与教学开始,就有教育与教学的管理与控制,只不过初期的学校教育,这种控制是经验性的、低水平的。教学是可控的,但教育对象是具有主观能动性且存在个别差异的人,教学条件的变量多、干扰因素多,因而教学系统又是所有人为系统中最复杂、最难以控制的。我们学习教育理论,研究教育规律,探究人的发展的生理、心理机制,其目的正是顺应教育规律,提高教学控制的程度,使教学工作更加符合教育目标的要求,培养出更多、更好的人才。

综合以上分析,我们就可以对教学概念有一个比较完整的认识,即教学是教师指导下学生的学习活动,是教育的基本途径,是有目的、有计划、有组织进行的人为可以控制的系统。

二、教学过程的规律性

教学过程是师生在共同实现教学任务时的活动状态变换及时间流程。教师和学生是教学过程中的两个主体。双方在统一的教学活动中相互牵制、互为动力。其中,教师是"教"的主体。这既是社会赋予教师的神圣使命,又是教学效果的保证。学生是"学"的主体,因为教学价值最终要体现在学生身上,使学生获得知识、增长才干、身心得到发展。

教学与其他事物一样,是作为一个过程而展开的,教学的基本规律存在于教学过程之中,我们对教学过程的认识和探索,实质上就是对教学基本规律的认识和探索。

(一)教学过程是学生获得认识与发展的过程

认识事物的本质是区分不同事物的依据,同时又是认识事物发展规律的基础,可以说,事物变化发展的规律,是对其本质属性的展开。因此,认识教学过程的本质对把握教学规律具有

---

① 西蒙.关于人为事物的科学[M].杨砾,译.北京:解放军出版社,1987:9.

重要的意义。

认识教学过程的特殊本质，要解决两个相关的问题：一是特定的任务或功能；二是特定的条件。教学过程的特殊本质就是特定的任务或功能与特定的条件的统一。

1. 教学过程的特定任务

过去人们对教学过程的本质的认识，多是从教学过程的特定任务出发的。然而，教学过程的特定任务是什么？人们对这一问题的回答经历了一个认识发展的过程，并且至今认识也不是完全一致的。

过去一般认为，教学过程是一种特殊的认识过程，这里包含两层意思：其一，教学过程本质上属于认识过程，受认识的一般规律的制约；其二，由于教学过程中学生的认识存在着不同于人类一般认识过程的特殊性，具有自身特殊的认识规律，因而它又是一种特殊的认识过程。教学认识过程的特殊性主要有两点：一是间接性；二是简约性。所谓间接性，即学生在学校学习的知识虽然包含直接经验与间接经验两个方面，但却是以学习理论知识为主的，即使在实践方面，学生学习实践知识与社会实践也是有区别的。所谓简约性，即学生学习的知识是经过精心选择与重新组织的，具有高度的概括性与针对性，因而学生能在较短的时间里继承与掌握大量人类已有的知识经验。

教学过程具有认识的本质属性的观点是正确的，然而随着教学实践与教学理论的发展，人们逐渐认识到，将教学过程仅仅看作认识过程显然是片面的，不能全面地反映教学作为教育基本途径的这一本质属性。

因此，目前比较普遍的看法是，教学过程是学生认识与发展统一实现的过程，或者说，是在学生认识基础上的发展过程。这里说的发展是指学生身心的发展。这里有两点需要明确：一是教学过程不能仅仅被看作认识过程，而是学生获得认识与发展的过程；二是学生各方面的发展都是以认识的发展为基础的，也就是说，学生各方面的发展都是以掌握知识为起点的，这也正是教学过程的一个显著特点。

2. 教学过程的特定条件

如果仅仅以教学过程的任务或功能来认定教学过程的本质，还不足以说明教学过程的特殊本质，因为那些未经学校教育的青少年通过社会实践及自己的努力，其认识与发展也能获得一定程度的提高，有些自学成才者在认识与发展上还能达到相当高的水平。因此，要揭示教学过程的特殊本质，还必须将教学过程特定的任务与功能，与教学过程所提供的特定的条件结合起来，而这种特定的条件就是教学条件。教学条件是多方面的，而在多种教学条件中，最能反映教学过程特殊本质的教学条件，就是教师对学生认识与发展的指导。在教师指导的条件下构成的教与学的关系，是教学过程中特有的关系，这一关系贯穿教学过程的始终，影响着教学过程的方方面面。

正是根据以上分析，我们将教学过程的本质理解为教学条件下学生认识与发展的过程，这样就较完整地揭示了教学过程的独特性质，并与其他认识活动过程区分开。

（二）教学条件与教学目标的相关性是教学过程的核心问题

从教学过程本质的分析中，我们可以看到教学过程存在着一种本质的、基本的关系，即教学条件与学生发展之间的内在联系。由于学生通过教学过程所获得的发展，是在教育目标控制下的定向的发展，教育目标本身就是对学生发展预期结果的具体规定。因此，教学条件与学生发展的内在联系，实质上也就是教学条件与教学目标之间的联系，在一定教学条件下，教学目标实现的程度，实质上也就是学生经过教学而获得发展的程度。另外，教学作为教育的基本途径，教育要实现的目标，也就是教学所要实现的目标，或者说，教学目标是教育目标在教学活动中的具体化。

1. 教学条件构成的因素

这里所说的教学条件不是狭义的教学条件，如师资、设备等，而是指对实现教学目标起制约作用并使教学过程得以正常运行的各种必备的教学因素，主要有下列六项。

（1）师生在教学中的地位、作用及其相互关系。这是对教学过程的优劣及教学目标实现程度起决定作用的因素，是教学条件中的首要条件。要实现教学目标，必须使师生在教学中保持良好的状态。

（2）课程，即教学活动的内容。教学目标是通过课程来具体体现的，教学目标是一种质量规格要求，而课程则是根据教学目标的规格要求设计出的蓝图，它既是师生共同活动的依据，又是衡量教学质量的主要尺度。因此，课程是实现教学目标的重要条件。

（3）教学方法与教学组织形式。教学是采取一定的组织形式、运用一定的方法进行的。如果没有科学的、合理的教学组织形式与教学方法，就不可能完成教育任务，实现预定的教学目标。因此它是实现教学目标、提高教学质量与教学效率不可缺少的重要条件。

（4）教学时间。任何教学活动都离不开时间条件，而教学作为一个发展变化的过程，本身就含有时间的因素。教学时间具有一般时间的共性，也有自己的特性。其特性主要有三点：一是具有人为规定性。自然事物的时间是事物发展连续性、顺序性和阶段性的客观表现，不是人的主观意志所决定的，而教学时间作为一种人为事物的时间，是为实现某种教学目标而作出的时间规定。它应遵循人的发展的客观规律，但却具有主观性，这种规定可能是合理的，也可能是不合理的，这也就是需要经常对教学时间的规定作出调整的原因。二是与人的发展状态紧密相连。教学过程是人的发展状态和时间的序列，是时间和状态的统一，寻求学生状态的某种改变与一定的教学时间的相关性，是作出教学时间规定的核心问题。三是教学时间规定的统一性与差异性。由于学生个体有差异，一种时间规定完全符合不同学生是不可能的，这也就是同步教学的弊病，因此，教学时间的规定应有一定的弹性，才能在不同学生身上达到时间与状态的具体统一。

值得指出的是，教学的时间条件虽然重要，但在教育理论上和教学实际工作中，把教学时间作为一种基本的条件进行系统的研究却并不多见。学校管理人员和教师在作出教学时间规定时，往往是凭借经验，而缺乏科学的分析，这就直接影响教学时间规定的合理性，从而也影响教学的效果和效率，这一问题是应当引起注意的。

（5）教学环境。教学总是在一定的环境中进行的，环境包括社会环境与校园环境。环境主要是以潜移默化的方式，对教学过程产生直接的或间接的影响，它涉及政治、思想、学习、生活、娱乐等各个领域。良好的环境对教学、对人才成长起促进作用，不好的环境则是一种干扰因素，对教学、对人才成长起消极作用，因此，良好的教学环境是实现教学目标的重要条件。我们要重视环境的教育作用，加强教学环境与校园文化的建设，以保证教学的顺利进行及学生的健康成长。

（6）教学的物质条件。教学离不开必要的物质条件，包括校舍、教室、图书资料、仪器设备以及其他教学设施等。教学物质条件的优劣，直接与教学质量和效率相关，是实现教学目标的重要条件。尤其是在现代学校，传授现代文化科学知识，单靠一本教科书、一支粉笔、一块黑板是不行的。强调必要的教学物质条件与提倡节俭办学并不矛盾，在我国经济还不是很发达的情况下，提倡节俭办学是完全必要的，但节俭办学绝不意味着没有起码的教学物质条件而能保证教学质量，如上物理课，没有物理实验设备，培养学生物理实验的能力就会很困难。

上述各项教学条件在教学过程中对实现教学目标都有各自独特的作用，具有不可取代性，同时相互间又是紧密相连的。任何一项教学条件存在欠缺，都会影响其他教学条件作用的发挥，从而也必将影响教学条件的整体效应。

2. 教学条件与教学目标的相关性

相关性是指事物之间相互制约、互为因果的联系，某一事物的变化必然引起另一事物的变化，反之亦然。教学过程作为一种人为过程，其教学目标与教学条件之间就是这样一种相互制约、互为因果的关系。

首先是根据教学目标设计并创设所需的教学条件，即目标决定所需的条件，这一点正是人为事物与自然事物的重大区别。自然事物是因一定条件而产生变化的，也就是说自然事物的变化是由一定条件决定的，其变化的结果是不以人的意志为转移的；而人为事物是首先决定事物变化的预期结果，即确定目标，然后根据这种预期的结果即目标来研究、设计、创设必要的条件。教育教学过程亦是如此，即根据教学目标的要求，对所需的师生状态，教学的内容、方法、组织形式、时间、环境及设备等教学条件作出具体的规定，以保证教学条件符合教学目标的要求。

同时，实际的教学条件又决定学生现实发展的结果，即教学目标实现的实际程度。这里强调实际的教学条件是很重要的，因为实际的教学条件与需要创设的教学条件既可能是一致的，也可能是不一致的，而要将预期的教学结果（教学目标）转化为现实的教学结果（教学目标的达成）则取决于实际的教学条件是否充分。也就是说，如果实际教学条件充分，那么教学目标的达成度就高；如果实际教学条件不充分，那么教学目标的达成度就低。

概括地讲，教学目标决定需要创设的教学条件，实际的教学条件决定教学目标实现的程度，这就是教学目标与教学条件相关性的实质内容。

3. 以优化的教学条件达到学生优化的发展（实现目标）

教学条件与教学目标的相关性决定了教学过程所要追求的根本目标，就是如何以优化的教学条件达到学生优化的发展。

我们所进行的教学改革，归根到底不外是优化教学目标并相应地优化教学条件，只是其中有两种不同的情况。

一种情况是教学目标不适应社会发展与学生发展要求了，这就需要矫正或改革教学目标，并根据矫正后的教学目标相应地改革教学条件。如解决忽视学生智能培养的问题，首先必须从教学目标上矫正忽视学生智能培养的缺陷，并在智能培养上提出明确具体的目标要求，然后相应地改革阻碍学生智能发展的教学条件，创设新的教学条件，以适应学生智能发展的需要。

另一种情况是教学目标是正确的，而现行教学条件与教学目标的要求不相适应，阻碍了教学目标的实现，这就需要改革教学条件，可以是整体教学条件的改革，也可以是某一种教学条件的改革。如我们在教学目标中正确地提出了学生建立合理的知识结构的要求，但作为教学重要条件的教学内容和教材是陈旧落后的，这就需要对教学内容和教材进行改革，为学生建立合理的知识结构创设新的课程条件。

（三）教学过程的阶段性与连续性

过程即事物变化发展的时间和状态（空间）的序列，是阶段性与连续性的统一。

教学过程作为学生发展的过程，包含着学生德、智、体、美、劳诸因素状态的演变及教学时间的演进，亦是时间和状态（空间）的序列。教学过程既然作为时间和状态（空间）的序列，就应对它特定的起止点及过程中特定的阶段性与连续性作出规定。如果没有这种规定，我们就无法对教学过程进行合理的组织，也无从对教学过程进行科学的研究。

对教学过程的时间和状态（空间）序列的规定，基本可以分为以下两种。

一种规定是就某一认识对象的教学过程而言，也就是学生对某一知识内容学习和认识的过程，如一门课的教学过程，一门课中某一单元的教学过程，乃至一节课的教学过程皆属这种性质。这种以认识对象为依据规定的教学过程，其基本因素为感知、理解、保持、应用、迁移等，这些因素的相互联系反映了教学认识过程的顺序性、阶段性与连续性。

另一种规定是以学生的发展为依据来规定教学过程，把从小学到大学的发展过程视为一个总的教学过程，那么，大、中、小学各个学段的教学过程，某一门课的教学过程，都包括在这个总的教学过程之中。这样规定教学过程是比较科学的，一方面它反映了学生在教师指导下，对具体认识对象的认识过程；另一方面又反映了学生由低学段到高学段的身心发展过程，体现了教学过程的阶段性与连续性，使各个学段的教学过程，既相互区别，又相互衔接。这样我们在研究某一学段的教学过程时，一方面要从总的教学过程出发，研究本学段与其他学段的区别与衔接；另一方面又可把本学段作为一个独立的教学过程，研究在本学段中各个年级、各门课之间的区别与衔接。这样就能更好地从整体上把握教学过程的阶段性与连续性，从而使教学过程的组织更加符合教学发展的规律。

第二节 大学教学过程的特点

事物的特点是相比较而存在的。我们研究大学教学过程的特点,一方面是就人类一般认识过程而言,大学教学过程所具有的特殊性;另一方面是就大学与中小学的比较而言,大学教学过程所具有的特殊性。大学教学过程的特点是大学教学过程特殊本质及其规律的具体体现。从学习与发现的关系出发,大学教学过程在认识方面的特殊本质,是以学习为主,学习与发现相结合的过程。这一特殊本质既表现了在人类一般认识过程中大学教学过程的个性,又表现了大学教学过程与中小学教学过程的区别,同时也决定了大学教学过程本身认识方面的一系列特点。以下三个方面的特点是比较显著的。

一、大学教学的专业性

高等教育是建立在普通教育之上的专业性教育,它在性质上不同于普通教育,在程度上又高于中等专业教育,可用"高"和"专"二字来概括。

大学教学的专业性要适应现代科学技术的发展,有利于大学生学习和发现的结合,需要处理好专门化与综合化的关系。学科的高度分化和高度综合是当代科学技术发展的重要特征之一,一方面分支学科越来越多,在传统的理化天地生学科的基础上派生出无数新兴学科;另一方面交叉学科层出不穷,包括自然科学、社会科学内部以及自然科学与社会科学之间的综合化日益加强。在这种科技发展的条件下,要使大学生适应未来工作和科学研究,世界上发达国家普遍出现了加宽专业、加强基础训练和综合训练的趋势,力图使专门化与综合化结合起来,对此我国应从国情出发加以借鉴。

二、教学与科研相结合

教学与科研相结合,是实现大学生学习和发现结合的主要途径,也是大学教学过程特殊本质的重要表现。

在大学教学过程中实现教学与科研的结合,包括两个方面:一方面是指教师的教学工作与科研工作的结合;另一方面是指学生的学习与科研的结合。

我们研究大学教学过程中教学与科研的结合主要是对学生而言的。对学生学习与科研的结合,不能只是理解为做毕业论文(毕业设计)这一个环节,而是应当把这种结合视为一个逐步发展的过程,与整个教学过程紧密联系起来。具体表现在以下四个方面:

第一,在教学过程中注意激发学生求知的欲望与追求真理的精神,培养学生"学习是为了发现"的历史责任感,以形成学生内在的学习和创造的动因,这样既能推动学生主动地学习,又能使学生主动地去从事创造性的活动。

第二，大学教学的内容要反映最新科学技术的成果和研究动态，使学生在掌握教材内容的基础上开阔视野，了解各个学科前沿的动向，这样做不仅能使学习向纵深发展，而且也是重要的科研准备。

第三，实行教学方法和科研方法密切结合。本来大学各个学科的教学方法都是受该学科研究方法影响的，而且在由低学段（中小学）向高学段（大学、研究生）的发展过程中，这种影响日益加强，但是由于传习式教学对教学过程存在着根深蒂固的影响，阻碍了教学方法和研究方法的结合。我们应当改变这种局面，提倡创造性的学习，也就是在坚持必要的课堂讲授方法外，更多地引导学生采用科学发现的方法进行学习，不仅使学生学得更活、更扎实，而且同时也受到科研方法的训练。

第四，大学生直接进入科研领域。大学生的科研具有双重意义，既是学习知识与培养智能的重要途径，同时又具有发现的意义。大学生的科研活动不应只限于毕业论文（毕业设计），大学教学应当尽可能早地使大学生进入科研领域，一种有效的方式就是将创造性的学习与早期的科研训练有机结合起来，这样才能使毕业论文（毕业设计）具有良好的基础，保证论文（设计）的质量。

三、大学生学习的独立性

在一般教学过程中，就认识的主体与客体的关系而言，学生是认识的主体，本身就包含着独立性的因素，因为如果离开了一定程度的独立性，学生就不能成为认识的主体；就教师与学生的关系而言，教师是学生认识的主客体之间的中介，教师的主导作用是由这种中介地位决定的。在师生的双边活动中，只有当教师的主导作用与学生学习的独立性结合，才能实现规定的教学任务。

从上述意义上讲，如果没有学生一定程度的学习独立性，就形成不了教学过程，然而这种独立性在学生学习的不同阶段其程度是不一样的。随着学生知识经验的积累，智力的发展以及学习内容的不断加深和扩展，学生学习的独立性必然由较低的水平向较高的水平发展。进入大学后，学生学习的独立性便进入了一个较高的发展阶段，属于在教师指导下以独立学习为主的阶段，即以自学为主的阶段。

第三节 大学教学整体改革的目标与策略

大学教学改革包括教学思想、教学模式、教学内容、教学方法、教学手段等，内容十分广泛。本书把大学教学改革看作一个系统工程，讨论整体改革中的若干问题。

一、教学是在改革中发展的

教学是不断变化发展的,现代形态的教学,就是从古到今长期演化的结果,同时这种发展不仅没有终结,而且比以往任何时代的要求都更为迫切。

推动当代教学变化发展的直接因素有以下四个方面。

(1)随着社会的发展,国家对人才质量的要求越来越高,由片面地掌握书本知识到掌握理论与实践统一的全面知识,由掌握知识到发展智能,由知识学习到创造性的培养等。这种对人才培养任务的变化,势必要求教学做出相应的变革。

(2)在现代科学技术迅速发展的条件下,人类积累的知识量越来越大,知识更新的速度越来越快,科学内容出现高度分化与高度综合的趋势,因此教学时间与教学内容的矛盾越来越尖锐。要解决这一矛盾,大学教学除了进行教学内容的更新和改革外,还必须不断提高教学的效率。

(3)科学技术的发展,必然促进教学手段的更新,这就不仅为教学方法的改革提出了新的要求,而且为教学方法的改革提供了新的可能,包括现代教育技术和新的仪器设备的应用等。

(4)教育与教学理论上的发展与突破,必然推动教学的发展,一方面它为教学的发展和变革提供了新的理论基础,另一方面它又总是力图通过创立某种新的教学模式具体体现出来。

改革开放以来,我国大学教学改革在教育目标的矫正、专业结构的调整,教学内容的更新、教学手段与教学设施的改善、教学管理制度的改革等方面均取得了显著的成绩。但从总体上讲,由于种种因素的制约和影响,教学改革还停留在外围的、浅层的、局部的改革阶段,传统的大学教学模式尚未取得根本性的改变。当今大学教学改革的方向,应从外围的、浅层的、局部的改革向内部的、深层的、整体的改革推进,以实现大学教学模式的根本转变,从整体上实现大学教学的现代化。

二、大学教学整体改革的目标

大学整体教学改革主要指教学模式改革。教学模式是与一定的教育目标相适应的特定的教学结构。我国以单向讲授为主要特征的传统的教学模式,是与片面强调知识传承的教育目标相适应的,这种教学模式不利于学生积极性、独立性、创造性的发挥。为了加强创新人才的培养,改变现行大学教学模式,探索新的教学模式已势在必行。在教学模式的改革上,我们应在以下五个方面正确认识和处理五种关系,实现五个方面的转变。

(一)教育思想

在教育思想上,我们应正确认识和处理传承和创新的关系,使大学教学过程由单纯的学习过程转变为以学习为主,学习与发现相结合的过程。

在大学教学过程中,学生主要的认识任务是学习,一方面,这是由学校特有的传递人类已有知识的社会功能所决定的;另一方面,大学生只有系统地掌握有关学科的基本理论和基本技能,才能为今后的工作做好准备。

但大学教学过程并不只是包含学习的因素,还包含发现的因素。所谓学习和发现的结合,从实质上讲,就是在以学习为主的条件下,逐步实现由学习向发现的转化。具体表现在,确立学习是为了应用和发现的双重目的,在学习过程中从创造精神、知识基础、研究能力与研究方法等方面为发现创造条件,并在学习的基础上直接进入发现的领域。

以学习为主,学习与发现相结合,是培养创新人才最根本的教育条件。只要指导思想得以确立,是可以逐步实现的。

(二)教育目标

在教育目标上,我们应正确认识和处理全面发展与创新人才培养的关系,克服片面发展和平均发展的倾向,确立以全面发展为基础,以培养创新精神和实践能力为重点的教育目标。

创新人才的成长应以全面发展为基础,而全面发展应以创造性的发展为最高目标,两者是紧密相连的。从《中华人民共和国高等教育法》到《中共中央 国务院关于深化教育改革全面推进素质教育的决定》,都明确提出了以培养创新精神和实践能力为重点的全面发展的教育目标,这是我国在教育目标问题上的重大突破,我们应根据这一精神对我国高等教育实际实施的教育目标作出调整并使之具体化。

(三)教学内容

在教学内容上,我们应正确认识和处理科学的确定性和不确定性的关系,使教学内容从封闭的知识体系转变为开放的知识体系。

在大学教学内容的改革方面,目前引起关注的主要是内容的更新及进入科学前沿的问题,但新在哪里,前沿在哪里,不能局限于具体的知识,而必须触及科学观的实质性问题,即科学的确定性与不确定性的关系问题。科学的确定性是指经实践检验所确认的并为学术界所公认的具有真理性的知识,科学作为正确反映客观事物本质和规律的知识体系,确定性是它所要追求的目标。但是,科学永远是不完整的,它每解决一个问题,又会产生许多个问题,因此科学在具有确定性的同时还存在着不确定性。这种不确定性主要表现在科学作为理论观念的映像对原像反映的不完全性、不充分性,或对某些现象还难以作出判断和预测,科学的不确定性在科学领域中是普遍存在的,而科学的本质正是确定性与不确定性的统一。[1]

在大学教学内容中,如果我们只讲科学的确定性,就会使知识成为一个封闭的体系,而从

---

[1] 陈跃文.关于科学确定性与不确定性的思考[J].中国集体经济,2019(11):105-106.

确定性与不确定性相统一的观点出发，我们便会看到科学的知识体系绝不是封闭的而是开放的，所谓最新的知识或科学的前沿就在确定性与不确定性的交错点上。因此，只有将大学的教学内容由封闭的知识体系转变为开放的知识体系，既介绍确定性的方面，也介绍不确定性的方面，由确定性出发，指向不确定性，才能让学生建立完整的科学观念，全面理解科学的本质，了解科学发展的前沿，从而激发学生科学探究的精神，使学生在知识准备和思想观念上为创造性的发展打下坚实的基础。

（四）教学方法

在教学方法上，我们要正确认识和处理讲授与自学、学习与科研的关系，使教学方法从以讲授为主转变为以自学为主，并使科研真正进入大学教学，以促进学生由学会学习到进入科研，由自学达到治学。

从以讲授为主转变为以自学为主，不是单指这两种方法的转换，而是两种教学方法结构模式的转换。以自学为主是指：（1）在量的方面，应将大部分时间用于学生独立的学习活动和研究活动，讲授的学时应大幅度减少；（2）在质的方面，学生知识的获得及合理的智能结构的形成，主要是依靠学生自己独立的学习和研究；（3）包括讲授在内的各种教学方法、教学环节，都应建立在自学的基础之上，并与自学紧密结合，形成一个有机的整体；（4）自学是在教师的指导下进行的，指导自学应是大学教师发挥主导作用的主要途径，并与必要的、有重点的讲授相结合。实现从以讲授为主到以自学为主，是中国大学教学方法的根本性变革，必将大大推进创新人才的培养。

从本质上而不是只从形式上将科研引入教学过程，是激发大学生的创造精神，训练科学方法，提高科研能力的重要途径，对创新人才的培养具有重大的意义。大学教学开展科研活动应力求做到三个结合，即培养自学能力与培养科研能力相结合，平时小型分散的学术活动、研究活动与集中的毕业论文或毕业设计相结合，学生的科研选题与教师的科研工作相结合。只有这样才能保证学生科研训练的质量，提高学生科研的能力和水平。

（五）教学管理

在教学管理上，我们要正确认识和处理统一要求与个性发展的关系，变刚性管理为弹性管理。学生独立性、创造性的发展与个性的发展是不可分割的。大学在教学管理中对教育质量与教学过程作出某些统一规定是必要的，但什么都要求整齐划一，则是不利于学生个性发展的。为求得统一要求与个性发展之间的协调，大学教学必须由刚性管理转变为弹性管理。

所谓弹性管理，就是刚柔相济，其内核是刚性的，而边界是柔性的，表现在管理制度上的伸缩性，是原则性与灵活性的统一、一致性与多样性的统一、严格与宽松的统一。如学分制本来就是一种弹性学制或弹性教学管理制度，但我们在执行时应抓住这个实质，充分体现出它的优越性，不断探索和改革。

三、大学教学整体改革的策略

（一）整体改革与单项改革相结合

大学教学改革有两种相互联系的途径：一种是教学整体结构的改革，即通过教学模式的变革达到教学整体结构的优化；另一种是教学的单项改革，即各种教学要素的改革，如教育目标、专业结构、教学内容、教学方法、教学管理等方面的改革，其目标是实现各种教学要素的优化。

教学的整体改革与单项改革是不可分割的，一方面教学整体改革的构想，只有通过相互配合的各种单项改革才能实现；另一方面各种单项改革之间是相互联系、互为条件的，只有着眼于整体改革，着眼于各项改革之间的内在联系，并从整体上加以推进，各种单项改革才能有明确的方向，并达到预期的效果。

为了实现教学整体改革与单项改革的结合，大学教学改革首先要有整体设计，提出教学整体改革的思路和目标。在设计教学模式的变革时，并不是要以某种新的单一模式来取代原有的单一模式，而应是统一性与多样性的结合。所谓统一性，即不同层次、不同类型高等学校的教学，要符合高等教育共同的教学规律及国家所规定的教学质量的基准。所谓多样性，即提倡多种教学模式并存与互补，并以此取代过去那种僵化的单一模式。从纵向上讲，因人才培养的层次不同，其教学模式也应当不同；从横向上讲，因人才培养的类型不同、学科门类不同，其教学模式亦应有所不同。其次，以教学整体改革的目标为依据，分项目、分阶段地予以推进。自1989年国家设立全国普通高等学校优秀教学成果奖以来，教师参与教学改革的积极性空前高涨，30多年时间教学整体改革取得了明显的成效。大学教学改革无终点，从目前教学改革立项的情况来看，个人行为较多，高度组织的、高水平的教学整体改革尚不多见，因此，有必要在学校层面、学院层面和系科层面分别组织教学改革项目，制订明确的改革目标和思路，有序推进，实现大学教学中关键问题的突破。

（二）教学改革必须经过实验

这里所说的教学改革实验，是作为教育科学研究方法的实验。它的特点是，把教学作为条件，把学生作为观察对象，通过实验探求在怎样的教学条件下，能最有效地促进学生按培养目标和规格的要求发展。教学改革实质上就是改变现有的教学条件，使新创立的教学条件能产生更好的教学效果，来促进学生的全面发展。所以，教学改革实验本身同时就是教育科学的实验，只有把它作为教育科学研究来抓，才能取得成效。

教学必须改革，而改革必须经过实验，这是中华人民共和国成立以来大学教学改革的一个基本经验，是教学改革必须坚持的最基本的方法。

大学进行教学改革实验，首先必须从实际存在的问题出发，提出解决问题的原则与设想，确定教学改革的目标与措施，也就是设计出教学改革实验的方案，然后创设必要的条件，采取一定的方法步骤来实施实验方案，并在实验过程中修正和完善实验方案，最后依据实验的结果得出科学的结论并形成正确的决策，将教学改革由点到面推广开去。

我国高等教育进入大众化、普及化阶段以后，大学生出现了明显的分化，学校和教师根据不同学生的需求运用实验方法开展教学研究，每四年一次的省级、国家级教学成果奖都会推出一大批教学改革成果，其重要特征是绝大多数成果都是以教学实验为基础的，充分反映出实验在教学改革中的重要意义。很多大学设立了本科教育实验区，如北京大学元培学院、复旦大学书院制、湖北大学楚才学院等，各种实验班更是不计其数，多种教学模式通过实验基地得到探索和发展，为我国高等教育"双一流"建设提供了保障。

第四节 大学课堂教学的整体改革

教学既是一门科学也是一门艺术，大学课堂教学工作涉及的因素很多，本节从各因素之间的关系来介绍大学课堂教学整体改革的抓手。

一、教师讲与学生讲相结合

教学是师生的双边活动，只有将教师和学生的能动性都充分调动起来，教学效果才能获得最佳。教师讲得好是高质量课堂教学所必需的，备课要充分，要有周密的教学设计，教学目标明确，条理清楚，重点突出，教学过程安排合理，语言表达清晰，教学方法得当。但是教师讲得好只是课堂教学的必要条件，而不是充分条件。只有教师讲与学生讲相结合，师生共同参与课堂活动，才是高质量课堂教学的充分条件。

从目前来看，大学课堂教学有以下四种情况：一是教师满堂灌。教师从头讲到尾，学生鲜有发言的机会。二是学生被动参与。教师以讲授为主，不时提出问题请学生回答。三是教师讲授与学生主动发言相结合。教师课前布置预习或者学生主动学习，带着问题进课堂；教师讲授重难点，鼓励学生提出问题，共同讨论，寻找答案。四是翻转课堂。学生在课前自主学习，课上以学生讲和师生讨论为主，课堂成为教师与学生之间、学生与学生之间互动的场所。

按照教师讲与学生讲相结合的要求，第一种情况和第四种情况是两个极端。对于教师来说，满堂灌是最轻松的教学方式，一切尽在掌控之中，当然这也是最糟糕的教学方式。学生处在被动的状态，久而久之，相当多的学生就会在课堂上注意力不集中，开小差。翻转课堂是从国外引进的，最初出现在基础教育中，近年来大学教学中广泛采用，作为一种教学改革实验未尝不可，但一定要谨慎，教师的主导作用不可缺位。第二种情况，从表面上看，学生参与了教学，但学生完全是被动的，缺乏主观能动性。第三种情况是比较有效的课堂教学，教师适度地讲，体现主导作用；学生有充分表达的机会，体现主体地位。最重要的是学生在课前、课中、课后都是积极主动的状态，阅读、思考、提出问题、讨论、回答问题等，能力和素质都能得到锻炼和提升。

总体说来，第一种和第二种情况占绝大多数，但其中真正满堂灌的不多，第二种情况最为常见；第三种、第四种情况占比均不高。现在大学课堂教学改革需要做的工作是从第二种情况向第三种情况转化，学生从被动发言转变到主动发言，这里教师起着关键作用。如何调动学生在课堂上积极主动且有质量的发言是一种艺术，需要教师不断地探索和积累，掌握其中的真谛。

二、教材与文献相结合

教学内容在课堂教学质量中起着决定性的作用。教材（包括参考书）呈现的是确定性知识，与教材内容相关的文献（中文和外文）反映的是不确定性知识。大学教师在处理教材与文献关系时有以下四种情况：一是全部教学内容没有突破教材，教学任务围绕教材进行。二是主要讲授教材，介绍部分文献让学生自己阅读。三是教材以学生自学为主，教师串讲，提纲挈领，提出问题。在学懂教材的基础上，教师指定阅读文献、提出问题，让学生自己查阅文献、讨论文献、撰写文献综述等。四是脱离教材，或者没有教材，完全讲文献，即所谓的"专题讲座"。

理想的大学本科课堂教学要求在教学内容的处理上实现教材与文献有机结合。由于课程类型不同，对教材与文献的要求也不尽相同。如果是公共课和基础课，第一种情况（以教材为中心）也是允许的。当然，在学好教材的同时推荐参考书和相关文献，对于培养学生的创新能力会有所帮助，所以教师应该具有文献意识。如果是专业基础课和专业课，特别是核心课程，教师必须处理好教材与文献的关系，突破教材，实现教材与文献的有机结合。一般来说，多数大学生具有较强的自学能力，通过自学能掌握教材的大部分内容，教师的主导作用应该主要体现在文献部分，新知识浩如烟海，学生尚无驾驭能力，教师的引导作用就至关重要，培养学生的创新精神和创造能力就体现在这里。

大学生查找文献、阅读文献、做卡片、写文献综述等既是教学的重要内容，也是科研方法训练的基本环节。大学扩招以后，大班教学，学生有效学习时间缩短，相当多的课程，包括核心课程都是以教材为中心，学习和考试的内容都集中在教材里，科研方法训练集中于毕业论文（毕业设计）阶段，结果文献查阅与撰写综述严重缺位。在信息化时代，查阅文献变得十分简便，关键是学生要形成文献意识，其中教师的引导作用非常重要。鉴于此，将文献作为教师教学的观测点，对于大学生掌握学科前沿知识、强化科研方法训练是十分必要的。

三、线下教学与线上教学相结合

传统的教学途径是课堂教学，即线下教学；网络提供了新的教学途径，即线上教学。线下教学包括课堂教学的设计和整个组织过程。线上教学是线下教学的延伸，包括以课程为单位建立微信群，在群内讨论问题、布置作业与提交作业。我国多年来的线上课程建设积累了丰富的网络教学资源，教师应该积极向学生推荐优质的网络课程，以此作为线下教学的补充。理想的课堂教学应当充分利用线上教学的优势，实现线下教学与线上教学的有机结合。线下教学与线上教学"两条腿走路"是教育信息化的必然，每一位教师都应该运用信息化手段，走进线上教学，实现线下教学与线上教学的有机结合。

四、演示文稿与板书相结合

随着教育信息化的推进，演示文稿已经成为课堂教学的基本工具，制作高水平的演示文稿对于教学来说十分重要。教师制作的演示文稿图文并茂、赏心悦目，则从内容到形式都能吸引学生，能为教学提供极大的方便。为了促进教师跟上教育信息化的步伐，学校对教师制作和使用演示文稿必须提出具体要求，对其存在的问题必须及时指出。

教师在使用演示文稿的同时，传统的板书不能丢掉。演示文稿是快速呈现知识，板书是慢速呈现知识，两者是快与慢的结合。写一手漂亮的粉笔字是对教师的基本要求之一，自从演示文稿逐渐用于课堂教学之后，相当多的教师基本上不用粉笔和黑板。教师在教学过程中把知识的重点难点通过板书呈现出来能起到画龙点睛的作用，几个字、几个词就能把知识有效地连起来，教师写板书的过程给学生思考问题提供了时间，板书也是体现教师教学风格的方式之一，这些功能是演示文稿所不可替代的。交互电子白板已开发出演示文稿与板书相结合的功能，教师在演示文稿图片的空白处可以板书，在文字部分可以划出重点难点。可见，教育信息化已经考虑到传统教学手段的不可替代性。中青年教师制作和使用令人耳目一新的演示文稿，辅之一手漂亮的粉笔字，两者完美结合，教学效果定能上一个新台阶。

五、课堂管理与学业评价相结合

良好的课堂纪律是保证教学质量、实现立德树人目标的基本条件，是课程思政的重要组成部分。教师既是教育者，也是管理者。有的教师上课时只顾自己讲授，疏于课堂管理，严重影响教学效果。有的教师一开始试图加强管理，但效果不佳，最后放弃。

调查显示，从学生评价教师的结果来看，教师对学生要求严格，学生感到学习有收获的课程评分更高，而教师对学生放任自流，学生感觉收获不大的课程评分更低。上述结果表明，绝大多数学生还是希望教师严格要求他们，认为疏于课堂管理的教师是不负责任的教师。可见，加强课堂管理对教师和学生都是必要的，也是可行的。

学业评价是指教师根据学生的平时表现赋予成绩。学生每门课的学业成绩组成包括平时成绩和期末考试成绩，一般来说平时成绩占40%，期末考试成绩占60%，也有各占50%的。尽管大学生在学习态度上存在较大差异，但在对待成绩的态度上差异却很小，绝大多数学生还是很在意成绩的。将学生的课堂表现与平时成绩挂钩，对加强课堂管理是十分有效的。例如，课堂出勤率与平时成绩挂钩，出勤率一定会提高；课堂发言与平时成绩挂钩，学生一定会积极主动地发言。

课堂管理与学业评价相结合,就是将课堂表现与成绩挂钩,有效地实现课堂管理,改进课堂学习氛围,提升课堂教学质量。这里推荐部分教师课堂管理的方法。公共课通常被认为是最难管理的课堂,一位教师在公共课教学伊始,为每个学生固定座位,从前往后排列,制作座位表。有了座位表,教师认识和管理学生非常方便。上课不用点名,教师对照座位表就能对学生出勤情况一目了然,教师在学生发言后也能对照座位表记录成绩。实践证明,这一做法简单有效,课堂教学秩序井然,学习氛围十分浓厚。有的教师在公共课教学中,将学生的课堂发言纳入平时成绩,当教师提出问题时学生踊跃举手发言,下课后由学生自己在名册上打钩,学生看到自己的表现得到肯定,无疑有利于提升参与课堂教学的积极性。有的教师利用课堂最后的3～5分钟,给学生布置一个与课堂教学内容相关的作业,学生完成后即可离开教室。教师通过作业可知学生的出勤情况和课上学习情况,并将情况作为平时成绩记录。专业课教师要尽可能认识学生,上课能叫出学生名字,这对师生间的互动具有重要作用。寓课堂管理和学业评价于教学之中,课堂教学会上升到一个更高的层次。可见,课堂管理与学业评价相结合,既能保证良好的课堂教学秩序,也能客观公正地评价学生的学业表现。

【复习题】

1. 名词解释:教学　教学过程
2. 试分析大学教学的特点。
3. 结合实际,谈谈你对大学教学整体改革的认识。

【推荐阅读】

1. 洪志忠,别敦荣.学习素养视域下的大学教学改革[J].高等教育研究,2020,41(6):64-71.
2. 别敦荣.大学教学改革新思维和新方向[J].中国高教研究,2020(5):66-70.
3. 张景聪,张振岳."双一流"背景下大学教学改革的逻辑起点与实践路径[J].教育评论,2021(7):148-153.
4. 张应强,黄捷扬.培养大学生核心素养与深化高等教育评价改革[J].厦门大学学报(哲学社会科学版),2021(6):62-71.

第九章　大学课程结构的优化与教学内容的更新

【知 识 列 表】

大学课程结构的优化与教学内容的更新	课程概述	课程的概念
		课程的作用
	制订课程的依据	高等教育目标
		科学知识体系
		学生个性化的需求与接受能力
		课程设置的内在逻辑
	课程结构的优化	通识教育课程与专业教育课程的关系
		专业基础课与专业课的关系
		分科课程与综合课程的关系
		理论课程与教学实践环节的关系
		显性课程与隐性课程的关系
		必修课程与选修课程的关系
		主修专业课程与第二专业课程的关系
		先行课程与后续课程的关系
		思政课程与课程思政的关系
	教学内容的更新	教学内容更新的多种层次
		教学内容更新的多种途径
		应将科学前沿的介绍纳入教学内容

课程是开展教育教学的基本依据，是实现学校教育目标的基本保证，是学校一切活动的中介，提高学校教育教学质量离不开课程与课程建设。大学课程承担着培养优秀人才和知识传播的重任，中外优秀大学在其发展的进程中无不重视大学课程建设。大学课程建设的重点是课程结构和教学内容，课程结构涉及课程各部分的配合和组织，在整体联系上达到最适宜的有序状态，教学内容要紧跟时代变化之下科学的发展和本学科的发展。通过优化课程结构、不断丰富与更新教学内容，提升大学课程质量，实现高等教育人才培养的目标。

第一节 课程概述

课程在学校教育中具有关键作用，学校培养的目标是通过课程来实现的。下面主要介绍课程的概念及其作用。

一、课程的概念

对学生进行教育，首先就有一个教什么的问题，即教学内容的问题。教学内容是对学生必须掌握的知识与技能的规定，是学生在教学条件下主要的认识对象与知识来源。教学内容是通过课程体现的，所以从理论上讲，将研究教学内容的理论称为课程论，它是教育教学理论的重要组成部分。

课程是一个复合概念，包含两层意思：一是课，指的是教学内容，是教学科目的总和；二是程，即教学的顺序与进程。从整体上讲，课程即"教学内容和教学进程的体系"，是空间（内容）与时间（进程）的统一。

人们对课程的理解，有狭义与广义之分。

狭义的课程是指计划课程，也称为显性课程，是经过组织的教学内容，是有目的、有计划地实施的课程，目前在教学计划中所安排的课程就是这种课程。

广义的课程，除了包括计划课程外，还包括非计划课程，也叫隐性课程。隐性课程是指学生在计划的教学内容之外，通过课外活动、校园文化、人际关系等各种渠道获得的知识、技能、情感、态度等，对学生的成长具有重大的影响。

从狭义的课程到广义的课程是教育思想的突破，也是对教育规律认识的深化。两者之间的差别在于，狭义的课程定位于学生必须掌握的知识与经验，而广义的课程则定位于学生在学校指导下所获得的全部经验；狭义课程由于时空条件的限制，其效果存在较大的局限性，而广义的课程则可以运用计划课程与非计划课程的互补关系，充分发挥学校所有教育资源的作用，从而大大提高教育效果。

需要指出的是，根据学校教学的特点，计划课程仍然是课程的主体，在课程设计上应以计划课程的设计为主，同时也应重视非计划课程的作用。

二、课程的作用

课程是教学活动的基本依据，是实现教育目标的基本保证，是学校一切活动的中介。在教育教学实践中，大学在应对社会发展提出的新要求时，往往以课程为突破口，注重通过改革现有课程、增设新的课程、调整课程结构，来增加新的职能，满足社会的需求，进而达到改革高等教育的目的。

第一，课程是教育目标的具体化，是实现教育目标的蓝图。教育目标是学校通过实施符合其要求的教学内容来实现的。教育目标所规定的关于知识、能力、品德、身心健康等方面的素质要求，只有转换成具体的教学内容与一定的课程结构，才能实施相应的教学，并保障教育目标的实现。如同建筑施工，首先必须按照建筑物的目标要求设计出建筑物的蓝图，然后按图施工，将图纸上的建筑物建成实际的建筑物，课程便是实现教育目标的蓝图，而按图施工的过程便是教学过程。

第二，课程是师生共同活动的依据。课程是教师教的内容与学生学习内容的统一，正是通过课程的教与学把师生联结在一起，并使教学成为师生双边活动的过程。如果离开了课程，则不能构成师生之间教与学的关系，就连教学过程也根本无法启动。

第三，学生对课程内容掌握的程度，是衡量教育质量的具体尺度。所谓教育质量就是教育目标达到的程度，而教育目标是通过课程内容来具体体现的。因此，学生对课程内容掌握的程度，既是考核教育质量的内容，也是评价教育质量的具体尺度。也就是说，通过学生对课程内容掌握的程度来考核与评价教育目标达到的程度。

从以上分析可以看到，课程的作用是贯穿教学全过程的，其合理性是决定教育目标能否实现的核心因素。

第二节 制订课程的依据

专业性是高等教育的基本特征之一。专业既是高等教育人才培养的基本单位，相应地也是课程设置的基本单位。课程的制订包括两个层次：一是专业层次的课程设置及其整体结构，是专业培养方案的核心内容；二是专业层次课程结构中各门课程的内容及其结构，主要体现于课程教学大纲和教材。

2018年，教育部颁布了《普通高等学校本科专业类教学质量国家标准》，该标准涵盖普通高等学校本科专业目录中全部92个本科专业类，包括全部587个本科专业，涉及全国高等学校56 000多个专业布点，对各专业类的培养目标和培养规格提出了明确的原则要求。制订课程需要以下因素作为依据。

一、高等教育目标

课程是为实现教育目标服务的，必须适应教育目标的要求。高等教育既有总体的教育目标，又有专业层次的教育目标，两者是一般与特殊的关系。培养高级专门人才是高等教育的总体目标，它集中反映了社会发展与个体发展对高等教育人才培养的要求，是对各专业的共同要求；而专业层次的教育目标则是在贯彻总体教育目标的同时，还应反映学科门类、人才类型、社会需求等方面对人才培养的特殊要求，是共性与个性的统一。

由于专业是课程设置的基本单位，因此专业层次教育目标应是制订课程的直接依据，为使课程与专业层次教育目标相适应，首先必须具备明晰的、科学可行的专业层次教育目标。目前专业层次教育目标普遍存在内容泛化、缺乏可操作性等缺陷，很难成为课程制订的依据，这是需要重点解决的问题。其次，课程内容与结构除了应反映高等教育人才培养的共同要求外，还必须根据学科门类、人才类型、社会需求等方面的不同要求形成多样化的课程结构模式，不应以某种单一的课程结构模式来对应专业上的不同要求，否则势必会使课程结构与相应的专业层次教育目标相脱离。

习近平总书记在全国教育大会上指出，教育是国之大计、党之大计，培养德智体美劳全面发展的社会主义建设者和接班人是教育的根本任务。大学要坚持立德树人，形成更高水平的人才培养体系。为深入学习贯彻习近平新时代中国特色社会主义思想和党的十九大精神，全面贯彻落实全国教育大会精神，2018年，教育部印发了《关于加快建设高水平本科教育 全面提高人才培养能力的意见》，紧紧围绕新时代国家经济社会发展对高等教育，特别是对本科教育提出的新任务、新要求，指出人才培养不仅要培养合格的建设者，更要培养可靠的接班人，必须德才兼备、德学双修。所以，专业目标与课程目标都要围绕这一根本目的、根本任务进行设计。

二、科学知识体系

科学知识体系所指的科学是广义的科学，涵盖文、史、哲等人文学科，社会科学，自然科学及工程技术等一切学科，由此所形成的科学知识体系是人类认识与实践的结晶，也就是科学的内容。

从知识的角度讲，课程内容取决于科学内容，并为科学技术的发展所推动，因此科学知识体系是制订课程的重要依据之一。

第一，课程内容作为人类知识传承的内容，是对科学内容的选择与重组。就知识来源而言，科学内容是源，课程内容是流，两者是源与流的关系。然而课程内容并不是简单地照搬科学内容，而是要经过一个转换的过程，首先是以教育目标为依据，从科学内容中选择其需要的内容，作为课程的内容，然后按教学的特点，将有关的科学知识组织成课程，并编写出相应的教材。

第二，学科专业结构与课程结构是以科学的分类结构为依据的。如教育部颁布的《普通高等学校本科专业目录》，其分类框架与科学技术的分类框架是基本一致的。在课程结构中，各种学科课程的设置及其相互联系，也是以科学知识体系为参照的。

第三，科学技术的发展是推进课程内容与结构不断更新的动力。课程对科技发展的反馈虽有一定的滞后性，但都会受到科技发展的推动，随着科技的发展而更新课程的内容，并产生结构性的变化。古代、近代到现当代大学课程的演变，可以充分证明这一点。

三、学生个性化的需求与接受能力

课程的制订必须考虑教育对象的特点与要求。

教育目标是社会发展与个体发展需要的反映，但它所反映的只能是一般的共性要求，而且更多地反映社会的要求，学生个性化的需求则往往被忽视，这种情况对学生的发展是极为不利的。从教育的本质来看，教育的目的是促进人的个性全面发展，教育本身就应该是个性化的。而随着我国高等教育迈入普及化发展阶段，大学生的多元化、差异性也日益明显。为了弥补这一缺陷，课程设置除了应满足教育目标提出的共性要求外，应将学生个性化的需求作为重要依据，并为满足其需求提供选择的空间。

课程内容的深度与广度是受学生接受能力制约的，因此学生接受能力也是制订课程内容的依据之一。正确处理课程内容与学生接受能力的关系，应坚持两点：一是课程内容不应超越学生的接受能力；二是课程内容要有利于提高学生的接受能力。也就是说，课程内容不是对学生接受能力的消极适应，而是从学生现有水平出发，通过课程内容的教学把学生的接受能力水平提到一个新的高度。

四、课程设置的内在逻辑

课程设置有其内在的规定性与发展演变的规律，即课程设置的内在逻辑。与此相对应，可将教育目标、科学内容、对象特点等因素称为课程设置的外在依据。只有将内在逻辑与外在依据二者结合起来，才能制订出科学合理的课程，二者缺一不可，若没有课程设置的外在依据，课程的内容便无法确定，而如果不遵循课程设置的内在逻辑，课程的内容便无法整合为符合教学规律的课程体系。

课程设置的内在逻辑主要表现在以下方面：

第一，课程的完整性。即所设置的各门课程应形成一个有机联系、结构有序的整体，并发挥其整体效应。

第二，课程的条件性。课程的设置是受学科发展程度、师资水平、教学设备及教学时间等条件制约的，要保证课程开设的质量，必须具备相应的教学条件。

第三，课程的稳定性。课程是经过一定的历史积累而形成的，一旦形成便具有相对稳定性，而且是教学要素中最具稳定性的部分。这种稳定性，一方面是出于教学的要求，需要维持课程的稳定性，而不允许朝令夕改；另一方面也是由于课程的制约因素太多，真要变动也不易。当然，课程的稳定性也不是绝对化的，否则就会成为课程改革的障碍。

第四，课程的发展性。课程，包括课程的内容与结构，都不是一成不变的。导致课程变化发展的原因，一方面是教育目标、科技发展、学生需求等外部因素的变化，另一方面是课程内在的矛盾。课程的发展主要表现在课程内容的更新与课程结构的优化方面。

上述制订课程的四个方面的依据是互相联系的，应以教育目标为中心，对科学知识体系，学生个性化的需求与接受能力，课程设置的内在逻辑等因素进行综合考虑，这样制订的课程就比较科学了。

第三节　课程结构的优化

课程结构是指课程设置中各门类之间的相互关系与组合方式，其含义包括：一是课程设置的门类，包括课程门类学科性质的划分与课程的门数；二是各门课程之间质的关系与量的关系，质的关系指的是性质上的关联性，量的关系主要指学时、学分分配上的比例关系，是课程空间结构与时间结构的体现；三是组合方式，即根据各门课程之间质的关系与量的关系，以一定的方式加以整合，形成课程的整体结构。同时从课程结构的特点来看，课程分类的多维性及组合方式的多样性，使得课程成为一种多维度、多层次错综复杂的立体网络结构体系。

课程结构的优化是课程改革与发展的目标，是整体教学改革的核心部分。所谓课程结构的优化，是指课程体系在整体联系上达到最适宜的有序状态，并能在整体上最大限度地发挥课程的教育功能。具体而言，它应达到的主要指标是对教育目标的适应性、科学内容的先进性、课程组合方式的合理性。要实现大学课程结构的优化，必须根据高等教育的特点与专业的特点以及中国的国情，就课程结构中的各种关系进行定性与定量的分析，并以此为基础建构合理的课程体系。下面就九个方面的关系提出一个分析框架，供各专业制订课程结构时参考。

一、通识教育课程与专业教育课程的关系

通识教育课程包括不同专业的每个大学生都必须学习的公共课程与适应大学生个性发展的需要而开设的非专业选修课程，涉及人文、社会科学、自然科学、体育保健等广泛领域，此类课程是为培养学生人文、科学、健康等全面素质服务的。专业教育课程包括专业基础课与专业课，是为培养学生的专业素质服务的。

正确认识和处理通识教育课程与专业教育课程的关系，必须注意以下两点。

（一）两类课程皆应重视而不可偏废

作为构成大学本科课程基本内容的两类课程，通识教育课程是专业教育课程的基础，专业教育课程是在通识教育课程基础上的定向发展与提升。两者的结合，综合体现了高级专业人才培养中全面性、专业性、创造性的统一，忽视任何一类课程，都是片面的，不可取的。

（二）两类课程应以专业教育课程为主

所谓以专业教育课程为主，一是在课程结构中专业教育课程应处于主体地位，二是在比例关系上，专业教育课程应占总学时、总学分中的多数。之所以如此，首先取决于高等教育的特

点。专业性是高等教育的本质特征之一，从世界范围来讲这一点至今并未改变。其次取决于中国的国情。在某些西方发达国家，由于高等教育的普及，普通教育出现上移的趋势，因而在本科教育中普通教育的成分增加，专业教育的成分下降，并将其重心转移到研究生教育。但此种模式不能照搬到中国，一是中国高等教育的发展远未达到西方发达国家的水平，二是本科教育仍然是中国高级专门人才的主要来源，三是中国本科毕业生的大多数不是读研深造而是就业，因此，课程设置者在处理两类课程的关系时必须坚持以专业教育课程为主的原则，保证专业教育的质量。

二、专业基础课与专业课的关系

专业基础课与专业课的关系是专业教育课程的内部关系。

专业课是按一定的专业方向，为保证学生掌握必备的专业知识与技能以及实践能力与创新能力所开设的课程。专业基础课则是围绕专业所需的理论基础、技术基础与方法论基础所开设的课程。顾名思义，专业基础课是掌握专业知识与技能的基础条件，而专业课则是专业知识与技能的实质内容，专业教育课程就是以专业基础课为支撑，以专业课为核心有机构成的整体。

大学在目前的专业结构调整与课程结构改革中，出现了扩大专业口径，拓宽专业基础的趋势，从方向上讲这是正确的，但必须从国情、校情、专业情况出发进行具体分析，不应采取一刀切的办法。

专业口径的宽窄，取决于科技发展水平、产业结构状态、人才市场需求以及学校的层次与专业的性质等因素。受这些因素的影响，不同性质的专业其专业口径有宽窄之分，同类性质的专业因学校所处层次不同其口径也会有宽窄之分。其实专业口径的合理性并不在于宽窄本身，而是在于其社会适应性与学科发展的内在要求，只要符合这种要求，该宽的要宽，该窄的还得窄。就专业口径的演变而言，从古到今，它是随着科学技术与生产力的发展，经历了一个由宽到窄，再到宽窄并行的发展过程，这种发展过程不是人为因素能改变的。

拓宽专业基础，既是专业培养的需要，也是为专业的分流与选择提供的一个平台。目前大学所推行的按大类招生，后期专业分流的模式，对增加专业方向的选择性及对未来工作的适应性是有好处的，但有两点值得注意：其一，并非所有层次、所有类型的学校及所有专业皆适宜推行此种模式。一般而言，理论性较强的专业比较合适，而应用性与实践性较强的专业则应慎重。其二，拓宽专业基础究竟拓多宽才合适，应有一个度，这个度就是专业基础课程在专业教育课程的时间总量中要保持一个合适的比例。如果过度，势必会挤压专业课的时间，从而影响专业训练的质量。

三、分科课程与综合课程的关系

分科课程与综合课程是按科学发展中分化与综合的关系来划分的两类课程。

以一定的专业学科为定位，分科课程是按学科的分化，以其下位的分支学科或领域为单位独立设置的各门课程，同专业学科是部分与整体的关系。综合课程反映的是对本专业学科及其上位学科以及与之相关的交叉学科的整体认识，如学科的科学思想与方法，学科的整体结构与前沿，学科发展史等。

学科的高度分化与高度综合相互促进是现代科学发展的重要趋势，反映到课程结构上，就是要将分科课程与综合课程结合起来，不仅使学生懂得专业学科中的各种局部知识，而且要让他们看到学科的整体图景，否则学生就会只见树木不见森林。

2020年，国务院学位委员会、教育部印发通知，新设置"交叉学科"门类，成为中国第14个学科门类。交叉学科不仅仅体现了现代科学向综合性发展的趋势，更对当前大学课程改革提出了新的挑战。目前大学课程结构中基本上都是分科课程，而忽视了综合课程的开设，这是课程改革中亟待解决的一个重大问题。大学课程结构调整的方向应是以分科课程为主，大力加强综合课程的建设，增开综合课程，推进分科课程与综合课程的结合，以适应科学发展与人才培养的要求。

四、理论课程与教学实践环节的关系

理论课程与教学实践环节是按认识过程中理论与实践的关系来划分的两类课程。

理论课程是以理论为主要内容的课程，包括基础理论与应用理论。教学实践环节是以实践活动为主要内容的课程，包括观察、实验、练习与技能训练、参观访问与社会调查、专业实习、科研训练等。理论课程与实践环节的关系实质上就是理论与实践的关系，两者的结合，是获得科学认识，形成专业能力与技能的基本途径，是课程设计必须坚持的一条基本原则。

需要指出的是，多年来我国大学在处理理论与实践的关系上，曾出现过多次反复，既存在理论脱离实践的本本主义，也出现过忽视理论的实用主义倾向，而重理论轻实践则是目前存在的主要问题。

根据认识的一般规律与学校教学过程的特殊规律，大学教学在处理理论与实践的关系上必须注意以下两点。

（一）应以理论学习为主

一个人的知识包含直接经验与间接经验两部分，直接经验是个体的实践经验，间接经验也就是由他人所创立的理论知识。学生在学校学习，要在较短的时间里将人类长期积累的知识经验转化为个体经验，不可能事事靠直接经验，其多数知识只能靠间接知识即理论知识的学习。这是由学校教学的特殊规律所决定的，是应当坚持的。

（二）在坚持以理论学习为主的同时，必须使学生不断积累与扩大实践经验

尽管教学规律具有其特殊性，但它仍要受一般认识规律的制约。提出以理论学习为主，绝

不意味着只需学习理论而忽视实践的作用。就大学教学而言，实践具有特别重要的意义。其一，作为专门人才的培养，仅有理论知识是不够的，还必须掌握从事专门工作的能力、技能与一定的实践经验；其二，高深学问的学习，脱离了实验依据与实践经验是不可能学好的；其三，大学生要进入科研领域，更需要增强实践的基础。因此，大学教学对教学实践环节必须引起足够的重视。

五、显性课程与隐性课程的关系

显性课程与隐性课程是根据广义课程概念，按学校教育资源产生影响的作用方式来划分的两类课程。

显性课程即计划课程，隐性课程即非计划课程，两者相结合的目的在于最大限度地发挥学校教育资源的作用，促进学生的全面发展。

处理显性课程与隐性课程的关系，必须注意以下三点。

第一，显性课程是课程的主体，基于显性课程的确定性与隐性课程的不确定性，课程的设计实际上只是对显性课程的设计。

第二，两类课程既具有互补的作用，又因学科不同、教育内容不同而各异。一般而言，知识性、技术性较强的课程多用显性课程，而人文素质的培养，除必要的显性课程外，更重要的是通过隐性课程的熏陶与潜移默化的影响来实现。

第三，要努力挖掘隐性课程的资源，充分发挥隐性课程的作用。大学首先要重视校风、教风、学风的建设，同时要注意营造和谐的人际交流关系，浓厚的学术风气，丰富的校园文化生活等，为发挥隐性课程的作用提供良好的条件。

六、必修课程与选修课程的关系

必修课程与选修课程是根据学分制的需要而划分的两类课程。

学分制即弹性学制与教学管理制度，在时间上表现为学制的弹性，而在空间上则表现为选课制。必修课程与选修课程的构成，其实质是为了达到统一要求与学生个性发展的结合。

必修课程是每个大学生或同一专业的每个大学生都必须修习的课程，是统一要求的体现。而选修课程则是大学生可以有选择地修习的课程，可分为限制性选修（即指定选修）与非限制性选修。限制性选修又可以分为两类：一类是在可供选择的课程或课程组中指定选择若干门课；另一类则是在可供选择的若干课程组中选择某一课程组，一般用于专业方向的选择。非限制性选修是指大学生可根据自己的需要在可供选择的课程中进行任意选择。由上可知，必修课程与选修课程的区别只是在于统一性与选择性的不同，而不在于具体的课程内容，因此，在通识课程、专业基础课程与专业课程中皆有必修课程与选修课程的开设，只是比例不同。

目前我国大学课程设置的薄弱环节是选修课程，压缩必修课程，增加选修课程，是课程改革的重要方向。为保证选修课程的质量与数量，首先，品种要多样，做到既有横向扩展的选修课程，也有纵向提升的选修课程；既有普及性的选修课程，也有提高性的选修课程；既有理论性的选修课程，也有技能、技术培养的选修课程。其次，结构要有序，应在学校层次与专业层次上，将多种性质与内容的选修课程分门别类地整合为一个有序的体系，以便于学生合理地选择。再次，内容要有品位，即要反映大学的文化底蕴，不能滥竽充数。最后，要讲求实效，一方面要保证开课的质量，另一方面要坚持考核评价制度，防止和克服教师"混工作量"，学生"混学分"的现象。

七、主修专业课程与第二专业课程的关系

主修专业课程与第二专业课程是按双专业复合型人才培养的要求来划分的两类课程。

主修专业课程是原有专业的课程，第二专业课程是后期所选专业的课程。第二专业课程有专科水准的辅修专业课程与本科水准的双学位专业课程之分，由此构成主辅修或双学位的课程结构。

培养双专业复合型人才是社会的需要，也是大学生扩大就业面的需要，应当提倡，但对双专业的课程结构应进行合理地组合。首先，要指导大学生合理地选择第二专业，最好是与主修专业有联系的专业，至少学科的跨度不宜过大。其次，根据第二专业的教育目标，选择与组织第二专业的课程，形成第二专业课程的板块。最后，在时间上要合理安排，为了保证质量，必要时应将学制延长为5年。

本科教育改革的主要举措之一就是完善学分制，探索实行荣誉学位，推进辅修专业制度改革，对加强学习过程管理和课程学分认定等提出要求，以增强学生的创业就业能力。

八、先行课程与后续课程的关系

先行课程与后续课程是按教学的进程来划分的两类课程，但这种划分只具有相对的意义。

先行课程与后续课程的关系有两层含义。其一是先后的顺序。按课程内容的逻辑关系，有些课程开设的先后顺序是不能颠倒的，如专业基础课先于专业课，基础理论课先于应用理论课，基本的专业理论课程先于专业实习与毕业设计或毕业论文等。其二是相互的衔接，尤其是一些关系十分密切、内容又有所交叉的课程，在先后的衔接上要注意各自的侧重点与后续课程内容的起点，这样既可避免重复，又可在先行课程的基础上得到提高。

先行课程与后续课程的安排，是一种技术性的操作，会影响课程结构的科学性及课程开设的效率与效果，应当予以重视。

九、思政课程与课程思政的关系

思政课程，即高校思想政治理论课，是在课程德育中系统进行思想政治教育的课程，既是

课程德育的主渠道，也是大学生思想政治教育的主渠道。党的十八大以来，习近平总书记强调"思政课是落实立德树人根本任务的关键课程"，并提出思政课改革创新要坚持"八个相统一"。思政理论课是大学生的必修课，是帮助大学生树立正确世界观、人生观、价值观的重要途径，体现了社会主义大学的本质要求。①

课程思政，是落实"把思想政治工作贯穿教育教学全过程""使各类课程与思想政治理论课同向同行，形成协同效应"的重要体现。课程思政实质上是一种课程观，不是在实际课程中增开一门课，而是将高校思想政治教育融入课程教学和改革的各个环节、各个方面，实现立德树人润物无声。课程思政实际上是课程德育的升级版，是对课程德育的政治提升，是高校保证正确办学方向、掌握党对高校思想政治工作主导权的重要途径。②

思政课程与课程思政的关系体现在两个方面。一方面，其任务和目标都是把大学生培养成中国特色社会主义的合格建设者和可靠接班人。二者作为高校思想政治工作的重要组成部分，是一个"课程思政共同体"，共同担负着立德树人的根本任务，发挥着对大学生的思想价值引领作用。在方向和功能上，课程思政和思政课程都要坚持社会主义办学方向和发挥育人功能，具有内在的契合性。同时，在课程结构上，思政课程是大学生思想政治教育的主渠道，也是落实课程思政的一个组成部分。另一方面，课程思政的课程观虽然强调把思想价值引领放在首位，但不能替代专业知识的学习，不能把专业课"思政化"。因此，只有明确课程思政与思政课程的不同特点，用好课堂教学这个主渠道，思想政治理论课要坚持在改进中加强，其他各门课都要守好一段渠、种好责任田，使各类课程与思想政治理论课同向同行，才能充分发挥二者各自的思想政治教育功能和育人优势，形成协同效应，增强育人合力。

第四节　教学内容的更新

教学内容在这里主要指独立开设的各门课程的学科内容。

从科学发展的角度来看，科学可以分为三类：一类是经典学科，是过去的科学；另一类是发展中的学科，是现在的科学；还有一类是新兴学科，是未来的科学。这种按时间顺序的分类只具有相对的意义，就具体的科学内容而言，随着时间的推移，未来的科学会成为现在的科学，而现在的科学会成为过去的科学，科学就是通过这样的演进而不断更新和发展的。

教学内容要反映科学的发展与本学科的发展，这是一项基本要求。我们以上述科学分类为尺度，评估一下这三种成分在现行大学教学内容中所占的比重，就不难发现，相当多的课程教学内容严重滞后于科学的发展，更新教学内容已成为大学刻不容缓的任务。正是出于这个目的，1994年年初原国家教委启动了"高等教育面向21世纪教学内容和课程体系改革计划"，随后1997年又启动了"高等师范教育面向21世纪教学内容和课程体系改革计划"，计划在若干

---

①② 石书臣. 正确把握"课程思政"与思政课程的关系［J］. 思想理论教育，2018（11）：57-61.

年内出版一千本面向 21 世纪的新教材，其中部分教材已经出版，其目的就是推进教学内容的改革。为了加强普通高校教材管理，打造精品教材，切实提高教材建设水平，2019 年，教育部牵头制定了《普通高等学校教材管理办法》，要求教材内容坚持理论联系实际，充分反映中国特色社会主义实践，反映相关学科教学和科研最新进展，反映经济社会和科技发展对人才培养提出的新要求，全面准确阐述学科专业的基本理论、基础知识、基本方法和学术体系。

教学内容的更新，要克服三种认识上的误区，即将教学内容更新的内涵及其层次性简单化；将教学内容更新的途径单一化；将科学前沿的介绍神秘化。大学应扩大视野，从教学实际出发，在多种层次上，采取多种途径进行教学内容的更新。

一、教学内容更新的多种层次

教学内容的更新是一个逐步积累和推进的过程，按其程度的不同，可分为以下三个层次。

第一，论证材料的更新。教学内容中的许多理论观点是比较稳定的，但在论证时应尽量使用新的数据或论据，取代那些过时的材料，这种论证材料的更新，虽然是一种浅层的更新，但对增强理论观点的时代感与说服力具有重要的意义。

第二，理论观点的更新。随着科学的发展，会不断出现现行教材中所没有的新的理论观点，这就需要区别不同情况将新的理论观点引入教学内容。第一种情况是取代性的，即根据科学界的共识，用新的理论观点取代教材中过时的理论观点；第二种情况是补充性的，即运用新的理论观点对原有的理论观点进行补充和修正；第三种情况是介绍性的，即某些未被科学界确认的新的理论观点，亦可作为学术动态进行介绍。这种打破教材束缚所进行的理论观点的更新，虽然是局部的，但也是实质性的，因为科学的发展就是从新的理论观点的形成开始的。

第三，学科体系的更新。学科体系的更新是教学内容整体性的更新，也是最高层次的更新，包括一系列理论观点的更新与学科内容结构的更新。这种更新是非常必要的，但它要经过一定的积累和一定的周期，而且不是一般教师力所能及的事情，因此这一层次的更新不能作为教学内容更新的唯一标准，而使多层次的教学内容的更新简单化。

二、教学内容更新的多种途径

在教学内容更新的途径上，人们往往只想到教材的更新，这就把更新的途径单一化了。其实从大学教学的特点出发，更新的途径有很多，归纳起来至少有以下三种。

第一，讲授内容的更新。大学教学的讲授内容与教材内容是既有联系又有区别的。一方面讲授要以教材为主要依据，同时又可不受教材局限，不仅可以有重点地讲授，还可以增加教材所没有的内容，这就为教学内容的更新提供了空间，并成为经常可以采用的重要途径。

第二，指导学生通过课外阅读扩充新知识。大学教学以学生自学为主，自学并不限于教材，尤其在网络时代，学生接受信息的渠道非常多，因此指导学生进行课外阅读也是不可忽视的更新教学内容的重要途径。

第三，教材的更新。教材的更新是更新教学内容的基本途径，要做好这项工作，首先必须更新对教材的观念，教学的主要参考材料不仅包括专为教学编写的教材，还应包括必读的专著与有关的文献资料。其次，教材的更新要真正反映教学内容更新的要求，目前出于功利目的重复编写乃至粗制滥造的教材，不仅不是教材的更新，而且还会造成教材使用的混乱局面。最后，对经过教学实践检验确实优秀的教材，要加大宣传和推广的力度。

三、应将科学前沿的介绍纳入教学内容

科学前沿是已知领域与未知领域之间的不确定地带，是理论上与实践中要取得突破性进展而亟待解决的重大问题，是科学发展的最新领域与生长点。大学生接触科学前沿具有重要的意义：一是能激发大学生对科学的兴趣；二是能激励大学生的创新精神；三是能让大学生了解科学发展的最新成果与发展方向。将科学前沿介绍纳入教学内容是培养大学生创造性的重要途径，也是教学内容更新的需要。

让大学生接触科学前沿，有一种认识上的误区，即将科学前沿神秘化，认为大学生缺乏接触科学前沿的理论基础和知识准备，这种看法是不对的。其一，大学教育已进入高深学问的领域，大学生也已具备相当的知识基础，不能说完全没有接触科学前沿的能力；其二，接触科学前沿可以有不同的要求，可以采取不同的形式，以适应大学生的接受能力。

接触科学前沿可区分三种不同的要求，采取三种不同的形式。第一种要求是作为科普知识了解科学前沿，可采取科普讲座或通过通识课程的形式开展；第二种要求是从相关的科学原理上理解科学前沿，把相关学科或相关原理纳入教学内容，向学生介绍；第三种要求是参与前沿问题的研究，这就要进入科学研究的领域了。就本科生而言，在非专业领域可作第一种要求，在本专业领域就应作第二种要求。至于第三种要求，那就是硕士研究生和博士研究生所应达到的要求了。而教授以综合学术为内容的科研工作是课程开发的基础环节，在这种活动中，科研与教学共生一体，知识发现与传播成为一个连续体。①

【复习题】

1. 试述高等教育课程制订的依据。
2. 优化大学课程结构应处理好哪些关系？
3. 谈谈对课程思政的认识。
4. 更新大学教学内容可采取哪些途径？

---

① 王一军.大学课程新使命：再造知识发现、加工与传播的连续体［J］.清华大学教育研究，2020，41（4）：115-129.

【推荐阅读】

1. 陈旭远.课程与教学论[M].北京：高等教育出版社，2012.

2. 闫守轩.课程与教学论：基础、原理与变革[M].北京：北京师范大学出版社，2015.

3. 索桂芳.课程与教学论[M].北京：北京师范大学出版社，2016.

4. 张红霞，吕林海，孙志凤.大学课程与教学：原理与问题[M].北京：教育科学出版社，2015.

5. 杨贤均，陆步诗，李新社.大学课程结构优化的思考[J].中国高教研究，2009（5）：77-79.

6. 王焕良，马凤岗.课程思政：设计与实践[M].北京：清华大学出版社，2021.

第十章 大学教学方法的运用

【知 识 列 表】

大学教学方法的运用	教学方法概述	大学教学方法的本质
		大学教学方法的作用
		大学教学方法的结构
	讲授法	讲授法的作用
		讲授内容的处理
		讲授法的运用
		备课
	自学法	自学与自学能力的概念
		自学的意义及其教学条件
		自学的基本方法
		自学指导的基本途径
	实验法	实验法的作用与类型
		实验课的安排与设计
		实验课的组织与指导
		实验成绩的评定
	科研训练法	科研训练的任务与意义
		科研训练的形式与方法
		科研训练的组织与指导
		科研训练的物质条件与社会条件
	教学方法的选择与运用	教学方法的选择
		教学方法的组合
		教学方法的运用

大学教学方法是教师完成教学任务、实现教学目标的重要工具，也是影响高等教育教学质量的重要因素。在当前的高等教育教学改革中，教学方法的改革与创新至关重要且任务十分艰巨，要全面提高教学质量必须运用科学的教学方法。本章详细介绍了大学主要使用的教学方法，包括讲授法、自学法、实验法、科研训练法，在具体的教学实践中，教师要在撷取传统教学方法的精华和借鉴其他先进教学方法的基础上，选择并运用最优的教学方法。只有对教学方法进行恰当的选择，合理组合，并正确运用，才能充分发挥教学方法的作用。

第一节 教学方法概述

教学方法包括教师教的方法和学生学的方法,是教授方法与学习方法的统一,了解教学方法对于完成教学任务、实现教学目标、提高教学质量至关重要。

一、大学教学方法的本质

方法是认识问题和解决问题的途径、手段和工具。教学方法则是为完成一定的教学任务,师生在共同活动中采用的途径、手段和工具。大学教学方法具有不同于其他工作方法的特殊本质,与其他学段(中学、小学)的教学方法相比则既有共性又有自己的个性。2018年,教育部发布了《普通高等学校本科专业类教学质量国家标准》,这是我国第一个高等教育教学质量国家标准。该标准的三大原则为:第一,突出学生中心。注重激发学生的学习兴趣和潜能,创新形式、改革教法、强化实践,推动本科教学从"教得好"向"学得好"转变。第二,突出产出导向。主动对接经济社会发展需求,科学合理设定人才培养目标,完善人才培养方案,优化课程设置,更新教学内容,切实提高人才培养的目标达成度、社会适应度、条件保障度、质保有效度和结果满意度。第三,突出持续改进。强调做好教学工作要建立学校质量保障体系,要把常态监测与定期评估有机结合,及时评价、及时反馈、持续改进,推动教育质量不断提升。这些原则对我们认识和改进大学教学方法具有很好的指导作用。

(一)大学教学方法是师生在教学活动中相互联系的方式

教学活动是师生的双边活动,因此教学的方法,既包括教的方法,也包括学的方法。把教学方法仅仅理解为教法,或者只重视教法,而忽视学法,这正是当前教学中存在的重大缺陷,因此在深入研究教法的同时,还必须加强学法的研究。

教法和学法是有机联系且不可分割的。一般地讲,有什么样的教法,就会有某种相应的学法,或者为了建立某种新的学法,就必须采取相应的新的教法。如讲授与听课,前者是教法,后者是学法。自学与自学指导,前者是学法,后者是教法,都是不可分割的。因为不能脱离教与学的联系,孤立地考虑教的方法或学的方法,所以教学方法实质上是师生在教学活动中相互联系的方式或方法,这也正是教学方法不同于其他工作方法的地方。

各个学段教学对象不同,即学生发展水平不同,那么,师生相互联系的方式也就不同或者不完全相同,因而构成不同的或不完全相同的教法与学法的结构,其中的核心问题是学生独立性发展的程度。对于大学来讲,在师生相互联系的方式中,学生具有更大的独立性和自主性,这是大学在教学方法上不同于中小学的一个显著特点。

（二）大学教学方法是一种特殊的认识方法，具有科学方法的性质

从广义上讲，科学方法包括三个层次：一是适用于一切科学领域的一般研究方法；二是自然科学领域或社会科学领域所特有的一般研究方法；三是某一学科所特有的研究方法。这些方法构成人们从事科学认识活动的模式、程序、途径和手段的系统。由于现代科学技术的发展，各科学领域及各学科之间研究方法的相互渗透和交叉日益加强，科学方法的作用也愈加显著。

大学教学方法与科学方法虽各有其特殊性，但有着本质的联系。大学教学过程作为一种特殊的认识过程，既不等同于科研过程，也不是单纯的学习过程，而是教师指导下的，大学生以学习为主，学习和发现逐步结合的过程。与这一认识过程相适应，不论是实现学习任务，还是实现学习与发现的结合，促进学习向发现转化，都离不开科学方法。

大学的教学，就其主要任务来讲，是传递和掌握人类已有的知识，而作为传递和掌握人类已有知识的教学方法，必然受科学成果与获得该成果的科学方法的制约。这是因为：其一，在科学发现过程中，科学成果与科学方法是不可分离的，一定的科学成果总是通过一定的科学方法获得的，没有科学方法的突破，就不可能获得突破性的科学成果。其二，在教学过程中，教学内容与教学方法也是不可分离的。一定的教学内容必须通过一定的教学方法来传递和掌握，而教学方法的选择和运用总是同一定的教学内容相适应的。其三，作为认识对象的教学内容，是由一定的科学成果所构成的。由于科学成果与科学方法的不可分离性，要使教学方法与教学内容（科学成果）相适应，并成为传递和掌握教学内容（科学成果）的有效手段，便不能不受到科学方法的制约，并为科学方法所决定。

大学教学除传递和掌握人类已知的认知成果外，还要为大学生进入发现领域创造条件，与此相适应，对大学生进行科学方法的训练，便成为大学教学方法的重要内容。这种科学方法训练的目标是向未知领域开拓，因而不只是科学方法的学习，而是在发现过程中运用科学方法。正是在这一点上，科学方法的训练同运用科学方法传递和掌握人类已知的认知成果具有重大区别。

大学教学方法具有科学方法的性质，并具有鲜明的学科特点，正是受到相关学科认识成果和科学方法制约的表现。科学方法对大学教学方法的影响和渗透，大致有三种渠道：一是在讲授、自学、练习等教学所特有的方法中运用科学方法。如科学思维的方法与上述任何一种教学方法都是不可分离的。二是将某些科学方法作为独立的教学方法引入教学过程。如理科的实验法，就是在实验研究法创立后引入教学过程，并随着实验研究方法和手段的发展而发展的。三是在大学生的科研活动中，结合学科特点和课题任务进行各种科学方法的训练。事实上，在由低学段（小学、中学）向高学段（大学本科、研究生）的发展过程中，随着学生知识水平和智能水平的提高，教学内容的不断深化，科学方法对教学方法的影响和渗透日益增强，在进入大学后，大量的教学方法和科学方法就融合在一起了。

（三）大学教学方法的本质在于师生联系方式与科学方法的统一

在教学活动中师生相互联系的方式要以科学认识的方法为依据，只有这样才能达到认识的目的；而科学方法的运用，只有通过师生联系的方式，才能在教学中起到应有的作用。简而言之，教学方法乃是教学形态的科学方法，是科学方法在教学条件下的运用。因此，大学教学方法的本质是师生联系方式与科学方法的统一，也是教学方法的对象特点与学科特点的统一。

二、大学教学方法的作用

从教学方法与教学目标的关系来讲，教学目标是确定教学方法的依据，教师应根据不同的教学目标采取不同的教学方法。同时，教学方法又是实现教学目标、促进学生全面发展的基本条件之一，对教学目标的实现具有直接的、重大的影响。

教学方法的作用主要表现在两个方面：一是直接影响教学目标能否实现；二是直接影响教学目标实现的程度和效率。由于采取的教学方法的合理性程度不同，完成教学任务的质量与效率也就不同。现代高等教育不仅对质量的要求越来越高，而且必须努力提高教学的效率，力求做到质量与效率的统一，这就使教学方法的作用显得更加突出了。

教学方法的上述作用是通过教学方法以下四个方面的功能体现出来的。

其一，科学的教学方法能激发学生的学习兴趣、动机和志向，调动学生学习的积极性和主动性，培养学生的意志，促进学生优良的非智力心理品质的形成和发展，是解决学生学习动力问题的重要工具，因而具有激励的功能。

其二，科学的教学方法是使学生获得正确认识、缩短认识过程、提高认识效率的重要工具，因而具有认识的功能。从掌握知识的角度讲，教学过程大致包括感知、理解、保持、应用、迁移等认知因素，而与此相适应的教学方法则是达到这些认知要求的基本条件。

其三，科学的教学方法凝结着巨大的智力价值，它不仅是传递和掌握知识的工具，而且具有"开智"的功能。如果说，科学发现是人类智慧的结晶，那么科学方法则是人类智慧的生长点。人们常说教学方法比具体知识更重要，就是因为科学方法与具体知识相比，具有更大的智力价值和迁移性。因此，学习和掌握科学方法，对学生的智力发展具有重要的意义。

其四，教学是一种有目的、有计划、有组织的活动，是一种人为的可以控制的系统。与教学的这一特点相适应，科学的教学方法还具有评价、调节、控制的功能。仅从教与学的关系来讲，教师对教学过程的评价和调控以及学生对学习过程的自我评价与调控，采取有效的教学评价与调控的方法，是使教学过程按预定目标顺利进行并获得最佳教学效果的重要保证。

三、大学教学方法的结构

教学任务与教学活动的复杂性和多样性，决定了教学方法的多样性。在实现教学任务的过程中，各种教学方法是相互联系、相互渗透的，从而构成教学方法的系统。任何一种教学方法都有它特有的作用与局限性，因而不能离开教学方法的系统而孤立地存在或起作用。把任何一种教学方法或教学方法的模式绝对化，都会走向反面。

（一）教学方法的层次

教学方法大体可分为三个层次：一是一般教学方法；二是各级各类学校的教学方法；三是各级各类学校中各个学科的教学方法。这三个层次的教学方法之间是共性与个性的关系，同时，这三个层次还可以再分为若干小层次。我们学习和研究的重点是大学教学方法及大学中不同专业、不同学科的教学方法。

（二）教学方法的基本结构

关于教学方法的分类，由于人们分析归纳的角度不同而产生了许多不同的分法。综合各种分类的合理因素，教学方法的基本结构如下：

1. 与教学认识过程相适应的教学方法

（1）激发学生学习兴趣和动机的方法。

（2）组织教学认识活动的方法。按照知识的类型和来源，可分为获得间接知识的方法、获得直接知识的方法、培养技能技巧的方法；按照认知因素，可分为感知的方法、理解的方法、保持（记忆）的方法以及把知识运用于实践的方法。

（3）教学评价与控制的方法。包括对教学活动的质量与效率进行测量、检查、评价、反馈与调控所采用的各种方法。

2. 与学生认识独立性程度相适应的教学方法

按学生在教学中认识独立性的程度不同，教学方法可分为传习性、独立性、研究性三个不同层次。传习性教学，即以教师讲授为主，辅之以复习、练习的方法。独立性教学，也就是教师指导下的自学。研究性教学，则是教师指导学生进行创造性的学习活动和科学研究。这三种方法都必须由教师指导，这一点是相同的，而学生的独立性程度则是不同的。

3. 教学认识活动中的智力方式和方法

教学认识活动中的智力方式和方法包括一般逻辑思维的方法及各学科所特有的科学认识方法，它既渗透在前述两类方法之中，又具有自己独立的体系。

（三）大学教学方法的结构特点

教学方法的一般结构反映了教学方法系统共同的本质特征，而作为大学的教学方法，其结构还具有以下特点。

1. 教学方法和教学形式的统一

大学的教学方法与教学形式是融合在一起的，某种教学形式也就是相应的教学方法，高等教育学不可能也不必要像普通教育学那样,把教学形式和教学方法分开来阐述。①

根据教学方法与教学形式统一的特点,大学教学方法的基本分类体系如下:

(1)课堂教学方法:讲授法、谈话法、讨论法、实验法。

(2)现场教学方法:参观法、调查法、实习法。

(3)自学方法:阅读法、练习法。

(4)科研训练方法:学科研究法、一般科学方法。

上述分类只是一种原则上的划分,实际上各种教学方法之间是相互交错、相互渗透的,例如练习法,既有在课外进行的,也有在课堂中进行的。在自学方法中,除阅读法与练习法外,还包括某些独立的实践活动,为了避免不必要的重复,某些交叉的方法只归于某一大类,而在其他大类中就不再列举了。

2. 教学方法与学科研究方法的统一

在大学教学方法结构中,教学方法与学科研究方法是融合在一起的,因而大学教学方法通常表现出鲜明的学科特点。虽然大学教学方法在总体结构上有着共同的规律,但不同专业、不同学科的教学方法其具体结构是不同的,或者是不完全相同的,这也正是前面所阐述的大学教学方法的本质在教学方法结构上的体现。

3. 大学教学应以教师指导下学生的独立学习为主

在按学生认识独立性程度划分的传习性、独立性、研究性三种类型的教学方法中,大学教学应以独立性教学方法为主,这是由大学教学对象的特点,即大学生独立性发展的水平所决定的。

以独立性教学为主的含义是:(1)学生知识的获得和合理的智力结构的形成,主要应依靠学生自己的学习与研究,而不是主要依赖教师的灌输;(2)它既不是对必要的传习性教学的否定,更不是忽视研究性教学,而是一方面以必要的传习性教学为条件,另一方面又要努力向研究性教学的方向发展,也就是逐步实现由自学到治学的转变;(3)不论是传习性教学、独立性教学,还是研究性教学,都是教与学的统一,既是学生认知独立性的三个层次,也是教师主导作用的三个层次。那种把教师主导作用仅仅理解为知识讲授的看法,不仅脱离了大学教学的特点,而且实际上降低了对大学教师主导作用的要求。概括地讲,以教师主导下的学生独立学习为主,指的是包括讲授、自学、研究等在内的各种教学方法、教学环节在整体结构上的特点,并不是将其绝对化,孤立于教学方法的整体结构之外。

第二节 讲 授 法

讲授法是教师使用最早、应用最广的教学方法,是教师向学生传授知识的重要手段,其他教学方法的运用几乎都需要同讲授法结合进行。

---

① 潘懋元. 新编高等教育学[M]. 北京:北京师范大学出版社,1996:382-383.

第十章　大学教学方法的运用

一、讲授法的作用

讲授法是教师通过口头语言向学生描绘情境、叙述事实、解释概念、论证原理和阐明规律的教学方法。讲授法是教师向学生传授知识、技能的重要方法。从学生的角度讲，听讲是获得间接知识的重要途径。

应注意一个事实，教师的讲授与学生的接受并不是一回事，不像日常生活中，甲将一个东西给乙，这个东西就成为乙的东西了。实际上教师的讲授往往出现传而不授，或者授的效果大小不同，这除了与教师讲授水平和学生接受能力有关以外，还与讲授作用有关。

如何认识讲授作用的实质呢？这要从学生掌握间接知识的规律来认识。学生对于间接知识的掌握是通过感知、理解、应用来实现的，而关键是理解，即通过抽象思维方法认识事实和概念之间的联系，将他人的知识转化为自己的知识。如果没有学生自己的理解，就不能实现这个转化。自学是学生对教材通过独立思考达到理解，而讲授的实质是以教师的理解帮助学生理解，但不能代替学生的理解。讲授的这种作用，一方面是以教师对教材的理解帮助学生克服理解上的困难，将教材上大步子的联系分解为小步子的联系，为学生认识事物或概念之间的内在联系建立阶梯，使学生见到他所未能见到的联系；另一方面是教师以自己理解问题的方法去指导学生学会理解，即不仅帮助学生理解具体的知识，而且使学生掌握理解的方法，增强学生独立理解的能力。因此，讲授的效果实质上取决于教师如何运用自己的理解促成学生的理解，它是由前一种理解转化为后一种理解的过程，绝不是简单的传递和注入。

基于以上分析可以看到，讲授方法既有突出的优越性，也存在某些内在的缺陷。由于讲授法能使较多的学生在较短的时间里经济地获得大量的知识，有利于发挥教师在教学中的主导作用，便于教学过程的控制，因此，讲授法便成为教学方法系统中居于主导地位的基本方法之一。同时，又由于它存在不利于因材施教，不利于自学能力培养的局限性，因此，教师不能将此种方法绝对化，以致取代别的行之有效的教学方法。

二、讲授内容的处理

讲授法包括两个基本的方面：一是内容的处理；二是内容的表达。下面我们先来讨论讲授内容的处理。

所谓讲授内容的处理，是指根据课堂讲授的特点对既定的教学内容进行选择、加工和组织，而不是教学内容的制订，因为教学内容的制订乃至教材的编撰已不属于教学方法的范畴，两者不同。对讲授内容处理的基本要求有以下几点。

（一）讲授内容应体现专业培养目标的要求

高等学校各专业的课程结构及其内容结构，一般都是根据专业培养目标、学科体系及学生发展水平等因素综合制订的，但其中的核心是专业培养目标。因此不论是确定一门课的教学目标与教学内容，还是选择与组织其讲授的内容，不仅不应离开专业培养目标的要求，而且应是专业培养目标的逐层分解，是为实现专业培养目标服务的。

（二）讲授内容的科学性，应是确定性与不确定性的统一

基础教育所强调的科学性，一般是指知识的可靠性、确定性，但如果在高等教育中也只强调确定性，那就不够了。任何学科在其发展过程中都具有确定性的一面和不确定性的或局限性的一面，正是这种不确定性，使科学具有探索的性质，并得以不断发展。当然，教师在教学中主要是讲授内容确定性的一面，包括最新的科学成果，但也应指出还存在的、尚未克服的矛盾，以及解决这些矛盾的不同观点、不同学派，使学生看到科学中不确定的、需要继续探索的一面，以激励学生的创造精神，懂得科学的更深刻的含义。这样教师就能在讲授中把掌握已知与探索未知结合起来。

（三）讲授内容要有思想性

教学中的思想性具有广泛的含义，包括坚定正确的政治方向，辩证唯物主义的世界观与方法论，为人民服务、为科学献身的人生观，良好的心理品质与作用，文明、道德的行为习惯等。教师在讲授时应从学科内容的特点出发，贯穿有关的思想内容，为此，一方面要注意教材思想性的挖掘，另一方面也要防止"离题"与附会。另外，教师要做到言传和身教的统一，才能达到更好的效果。

（四）讲授内容应是以教材系统为依据的重点讲授

由于高等学校的教材分量比较重，加上学生已具有较强的自学能力，因此教师没有必要也不可能按教材内容进行面面俱到的讲授，而应主要在重点内容上深入和扩展，难点的突破要具有专题讲授的性质。物理学家严济慈认为，大学教学具有科学讲演的特点。重点讲授，总的学时量可以减少，但重点内容的学时量不仅不能比过去少，而且要比过去多，因为重点讲授并不是搞"压缩饼干"，而是有详有略。

科学有严格的体系，因此科学知识的传授必须讲求系统性，但重点讲授与系统性是不矛盾的。其一，讲授重点的选择和确定，是以教材的系统性为依据的。所谓重点实际上就是教材系统的中心内容及各种内在联系的关节点，它不是脱离教材系统而存在的，而恰巧是掌握教材系统的突破口。其二，重点讲授本身也应是有逻辑系统的。这种讲授的系统性，不仅要考虑教材的系统性，而且必须与学生认知心理过程的特征相适应，以便更加有效地在学生头脑中建立知识与知识之间、思路与思路之间的联系。

三、讲授法的运用

如何将确定的讲授内容通过一定的方式表达出来，并获得尽可能好的教学效果，这便是讲

授法的运用所要解决的问题。

讲授法的基本要求有四点，即激发动机、同步思维；结构严谨、说理深刻；虚实结合、表述生动；注意反馈、及时调整。

根据以上基本要求，可以采用下列讲授法。

（一）运用问题法（或称矛盾分析法）

"学则需疑"，古人已懂得这个道理。现代心理学强调"思起于疑"，或"思维以问题始"，说的都是一个意思。可以说没有问题或矛盾就没有积极的思维活动，也就没有解决问题的动机和兴趣。要激发学生学习的动机和兴趣，使学生对教师的讲授产生共鸣并达到同步思维，教师就要善于设疑和释疑，使讲授成为提出问题、分析问题、解决问题，同时又不断提出新问题的过程，使学生的思维活动处于不断地发现矛盾和解决矛盾的过程之中。设疑主要有两种情况：一种是知识本身内在的矛盾，即知识所要解决的问题；另一种是学生在知识理解上的矛盾，即估计学生可能遇到的难以理解的问题。教师可以按问题的提出和解决来组织讲授提纲，讲授时便可像剥笋一样，一层一层剥下去，使学生始终处在一种问题情境之中。

（二）运用逻辑方法

科学知识和原理的讲授，实质上就是一个形成概念、进行判断和推理的逻辑过程。结构严谨、说理深刻，是在讲授内容的整体结构与具体的分析论证上要合乎逻辑。因此，教师自觉地掌握和运用逻辑方法非常重要。

教师在讲授中常用的逻辑方法主要是比较和分类、归纳和演绎、分析和综合等。

比较和分类是形成概念的基本逻辑方法。教师在讲授中运用比较和分类的方法，不仅能使学生对讲授的概念有深刻的印象，而且对相关的概念系统及其种属关系有一个明晰的认识。

归纳和演绎是认识过程的两种推理形式。教师在教学中一般运用演绎法较多，往往是从定义、公式、原理入手，然后再据此说明具体事物，而运用归纳法比较少，这是形成学生归纳能力薄弱的重要原因，教师应予以重视。归纳法与演绎法是相辅相成的，教师在教学中应交替使用，并使学生受到这两个方面的训练。

分析和综合是抽象思维的基本方法，渗透在比较、分类、归纳、演绎等逻辑方法之中。教师一般在备课时，先对教材的各个部分进行分析，然后综合成整体的认识，形成讲授纲目的整体结构；而在讲授时，往往是倒过来，按综合的纲目进行分析论证。教师在分析论证时，可以先提出概念（综合的概念），然后进行分析；也可以先提出问题，从分析入手，然后综合得出结论。采用哪种方式分析论证要看具体内容的特点。在现行教学中，教师一般对分析比较重视，对综合则重视不够，这对学生整体性科学思维的形成是不利的。

（三）运用理论联系实际及直观的方法

讲授是一种传递间接知识的方法，其内容自然以抽象的理论知识为主，然而理论是源于实践并为实践服务的，为了使抽象的理论知识更好地为学生所理解，教师需要重视理论与实际的联系，并尽可能地增强讲授的直观性，也就是做到虚实结合。

理论联系实际，首先是讲明理论产生的实践根据或实验根据；其次是运用实例来阐明理论，或运用理论分析有关的自然现象或社会现象；再次是尽可能地说明理论的实用价值或现实针对性。教师在联系实际时要从学科内容的特点出发，避免简单化和庸俗化。

感知是理解的重要条件，教师要尽可能地运用直观的方法来配合理论讲授，以提高讲授的效果。直观的方法既包括实物、模型、图片、挂图、电影、电视及多媒体等，也包括教师讲课时的语气直观、板书及图解等。讲授的内容有的是描述性的，有的是理论性比较强的，有的两者兼而有之。对描述性的内容，教师应尽量运用直观教具；对比较抽象的内容，教师要善于运用图解或框图，表现思路及有关问题的逻辑联系，帮助学生建立概念和理解原理。

（四）教学语言的运用

语言是讲授的主要工具，因此讲授也是一种语言的艺术，课堂语言运用得好坏，对教学效果具有很大的影响。

教学语言是一种艺术，是科学的书面语言与口头语言的结合。关于概念与原理的表达需用书面语言，但讲课全用书面语言也不行，否则就成了念教材，所以大量的讲解还要尽可能地运用教师自己的口头语言来表达，使学生听起来亲切易懂。

教学语言的主要要求是：干净、准确、生动。干净就是要少说废话，尽量避免口头禅。准确就是要保证表述的科学性，在举例或作通俗化讲解时尤其要注意这一点。生动，就是要富于感情，具有内在的逻辑力量，具有语言的直观性，要有趣味性。

（五）注意学生的反馈信息

讲授过程是一个信息传递和反馈的过程，教师既是信息的输出者，又是整个教学过程的控制者。在讲授过程中，教师如果要得到学生的反馈信息，必须善于观察，从中掌握学生的反应，然后对自己的讲授进行必要的调节，调整输出信息，以引起新的信息反馈，从而使讲授过程处于积极状态。

学生在课堂上的及时反馈，是通过各种不同的情绪或表情反映出来的。例如，学生不愿听讲，在课堂上讲话或做别的事情；学生感到疲劳，大脑处于抑制状态，思想集中不起来，甚至打瞌睡；学生因讲授不能满足需要，而似听非听，表情淡漠；学生注意力集中但面带疑惑，可能是有地方没听懂，或者教师有地方没讲清楚；学生处于放松、兴奋的状态，注意力集中，对教师讲的内容心领神会，引起共鸣，点头微笑。

教师面对学生的积极反映，自然会越讲越起劲，如果遇到消极的反应，就应运用教学机智及时找出原因并采取对策，对讲授内容或方法加以调整，不能放任自流。

（六）学生听课方法的指导

讲授法是讲课方法与听课方法的统一，教师在运用讲授法时，不仅应当注意讲课方法的改进，而且必须加强对学生听课方法的指导，只有这样才能达到预期的效果。

听课方法的基本要求是善听、善思、善记。

善听，即善于把握教师讲授的基本内容，包括讲授的观点（公式、定律、原理），事实与论证的方法或思路。由于讲授的内容实质上是教师对教材的理解和补充，因此学生在听课时尤其应当注意教师对教材是如何理解的，以及讲了哪些教材上没有的新材料、新观点、新方法。

善思，即善于通过自己的思考将教师对教材的理解转化为自己对教材的理解。这是一个积极的思维加工和鉴别的过程，学生要能从教师讲授的内容中区分出哪些是自己已经理解或掌握的知识，哪些是新的知识；哪些是经教师讲解后自己理解了或加深理解的知识，哪些是听讲后仍然不理解或不清楚的知识。同时，学生还要注意领会教师讲授时所采用的方法，并从中吸取有价值的东西。

善记，即善于做听课笔记。记笔记有利于集中听课的注意力，有利于把握教师讲授的重要内容，有利于强化思维活动及对知识的理解，还有利于知识的巩固。同时，它又是听和思的结果的体现，只有善听、善思才能善记。因此录音式的笔记是不可取的，所记的东西应该是讲授的要点及其逻辑联系，教材上没有的材料和观点，以及自认为的精彩之处和存在的问题。

听课与自学有很大的不同，前者是由教师控制进度和节奏，后者是由学生自己控制进度和节奏。因此，听课时听、思、记虽有一定的先后顺序，但却有着极强的连续性，这就要求学生在听课时思维敏捷，做到听思结合、手脑并用。

四、备课

教师在讲课前的准备情况如何，对保证课堂讲授的质量具有重要意义。无论是新教师还是老教师，是新开的课还是教过多年的老课，教师都应认真地进行课前准备。新开课要做准备自不待言，而多年教同一门课的教师也要备课，这是因为在教学中除了讲授的基本内容比较稳定外，还存在许多变动的因素，例如教师对教学内容有了新的理解，知识有了新的发展，学生情况发生了变化，讲授的课时有了变动，等等。由于存在这些变动因素，就需要教师通过备课对讲授的内容和方法进行必要的调整和改进。

备课的步骤大体可分为三步：第一步是在钻研教材、参考资料与分析学生情况的基础上，按照一定的课时规定，进行讲授内容的选择、加工和组织，并写出讲稿或讲授提纲。第二步，根据确定的讲授内容进行教学法准备，包括教学方法的选择和设计，教具的准备。第三步是临上课前再重温一下教案或讲授提纲，确保上课时具有充分的心理准备。

教师备课有两个值得注意的问题。

一是讲稿与教材的关系。根据大学教学的特点，其关系应该是"不即不离，若即若离"，在低年级要"多即少离",到高年级就应"少即多离"。"即"是同,指的是在基本内容和范畴上应该是相同的。"离"是不同,一种情况是补充性的,即讲授的是教材上没有的东西;还有一种情况是讲授的观点或体系同教材的观点或体系是有差异的。这两种情况不仅是允许的,而且对扩大学生的知识面,加深学生对知识的理解,培养学生独立思考的能力是有好处的。

二是讲稿与讲课时临场发挥的关系。一般而言,实际讲授是根据预先设计的内容进行的,但也不可能是完全相同的。这往往有两种情况:一种情况是教师在分析论证或举例时脱离讲稿而进行即席发挥,这种发挥往往比原来准备的讲稿更为精彩;另一种情况是教师在讲授过程中,根据学生的即时反馈对预定的讲授内容和方法作出改变或调整。这两种情况都是教师教学水平和教学机智的表现,也是搞好课堂讲授所必需的。

第三节 自 学 法

在大学的学习中,自学是学生很重要的一项技能,学生自学和教师指导相结合,是大学教学方法改革的主流趋势。提高学生自发式学习、自主性学习的意识与能力需要教师对学生进行科学的自学方法的指导。

一、自学与自学能力的概念

从一般意义上讲,自学就是学习者的独立学习,是学习者通过独立学习获得知识、技能的方法。把自学的概念只限定在社会上的独立学习是不妥的,因为在学校中也必须有自学,只是条件不同,独立性程度不同罢了。

学校学生的自学,是在教师指导下,学生通过独立学习获取知识、技能,发展能力的方法,是学校教学的基本方法之一。

学生的独立学习是相对于教师的知识讲授而言的,也就是不依赖教师的讲授而直接地掌握知识,学生独立性程度越高,对教师的依赖性就越少。因此,不论学习的内容与途径是怎样的,只要是独立地掌握知识,如独立阅读与练习、独立观察与实践、独立研究问题等,皆可称为自学,这是一种广义的理解。而狭义的自学,主要是指独立阅读与练习。我们在教学中所说的自学,主要是指狭义的自学。

社会上的自学与学校条件下的自学,既有共同点,也有不同点。学习的独立性有赖于一定的社会条件(如社会所提供的知识与一定的认识手段和媒介)是共同的。不同点是:第一,指导条件不同,社会上的自学无教师指导,至少无系统的指导,学校学生的自学则是在教师指导下进行的。第二,独立程度不同,社会上的自学是完全独立的,学校的自学在多数情况下是与一定的讲授相结合的,因此不是完全独立的。正因为学校学生的自学是教师指导的并与一定的讲授相配合的自学,所以自学效率更高,学生可以少走弯路。但教师的指导和讲授不能代替学生的独立学习。

自学能力，是指个体独立地获取知识与更新知识的能力。也就是在独立学习的条件下，能够学得深（理解透彻），学得活（能运用，具有自己的见解），学得快（效率高），学得多（知识量大），并能根据科学技术的发展与工作的需要，不断地更新自己的知识。

学生自学能力是一种综合能力，由下列五种能力因素构成：

第一，记忆能力。记忆是人脑对经历过的事物的反映。它包括识记、保持、回忆和再认四个环节。所有学习都包含着记忆，自学过程始终与学生的记忆情况密切相关，自学必须十分重视和加强学生记忆能力的培养。

第二，理解能力。即学生能独立地领会教材、参考书及文献资料。理解能力按其水平，可分为文字性理解水平与解释水平。前者是对字句、概念达到表面意义的理解，知道"是什么"；后者是确切地把握概念的本质含义及各种联系，对基本原理能进行论证，知道"为什么"。理解能力是自学能力的基础和关键。

第三，评价能力。即学生对阅读材料（包括教材、参考书、文献资料）的性质、科学价值、真实性和精确性等方面，能形成独立的判断，或对不同的材料进行比较和综合评述，并表明自己的见解，表现出学习中的批判性（包括肯定和否定）。评价能力也是自学能力的重要表现。

第四，研究性学习的能力。即学生能对学习中出现的问题进行独立的探索。学习中的问题一般有两类：一类是自己学习中不理解的问题；另一类是学科中某些感兴趣而又有争议的问题。学生对这些问题能独立地收集资料，进行探讨，以寻求解决方案，并形成自己独立的见解。这种研究性学习的能力，既是高水平的自学能力，又是从事科学研究的基础能力，是由自学向科研过渡不可缺少的。

第五，自我评价、调节、控制的能力。自学是一种极为复杂而艰苦的智力活动，要保证学习的质量和效率，这种自我评价、调节、控制的能力就特别重要。其中包括三个主要因素：一是自我决策，即合理地制订学习计划，对学习的内容、方法、时间进行科学的安排；二是自我反馈与评价，即学生能通过效果的反馈对自己的学习状况、学习质量、学习方法等进行自我评价；三是自我调控，即学生根据自我反馈的信息，对学习状态进行调节，排除干扰，纠正失误，保证学习目标的实现。

二、自学的意义及其教学条件

以自学为主，是大学教学方法结构的重要特点，对实现高级专门人才的培养目标具有重要的意义。

从一般意义上讲，自学是成才的基本条件，也是成才的必由之路，这是成才的普遍规律。在非教学条件下，要成才必须靠自学；在学校教学条件下，要成才也要一定程度靠自学。著名教育家叶圣陶先生曾深刻指出：从幼儿园到大学，其实都是鼓励来学的人自学成才，辅导求学的人自学成才，光听讲，不融化，不会成才，举一隅，不能三隅反，不会成才，唯有入学而取得了自学的本领，才能成才。

从大学教学的特殊意义上讲，以自学为主，是大学教学规律的客观要求。首先，只有在以自学为主的条件下，才能完成大学复杂的教学任务。大学教学已进入比较高深的科学领域，学生需要的知识，教师不可能都讲到。因此如果仍像中小学那样以教师的讲授为主，不仅学生学习的知识面会受到很大的限制，而且学生也难以深入理解和掌握复杂的科学知识。其次，只有在以自学为主的条件下，才能培养学生高水平的自学能力，并为学生创造能力的培养打好基础。自学能力只有通过自学活动才能培养，单纯依靠教师的灌输，是培养不出学生的自学能力的。同时，自学能力又是创造能力及其他各种能力的基础，由自学能力逻辑地向创造能力发展，正是人才成长的一条重要规律。一个缺乏自学能力的人，是无创造性可言的。最后，学校期间的自学是为毕业后完全独立地学习创造条件。一个人的大部分时间要靠完全独立的学习。这是因为，一个人不能在学校待一辈子，在学校学的东西也不能管一辈子，即便继续教育发达了，主要还靠自学。因此，在校期间学会自学，是为未来工作和学习所做的最重要的准备。

大学强调以自学为主，不仅是必要的，而且从大学生基本的学习能力来看，也是完全可能的。一方面，大学生已具备了相当的知识基础；另一方面从大学生的心理发展水平来看，他们思维的抽象性、独立性与批判性已经发展到了一个新的阶段，他们具有强烈的探索意识与独立学习的愿望，也具备了一定的自我控制能力。大学教师不应低估大学生学习的潜能，而应充分相信大学生，下功夫指导大学生自学，使大学生在自学中学会治学，增长知识，增长才干。

搞好自学所必需的教学条件有以下四点：首先，教师的指导。自学不是不要教师指导，而是对教师提出了更高的要求。其次，时间条件。没有自学时间的保证，自学便是空话。时间从哪里来呢？一是减少讲课学时，增加自学时间，二是帮助学生提高自学时间利用率，减少学习时间的浪费。最后，学术资料条件。大学要增加学术资料的投资，在信息化时代特别要购置电子期刊、电子书籍和学科资源库等，改善网络环境，为学生使用学术资料创造条件。同时，营造积极向上的学习环境，形成浓厚的学习空气。

三、自学的基本方法

在教学条件下，大学生的自学是根据教师预定的教材，指定的作业或自学材料进行的。此外，大学生还可以根据自己的需要与兴趣选择学习材料进行自学，基本方法是阅读、练习和复习。下面主要介绍阅读方法。

大学生的阅读，按其性质和内容可分为专业性阅读与非专业性阅读两大类。

专业性阅读有三种不同的类型：第一，在教师讲授基础上的消化性阅读。教师的讲授只是为学生理解教材提供了条件，学生还必须系统地阅读教材及指定的学习材料，以达到消化、理解的目的。这种阅读一般在课后与复习结合进行。第二，独立理解性阅读。即不依赖教师的讲授，直接理解和掌握教材内容或其他学习材料。课前预习在一定程度上具有这种阅读的性质。

第三，研究性阅读。即根据一定的课题，超越教材的内容，阅读并理解有关的文献资料，为课题的研究进行知识准备。

非专业性阅读，是指与专业没有直接的关系，但对提高专门人才的基本素质有重要意义的阅读。非专业性阅读大体亦可分为两类：一类是修养性的阅读，包括知识修养、道德修养、文化修养等；另一类则是娱乐性或消遣性的阅读。

阅读的基本方法和技能，可以概括为读、查、问、记、思五个方面。

读：阅读首先要有选择，选择那些确有学术价值、参考价值或审美价值的书来读。视书的价值大小与需要，阅读分为精读、部分精读、略读三种读法。对本学科最有影响的经典著作，要下功夫精读。阅读要有比较，尤其在同类书中，要善于鉴别它们在内容、观点上的异同及各自的独到之处；阅读要学会运用逻辑的方法，把握全书的意图、主题与层次结构，尤其要理解和掌握书中提出的论点、论据及论证方法。只要掌握了正确的阅读方法，并不断积累阅读的经验，阅读就能做到由厚到薄，由慢到快，由少到多。

查：即查阅文献资料及参考书。阅读中有了问题需要解决，就要查资料，并且知道到哪儿去查，如何查。文献资料的来源一般可分为著作、期刊、报纸及工具书。了解和熟悉本学科图书及文献资料的体系和检索方法，也是从事科学研究必备的基本功。

问：即善于提出问题。在阅读过程中能否提出问题，以及提出的问题的性质和程度，是衡量阅读是否深入的重要标志。问题大体可分为三类：一是自己看不懂或比较模糊的问题；二是对阅读材料的评价问题，如发现阅读材料中有不妥之处，或自己有不同的看法，又或不知如何给予恰当的评价；三是从阅读材料中引发出来的自己认为值得探究的问题。问题的层次不同，难易程度亦不同，但都应认真地通过请教他人和自身探究求得解决，这是使阅读富有成效，并使学习不断深化的重要条件。

记：即阅读必须动手，包括划重点符号、加眉批、做摘要卡片、写内容提要、心得体会，整理专题文献综述，建立资料篇目索引等多种形式。动手可以强化记忆、加深理解、促进思考，并可将学习的成果系统化，同时也有利于写作能力的培养。

思：即独立思考，这是贯穿整个阅读过程的核心。只有学思结合，才能善读、善查、善问、善记。独立思考，一方面是强调思维的积极性、独立性和批判性，尽量减少和克服学习中的依赖心理；另一方面则强调思维的科学性和创造性，努力掌握科学思维的方法，防止思维的盲目性和片面性。

四、自学指导的基本途径

指导学生自学，是大学教师发挥主导作用的重要方面。自学与治学是分不开的，指导学生自学，实质上就是教师指导学生建立科学的治学态度和治学方法，并在知识的掌握和运用上给予必要的点拨。学生自学一般都是分散、独立进行的，无论在知识基础、学习方法、学习进度上，还是在学习态度上，都表现出明显的个别差异。因此，自学指导更需要教师在掌握学生自学状况的基础上，做到有的放矢、因材施教。根据大学教学的特点，教师实施自学指导有以下基本途径。

（一）通过课堂讲授为自学提供指导

课堂讲授与自学，是大学教学方法系统中两种最基本的方法。在大学以自学为主的条件下，讲授应以学生自学为基础，并以促进学生自学为目的，讲授与自学两者相互作用、相辅相成。因此，加强学生自学，不仅不排斥必要的课堂讲授，而且应将课堂讲授作为自学指导的重要途径。问题的关键在于，教师不应以过多的讲授取代学生的自学，而应通过讲授为自学提供指导，并以促进自学为归宿。

课堂讲授对自学的指导作用，主要体现在三个方面：第一，结合预定的讲授内容，对学生自学中存在的问题进行有针对性的讲解，以对自学起到解惑和加深理解的作用。第二，寓科学方法于讲授之中，尤其应注意结合讲授内容，提示学习内容的结构与思路，以及把握内容内在联系的方法，使讲授有利于提高学生的阅读水平。第三，根据教学任务向学生推荐有关的科学著作及重要文献，并进行必要的评价，以激发学生阅读的兴趣。

（二）辅导与答疑

辅导是帮助和指导学生自学的基本方法，其任务是为学生自学指引方向，提供方法，解决疑难，并在思想上和学习态度上给予帮助。学生就学习中的疑难问题向教师提出疑问，教师针对学生的质疑进行解答，属于辅导的范畴，但在教学组织形式上又有一定的独立性，对此，尤应引起重视。

按学生自学过程，辅导可分为自学开始时的启发性辅导，自学中的释疑性辅导和自学告一段落时的总结性辅导。按教学形式，辅导可分为课内辅导和课外辅导，在大学主要是课外辅导。按对象人数，辅导可分为集体辅导和个别辅导，在大学应以个别辅导为主。按组织化程度，辅导则可分为制度性辅导和非制度性的渗透在各个教学环节及师生交往中的辅导。

教师做好辅导工作应注意以下三点：

（1）掌握学生自学状况，培养学生的探究精神和质疑习惯。讲授与辅导在教学目标上是一致的，但在出发点上并不完全相同。讲授一般是从预定的教学内容出发的，而辅导则是从学生自学中的问题出发，因此掌握学生自学的状况及其存在的疑难，是做好辅导工作的前提。教师掌握学生自学中的问题，除了直接观察外，还有一个非常重要的途径是学生的质疑。学生能否质疑，首先取决于学生钻研的程度，不钻研或钻研不深，其结果是提不出问题，或者只能提出一些浅层的问题。同时，也与学生质疑的习惯有关，如有的学生虽有问题，但不愿提出或羞于提出问题。所以教师在辅导工作中，注意培养学生的钻研精神和良好的质疑习惯，就显得特别重要。

（2）辅导要着眼于提高学生的自学能力与理解水平。帮助学生解决具体知识上的疑难问题，是辅导工作的重要任务。然而，通过疑难问题的解决提高学生的自学能力，则具有更为重要的意义。因此教师在辅导时，对学生提出的问题，应避免就题答题，更不应以辅导代替学生自学，而应在解决问题的思路与方法上给予指导，并尽可能让学生自己求得问题的解决，以利于学生自学能力的提高。自学能力的核心是独立理解能力，自学效果的主要标准在于理解的程度。因此，指导学生掌握理解的条件与方法，在理解上下功夫，不断提高理解水平，应是辅导工作始终要注意的关键问题。

（3）辅导要因材施教，有的放矢。学生在自学中遇到的困难，是因课程而异，因学习材料而异，因人而异的。缺乏自学习惯与自学能力的学生，在开始自学时困难就多一些，而经过一段时间的训练之后，困难就会逐渐减少。就学习材料而言，显然文科与理科之间是有差别的，在文科中，读教材与读原著其困难程度也不一样，之所以如果学习材料不同则困难程度不同，一方面与学习材料的难度有关，另一方面也与学生的知识准备与理解能力有关。至于学习困难因人而异就更为显著了，因为学习不仅涉及学生在知识基础、能力水平上的差异，而且还涉及学生的学习动机、兴趣、态度、意志等思想的和心理的因素。教师的辅导工作应针对上述不同情况，因材施教，有的放矢地进行。

在当前的教学改革中，翻转课堂和项目式教学是促进学生自学的积极探索。翻转课堂是指重新调整课堂内外教学活动次序的教学方法。课外学生利用教师提供的教学资源进行自学，教学资源包括视频讲座、电子书籍与文献、播客等，学生记录学习中遇到的疑难问题，还可以利用网络与教师及其他学生交流讨论；课内教师通过辅导答疑、与学生交流互动促进学生对知识的内化吸收。项目式教学是以问题为导向，由学生自主提出问题、确定目标、收集资料、开展研究的教学方法。项目式教学强调提升学生自主学习、独立创新、沟通协作、跨学科合作、资料收集及工具运用的能力。翻转课堂和项目式教学都强调学生学习的独立性，实现了学生自学和教师指导的统一，是大学教学方法改革的主流趋势。

第四节 实 验 法

实验法对自然科学的教学具有十分重要的作用。本节主要从实验法的作用与类型、实验课的安排与设计、实验课的组织与指导、实验成绩的评定四个方面来介绍实验法。

一、实验法的作用与类型

实验法，也就是实验教学法，是科学实验方法在教学条件下的运用。科学实验方法包括观察和实验，是获得感性经验的基本途径，是形成、发展、检验自然科学理论的实践基础。观察和实验既有联系又有区别。

观察，是人们对自然现象在自然条件下进行考察的一种方法。所谓"自然条件下"，是指人们在对自然现象不加控制或改变的情况下，对自然现象加以描述，如天文观察、气象观察、地质观察、动植物观察等。人类对自然的研究始于观察，但观察的方法有它的局限性，甚至有许多观察的结论是错误的，例如地心说认为太阳围绕地球东升西落就是一个典型的错误案例。恩格斯说过，单凭观察所得的经验，是绝不能充分证明必然性的，而必然性的证明是在人类活动中，在实践中，在劳动中。

实验，是使用一定的设备和材料，在人为控制下，设置或模拟一定的条件，引起实验对象的某些变化，从观察条件与对象变化的相关性中研究自然规律。实验法离不开观察，但与观察法在观察的条件方面是不同的，观察法是在"自然条件"下，实验法是在"人为条件"下。由于实验法不是消极地观察自然现象，而是有意识地控制条件认识自然，更充分地发挥了人的认识的能动性，因此能够更加深入地揭示自然规律。

科学实验方法具有多种类型。按质量关系来划分，有定量实验、定性实验、结构分析实验。按认识过程的作用来划分，有析因实验，即由已知结果寻找原因的实验；对照实验，即通过实验以便确定某一因素对实验组的影响；中间实验，即检查设计方案，为投入生产做准备。任何成功的实验，也就是获得科学发现的实验，必须是可以重复的。

作为教学方法的实验，从内容上讲，多数为已有科学实验的重演；从方法上讲，则是对科学实验方法的学习与训练，因此对自然科学的教学具有十分重要的作用。实验一方面通过验证科学原理，使学生更好地理解、掌握和巩固所学的理论知识；另一方面使学生掌握科学实验方法，提高科学实验能力。实验方法与能力的培养包括两个方面：一是基本的实验方法和能力，如实验仪器设备的安装与操作，实验现象的观察、记录与数据处理，实验过程的描述及实验结果的分析等。二是创造性的实验方法和能力，也就是实验研究的能力，学生能够根据一定的课题，独立地进行实验方案的设计，实验过程的观察和分析，以及实验后的综合总结。

按照大学教学的特点及学生在实验中独立性程度的不同，实验分为以下三种类型。

（1）演示实验。这种实验与课堂讲授结合进行，一般由教师操作与讲解。其目的是为学生学习新知识提供感性材料或事实依据。

（2）验证性实验。这种实验是在理论学习的基础上，按照预先规定的内容和方法，在教师指导下由学生独立操作。其目的在于验证理论，加深对理论的理解和掌握，并对学生进行基本实验技能、方法、能力的训练。

（3）研究性实验，或称为设计性实验。这种实验是在教师指导下，从课题的选定，方案的设计，仪器、药品的安排，到实验的全过程均由学生独立进行。其目的在于培养学生运用实验手段探求新知识，并提高从事实验研究的能力。

二、实验课的安排与设计

实验课是课堂教学的一种组织形式，是实验法与一定的教学内容的统一。教师对实验课进行合理的安排与科学的设计，对提高教学质量具有重要的意义。

第一，要处理好实验教学与理论教学的关系。目前我国实验课的设置一般分为两种情况：

一种是作为一门课的组成部分，另一种是单独设课。对此不必强求一律，教师可进行多方面的探索。但不论是哪种情况，有三点是要共同注意的：一是在内容上要有机衔接；二是在进度上要紧密配合；三是要保证必需的分量。

第二，要处理好经典实验与现代实验的关系。随着科学技术的发展，与教学内容需要更新一样，实验的内容、方法和手段也面临着不断更新的问题。经典的验证性实验对于学生掌握基础理论、训练实验的基本功仍然是必要的，但教师要对实验进行精选，数量要逐渐减少，以增加现代的新的实验内容。

第三，要处理好验证性实验与研究性实验的关系。就本科教育而言，显然应当以验证性实验为主，但不能只限于验证性实验。为了提高学生实验研究的能力，使其受到科学研究的基本训练，在高年级安排一定数量的由学生独立设计的综合性和研究性实验是完全必要的。同时，学校还应创造条件，开放实验室，让学生从低年级就开始进行独立实验的训练。

第四，要处理好实验教学体系与科学实验方法体系的关系。近代以来，实验科学快速发展，不仅在自然科学理论上取得了丰硕的成果，而且在实验方法上也形成了相对独立的方法论体系。实验教学本是来源于科学实验，但在实验教学中却往往只重视其验证理论的功能，而忽视其方法论的意义，导致实验成为就事论事、照方抓药的过程，这样不仅会影响实验的质量，而且学生也难以受到方法论的教育和训练。因此，教师应从本学科的特点出发，加强对科学实验方法论的学习和研究，并努力探索在实验教学体系中贯穿科学实验方法论的有效途径。

第五，要处理好虚拟仿真实验与传统实验教学的关系。自2019年教育部启动"六卓越一拔尖"计划2.0，全面推进"四新"建设，即新工科、新医科、新农科、新文科建设以来，在当前实验教学改革进程中，各高校都在大力推进虚拟仿真实验教学平台与项目建设，利用网络进行虚拟交互实验的方式替代传统实验教学。这对降低实验教学对实体实验室的依赖，解决许多因现实条件、资源不均衡等导致的实验教学问题大有助益，但在实际教学过程中教师应注意虚拟仿真实验教学的设计，充分利用可拓展的线上线下教学资源，让学生获得更深入的体验。

三、实验课的组织与指导

（一）实验课的准备

教师上实验课的准备工作包括：一是根据教学计划所规定的实验，编写实验指导书，对实验的目的要求，实验的原理、步骤、方法、条件，以及实验中应注意的问题作出规定。二是对一些难度较大的实验，教师要亲自做实验准备，一方面是对实验方案及仪器设备、药品的剂量配方等进行可靠性检查，另一方面也是为了对学生在实验中可能发生的问题及解决办法做到心中有数，以免临时出差错。三是指导教辅人员做好仪器设备、药品的准备。

学生上实验课的准备工作，主要是做好实验预习，复习与实验有关的理论知识，熟悉实验指导书，以及在实验时具备必需的知识与方法。同时，教师还应尽可能地组织学生参与仪器装配和药品的准备工作，使学生熟悉这方面的知识和技能，为今后的设计性实验打好基础。

（二）实验过程的指导

实验是让学生通过亲自操作而获得知识、技能的一种教学方法，因此，发挥学生在实验中的主动性和独立性是搞好实验教学的关键。为此，实验的编组，最好是每人单独做实验，由于仪器设备不够或一个人不能操作的实验，也以二人一组为宜，以便保证每个学生都有独立操作的机会。在实验过程中，从仪器的调试，药品的配制，到过程的观察、分析，结果的报告，教师都应要求学生动手动脑，如果出现了问题或误差，也应首先要求学生自己分析、自己处理，必要时应当重做。教师的指导主要是发现问题并及时向学生提出，在学生独立思考的基础上，给予方法上的指导，不应做过分的具体帮助，更不能代做。

教师在实验过程中，除对学生进行业务指导外，尤其应当注重对学生进行科学态度的教育，对实验中的各个环节都应严格要求。同时还应注意对学生进行爱护财物的教育。

四、实验成绩的评定

对学生实验成绩的考核，应根据实验教学的目的要求，对学生的实验报告及实验过程中的实际表现进行综合评定。为此，教师可结合各个学科的特点，制定实验成绩评定的标准。作为理论课组成部分的实验，其成绩应在该课总成绩中占据一定的比例，如果学生的实验不合格，则不能参加该门课的期终考试。

第五节　科研训练法

对大学生进行科研训练具有重要意义与价值，教师对学生进行科研训练要掌握一定的形式和方法，要对学生进行组织与指导。同时，实施科研训练需要一定的物质条件和社会条件提供支持。

一、科研训练的任务与意义

根据培养高质量创造性人才的需要，大学的教学过程应是以学习为主，学习与发现相结合，由学习向发现转化的过程。而组织大学生进入科研领域，进行科研训练，则是实现由学习向发现转化的直接途径。

我国普通高等学校的本科教育已将科研训练纳入教学过程，并作为重要的教学形式和方法。科研训练的任务主要有以下三点：

第一，激发创造精神，增强创造意识。大学生已进入青年期，他们在体力、智力、思想等方面都已基本成熟，经过大学阶段的学习，知识和经验的积累也已达到一定的水平，正处于学习知识和发展创造力的黄金时代，蕴藏着巨大的创造潜能。科研训练的首要任务，便是使大学生通过科研活动的亲身体验，消除对科研活动的神秘感，培养科研活动的兴趣，激发创造的欲望，增强创造的意识，以至树立创造的理想及继往开来的历史使命感。

第二，培养从事科学研究所需要的基本素质。科研活动和学习活动，虽然都是认识活动，但两者既有联系又有区别，在其所需要的素质上，既有相通之处又有不同的要求。因此，科研所需要的素质，有些可以在学习过程中培养，而有些则必须经过严格的科研训练。其中最基本的要求是：了解和熟悉科研过程的程序和方法，养成实事求是的科学态度，培养创造性活动所需要的思维品质与意志品质，以及与科研各个环节相适应的各种必备的能力（如搜集文献资料、选题、课题设计、分析问题与解决问题、撰写论文等方面的能力）。

第三，获得一定的研究成果，并使拔尖人才脱颖而出。高等学校本科生的科研训练在要求上不同于研究生的科学研究，其主要目的在于培养创造精神与研究能力，一般在研究成果上不能提出过高的要求。但随着大学生能力的提高，创造力的发挥，及研究环境与条件的改善，其研究水平也在逐步提高，并且有部分大学生脱颖而出，做出了有价值的科技成果。有些省市的教育主管部门，还专门设立了大学生科技成果奖以资鼓励。大学生在学习水平上有明显的差异，而在研究活动中的差异则更加显著。因此，教师在科研训练中应对学生区别对待，除坚持一般要求外，还应将拔尖人才的培养作为科研训练的重要任务之一。

加强与完善大学生的科研训练具有重要的意义。其一，大学生的科研训练，从严格意义上讲，虽然属于科研准备的性质，但有利于促进学习和发现的早期结合，起到学习活动与研究活动相互推动的作用，是提高人才培养质量的重要措施。通过科研训练，一方面可以扩大学生的知识视野，促进知识的掌握和运用，提高独立学习的能力，改善学习的方法，从而提高学习的水平；另一方面又为学生在学习的基础上培养创造精神、发展创造能力、发挥聪明才智提供了锻炼的机会和条件，从而为学生未来从事研究活动打下初步的基础。其二，科研训练作为学习和发现相结合的直接途径纳入教学过程，有其深刻的教育思想背景。科研训练不是一种孤立的教学形式和方法，它的实施与完善涉及培养目标与规格的修正，教学模式与教学方法的变革，学生学习独立性程度的变化，以及教师素质的提高和指导方式的改变等一系列教学问题，因此科研训练必然对大学教学的整体改革产生深远的影响。其三，促进大学生与社会的联系，并作为学校科学研究的辅助力量，为推动社会经济、科技、文化的发展作出一定的贡献。

由于我国高等学校师资、设备、经费等条件不平衡，学生来源及学习水平也有较大的差异，因此科研训练要从实际出发，不能强求一律，但是高等学校要努力创造条件，逐步让更多的学生参与到科研中，并在现有基础上逐步提高科研训练的水平。

二、科研训练的形式与方法

根据高等学校科研训练的基本要求，以及科研训练与教学活动相互渗透、相互促进的特点，其基本形式包括经常性的科研活动、学年论文（课程设计）和毕业论文（毕业设计）。经常性的科研活动，小型、分散、形式多样，具有较大的弹性，而学年论文（课程设计）和毕业论文（毕业设计）则具有集中训练的性质，因此被纳入教学计划，并有明确具体的规定和安排。由于学科特点不同，在研究内容与成果形式上，一般工科各专业规定进行工程设计性的课程设计和毕业设计，其他文理科专业则是撰写理论性的学年论文和毕业论文。另外，也有部分工科专业规定在设计的基础上就设计课题再写论文。

（一）经常性的科研活动

科研训练与知识掌握一样，有一个循序渐进、由低到高的发展过程。因此，不能等到高年级做毕业论文（毕业设计）时才进行科研训练，而是应当将早期的科研基础性训练及经常性的科研活动与集中的毕业论文（毕业设计）结合起来，只有这样才能保证毕业论文（毕业设计）具有良好的基础，并使学生的科研素质得到更为系统、扎实的训练。

经常性的科研活动与科研基础训练可通过课内与课外两种途径进行，并应以课外为主。

学生课外的研究活动主要有五种形式：一是听取校内外专家的学术报告。二是参加校内或校际的学术讨论活动。三是参加学生学术性社团或研究会的学术研究活动。这种以学生为主体的有组织的研究活动，一般都有比较明确的活动领域或研究方向，能切合参与者的志趣和特点，有利于发挥集体的作用，同时也便于教师指导，因此是应当大力提倡的学生经常性研究活动的主要形式。四是根据学生各自的兴趣和爱好进行的研究活动和参加各类学科竞赛，包括撰写论文、科技发明等活动，学校和教师对这类活动应给予积极的支持和指导。五是吸收学生参加学校的某些科研工作，如在科研课题组中担任教师或科研人员的助手，承担力所能及的科研任务。

在教学过程中，教师结合教学任务对学生进行基础的科研训练，主要是通过独立作业、课堂讨论、实验、社会调查、实习等教学环节，加强查阅与整理文献资料，使用工具书，实验操作与设计，调查研究，专业论文或报告的写作等基本功的训练，使学生熟悉和逐步掌握从事学习和研究所需的一些基本的科学方法，并提高运用理论解决实际问题的能力。

（二）毕业论文（毕业设计）

毕业论文（毕业设计），是带有总结性的集中的科研训练，是在系统掌握专业知识与技术及平时科研训练的基础上，按照规范化的研究程序与方法所进行的科研活动，它既是一种水平较高的研究性学习，又是学生正式进入研究领域的标志，是为学生未来工作所进行的直接的科研准备。因此，它与毕业实习都是为学生进行直接的职业准备，具有同等重要的意义。

毕业论文（毕业设计）的基本要求：一是能综合运用所学知识与技术，解决较为复杂的问题，即不论是理论问题还是实际问题，都应具有一定的广度和深度，与平时作业或学年论文应有明显的区别。二是按照规范化的科研程序及课题所需的科学方法进行课题研究。除搜集必要的背景材料外，尤其应注意根据不同的学科特点，加强调查研究、科学实验、工程运算与设计等基本方法的运用。三是问题的解决要有自己独特的见解与一定的创造性。研究结果要有事实和理论上的分析论证，做到言之成理，持之有故，表述清晰。问题解决应有助于学生学习水平与研究能力的提高，并使研究成果具有一定的现实意义和科学价值。

根据毕业论文（毕业设计）的基本要求，其选题应考虑下列三个因素：一是要符合专业培养目标的要求，有利于巩固和加深所学的专业知识和技术，因此课题涉及的知识领域应有一定的覆盖面和综合性。二是要尽可能结合社会实践所提出的理论问题和现实问题，以有利于理论与实际的结合，使学生在面向实际的"真枪实弹"中得到锻炼，并使其研究成果产生实际价值。三是要考虑实际的基础和条件，包括学生的研究能力、研究时间，可能提供的资料、仪器设备、研究经费，以及必要的社会条件等，因此课题不宜过大，应是条件允许、力所能及的。

由于每届参加毕业论文（毕业设计）的学生较多，且各人课题又不相同，因此要采取多种途径开辟课题来源。其主要途径有五个：一是学生根据个人的兴趣、爱好和特点自选的课题；二是学生在平时科研训练和实习中形成的课题；三是组织教师提出供学生选择的参考课题；四是与教研室或教师的科研课题结合，将其中的一部分课题分解为由学生承担的课题；五是通过产学研合作，承担由有关部门或生产单位提出的课题。从我国目前的情况来看，课题来源多为前三种途径，存在较大的局限性，加强和扩大后两种途径，应当作为今后努力的方向。

三、科研训练的组织与指导

（一）加强教师教学工作和科研工作的结合，是实施科研训练指导的前提条件

教学与科研的结合，包括两个方面：一方面是指教师的教学工作与科研工作的结合；另一方面是指大学生的学习与科研的结合。教师的科研具有双重意义，能为社会直接提供科技成果和科技服务，同时适应学生科研训练的需要。只有教师自身从事科学研究，才能有效地指导学生的科研活动，一方面教师的科研可以为学生提供一个良好的研究环境与学术环境，使学生在这种环境的熏陶下，看到什么叫创造，懂得为什么要创造，激发起创造的欲望与追求真理的精神；另一方面教师只有在科研中不断提高自己的研究能力和学术水平，养成严谨的科学态度，形成较为稳定的研究方向，才能为大学生的研究工作提供有力的指导，并能在教学过程中更加有效地贯彻教学与科研训练相结合的原则。因此，大学生科研训练的质量，在很大程度上取决于学校的学术环境和教师的学术水平。

（二）根据不同年级的教学任务与学生的发展水平，对科研训练进行合理的统筹安排

学生从入学到毕业，是一个逐步发展与成熟的过程。就认识领域而言，在其发展过程中要经历由基础知识到专业知识、技能，由专业理论到专业实践，由自学能力到科研能力等一系列转变；在思想领域亦由不完全成熟走向成熟。这些转变有其内在的逻辑，既是一个连续的过程，又显现出明显的阶段性，具体表现在不同年级的教学任务与学生发展水平的区别和衔接

上。从总体上讲，一、二年级是打基础的阶段，以学习基础知识、基础理论，培养基础能力为主，到三、四年级则进入直接的职业准备与科研准备的阶段，围绕专业对学生进行专业知识、技能，专业实践及科学研究的综合训练。

基于上述认识，科研训练的安排，从纵向上讲，应以低年级早期科研训练为基础，在高年级进行集中的、规范化的科研训练；从横向上讲，低年级的早期科研训练应与基础知识、基础理论的学习及自学能力的培养紧密结合，而高年级的科研训练，包括学年论文（课程设计），毕业论文（毕业设计），则应与专门知识、技能的学习，专业实践（实习）结合起来。只有这样，才能保证科研训练的质量与效率，而不致流于形式。

（三）教师对学生的科研训练应实施全面的、有针对性的指导

科研训练的指导，包括经常性科研活动、学年论文（课程设计）与毕业论文（毕业设计）的指导，学校应根据科研训练的不同形式、不同要求，组织指导力量。由于毕业论文或毕业设计时间集中，要求较高，课题涉及的内容比较广泛，而研究活动又由学生独立地分散进行，因此需要组织较多的具有指导能力的教师投入指导工作。指导任务的分配应充分考虑教师的专业特长与研究领域，每个指导教师指导学生的人数也不宜过多。

教师对毕业论文（毕业设计）应实施全面的指导。所谓全面指导，有两个方面的含义。第一是坚持思想指导与业务指导的统一。在思想指导方面，应将政治素质放在首位，以立德树人为首要责任，把思政教育与专业教育相结合，指导学生建立正确的理想信念和政治认同；同时应当注意培养学生刻苦认真、实事求是的科学态度与科学道德，对马虎敷衍、不负责任、华而不实甚至抄袭等错误思想和行为，要及时给予批评与纠正。在业务指导方面，重点是启发思路，进行研究方法的指导。第二是坚持全过程的指导，即教师帮助学生选择和确定课题，引导学生查阅文献资料，指导学生制订研究计划，检查研究工作的进度，解决研究过程中出现的疑难问题与方法问题。最后，审阅学生的毕业论文（毕业设计），并进行分析与评价。

毕业论文（毕业设计），是一种创造性活动，教师的指导应以发挥学生的独立性、激发学生的创造精神为宗旨，因此不应禁锢学生的思想、束缚学生的手脚，更不应包办代替，代做学生应该做的工作。

毕业论文（毕业设计）的指导，是以个别指导的方式进行的，因此，教师应根据学生选定的课题，以及学生在思想、态度、知识、能力、经验等方面的实际状态，进行有针对性的指导。一方面教师要注意发挥学生的优势，对其积极的表现和工作上的进展及时予以肯定和鼓励；另一方面教师要掌握学生研究工作中的薄弱环节或存在的困难，及时予以帮助，避免走大的弯路，同时要严格把关毕业论文（毕业设计）研究工作、学术水平和学术规范性。

四、科研训练的物质条件与社会条件

为了保证科研训练顺利进行，并使训练的质量得以不断提高，学校及各专业应努力改善图书资料、仪器设备、实验场所、研究经费等方面的物质条件，并在图书资料的查阅及仪器设备的使用管理上，尽可能为科研训练提供方便。同时，学校及各专业还应通过各种渠道加强与社会的联系，改善科研训练的社会条件，一方面争取社会及有关部门的支持和帮助，另一方面使学生科研的内容和成果更能切合社会的实际需要，并能产生一定的社会效益，在力所能及的范围内为社会提供直接的服务。

第六节 教学方法的选择与运用

前面我们就大学教学方法的一般原理及其系统的基本构成从整体上进行了阐述。从中可知，教学方法是多种多样的，任何一种教学方法都有它的特定功能，也有局限性；不同教学方法之间既相互区别，又相互渗透、相互补充；同时，教学方法的实际效果，是与教师的教学方法修养及教师对教学方法掌握、运用的具体状况直接相关的。因此，教师在具体的教学实践中，只有对教学方法进行恰当的选择、合理组合，并加以正确地运用，才能充分发挥教学方法的作用。

教学方法在教学实践中的有效性，是教学方法选择、组合及运用的根本要求。实际上，教学方法的选择，就是根据特定的教学需要及可能的条件选择有效的教学方法；教学方法的组合，则是为了综合运用多种方法，以发挥教学方法的综合效应，克服单一教学方法的局限性；而对已经选定的教学方法的运用，其核心问题则更是围绕有效性，努力提高运用的水平，以争取达到最大可能的教学效果和效率。

一、教学方法的选择

教学方法的分类体系与教学方法的选择有着密切的关系，教学方法的分类是以功能的不同为主要依据的，教学方法的选择则是从一定的功能需要出发选择相应的方法。从某种意义上讲，建立教学方法分类体系本身就是为教学方法的选择与运用服务的。因此，熟悉教学方法的分类体系与明确教学方法选择的依据，是进行教学方法选择的两个基本环节。关于教学方法的分类体系前文已经专门论述，教学方法选择的依据主要有以下四个方面。

（一）教学目标

教学目标是由知识、智能、意向心理品质、思想品德、体质等多种因素构成的。这些因素统一于人的发展，在其形成与发展过程中，既有共同的规律，又有各自特殊的规律。因此在教学中要实现这些教学目标，教师除了可以采用一些通用的方法外，还必须根据不同的教学目标选择不同的教学方法。

例如，运用讲授法传授知识是比较有效的，也是比较经济的。但讲授法在发展学生的智能方面有所欠缺，因为智能是在认识主体的独立活动中形成与发展的，只有按照具体的智能目标，采取相应的方式或方法才能有效。又如，动机、兴趣、情感、意志等意向心理品质与思想品德的培养，与传授知识、培养能力在方法上又有显著的区别，教师除了重视道德认识因素并采取必要的认识方法外，尤其应注意心理的和道德情感的因素，因而应多采用陶冶、示范、疏导与行为矫正以及自我修养等方法。如果教师只是采用一般的认识方法或停留在说教上，将思想政治教育方法"智育化"，那么思想政治教育目标将是难以实现的。

（二）学科性质与知识形态

学科性质从科学分类的角度来讲，主要是根据研究对象的不同，以及在基础学科、应用学科中所处的层次不同来划分的，在大学中则表现为专业分化及各种不同专业的设置。

由于不同的学科在认识论和方法论上有着共同的基础，因而在研究方法与教学方法上有其相同之处。但是，由于不同学科的研究对象不同，与实践的距离不同，因而在研究方法与教学方法上必然显现出各自的学科特点，即使是一些共同采用的方法，在具体运用时也是不完全相同的。例如，在文科、理科之间，文科、理科内部各分支学科之间，以及基础学科与应用学科之间，在研究方法与教学方法上都存在显著的差别。因此，学科性质与学科特点应是教学方法选择的重要依据。

知识的形态有多种分类：按照来源，知识可分为直接知识与间接知识；按照外部特征，知识可分为描述性知识、技术性知识与理论性知识；按照复杂程度，知识可分为事实性知识、方法性知识与原理性知识。这些知识形态的分类对教学方法的选择具有重要意义。例如，直接知识主要靠观察与实践，间接知识主要靠阅读、理解，两者可以相互结合，但不能相互取代。又如，事实性知识、描述性知识的教学，应采取感知、观察、实验、调查的方法；技术性知识或方法性知识的教学，应采取练习或训练的方法；比较抽象和复杂的理论性知识的教学，除应尽可能提供必要的感性材料以帮助理解外，主要是在讲解和指导自学中，善于选择各种抽象思维的方法，包括逻辑的方法及各学科特有的理论方法，以达到对理论的深入理解。总之，根据不同的知识形态，该看的就要看，该练的就要练，该讲的就要讲，该自学的就应自学，只有这样才能获得好的教学效果。

（三）学生发展水平

教学方法的选择与教学内容的确定一样，要受教学对象即学生发展水平的制约。学生发展水平包括知识、能力、思想、心理素质及生理诸因素发展的水平，而由这些因素综合表现出来的学生独立学习的水平，则是影响教学方法选择的直接因素。

学生独立学习的水平作为教学方法选择的重要依据，既是一种需要的因素，又是一种条件限制的因素。从需要的角度来讲，就是教学方法要与学生独立学习的水平相适应，并有利于学生学习独立性的进一步发展。由于大学生独立学习的水平显著地高于中学生的水平，因而在大学中，学生独立学习活动的比例及要求亦应明显高于中等学校，即应由传习性教学为主转变为以独立性教学为主，并向研究性教学发展。从条件的角度来讲，教学方法的选择不应超越学生发展水平所提供的可能性。大学生从入学到毕业，其学习要经历一个由不完全独立到基本独立的发展过程，考虑到不同阶段学生发展水平不同，因此，不同年级在教学方法的选择上应有所区别，即由低年级到高年级，随着学生知识、经验的积累，学习能力的提高，逐步强化学生的独立学习活动。

（四）时间条件与物质条件

无论什么教学方法的运用都需要一定的时间投入，而不同教学方法所需的时间投入是不同的，因此，教学方法的选择，不仅应以可能提供的时间条件作为重要依据，而且应以高效率的教学方法作为选择的目标。

根据教学时间选择教学方法包括两个方面的含义。一是教学方法的选择不能超越时间允许的限度，尤其是在确定多种方法的综合运用时，应从整体上计算时间条件的可能性。二是根据教学方法的需要调整教学时间的规定。就一般情况而言，教学时间的总量是一个常数，需要调整的主要是教学时间分配的结构比例，使时间分配的结构与选定的教学方法的结构相适应。

教学方法的实施离不开必要的物质条件，包括各种教学用房、图书资料、仪器设备、经费等。除了通用的教学设施外，不同的教学方法对教学物质条件也有不同的要求，如加强自学就必须有较为丰富的图书资料；要采用先进的实验方法，就必须进行仪器设备的更新；要扩大学生的社会实践活动就必须增加经费的投入；等等。

由于我国高校在经费及各种教学设施上是不均衡的，因此教师在选择教学方法时，受物质条件限制的程度也是各不相同的。这里需要强调的是：一方面教学方法的选择不能脱离现有的物质条件，另一方面，更为重要的是应当逐步改善学校的教学物质条件，使教学方法的选择有更大的余地，并使教学方法的不断优化具有必要的物质基础。此外，班级规模也是影响教学方法选择的重要因素。班级规模小，教师可选择的教学方法则更加多样化，如讨论式、项目式、合作式等；班级规模大，教师则倾向于采用讲授法。

二、教学方法的组合

教学目标与教学内容具有多样性，因此需要多种教学方法相配合。同时，任何一种单一的教学方法都不可能孤立地存在或起作用，因此经过选择确定的教学方法必然是多种多样的，而不可能是某种单一的教学方法。所谓教学方法的组合，即根据选定的各种教学方法的内在联系，形成一定的教学方法结构，以充分发挥教学方法的综合效应。

教学方法的合理组合必须着重研究两个方面的问题：一是组合的层次，二是组合的形式。

（一）教学方法组合的层次性

由于教学方法的选择与组合具有不同的覆盖面和作用范围，因而涉及的教学领域不同，教学方法的组合亦不相同。就大学教学而言，教学方法的选择与组合可分为科类、专业、课程三个基本层次。

第一，科类层次，是指文、理、工、农、医、师等大的科类，各科类由于学科性质、培养目标不同，因此应根据本科类的特点，经过选择与组合，提供对下属各专业起指导作用的教学方法的基本结构。

第二，专业层次，是教学方法选择与组合的最重要的一个层次，因为它比科类层次具体，又比课程层次全面，它要根据本专业的培养目标、学科性质、教学内容及对象特点，对教学方法进行选择与组合，以形成教学全过程的方法的整体结构。

第三，课程层次，分科教学是教学活动的基础，在同一专业中从不同的课程教学目标、学科性质与内容以及所处年级学生水平出发，经过选择与组合，形成本课程的教学方法结构。而在课程教学过程中，不同的具体内容乃至一节课，其方法也不是完全相同的，因此在教学方法上也还要进行合理的组合。

（二）教学方法组合的形式

教学方法的组合不应是各种教学方法的简单拼凑，而应是根据各种教学方法的内在联系进行有机结合或搭配，使之成为一种既相互区别又相互联系的整体结构，只有这样才能发挥教学方法的综合效应。所谓教学方法的组合形式，也就是各种方法相互联系的形式，由于这种联系是多方面的，因此教学方法的组合亦有多种形式。

教学方法组合的形式大体上有下列三种。

第一，包容性组合。即以一种方法命名的教学方法实际上包容着多种方法，一般较为复杂的教学方法皆是如此。如讲授法、实验法、自学法、科研训练法等，都是一种复合性组合，而不是单一的教学方法。

第二，互补性组合。即根据一定的教学目标将多种相对独立的教学方法加以平行组合，使各种教学方法相互补充。这样既可以弥补各种教学方法的局限性，又能综合各种教学方法的优势，以满足教学目标多方面的要求。例如，将学习间接知识的方法与学习直接知识的方法加以组合，就能起到互补作用，从而使学生掌握比较完整的知识。再如，将学习知识的方法与科学研究的方法加以组合，使之相互促进，不仅有利于学生学习的深化，而且有利于学生创造性的发展。

第三，量化性组合。教学方法的组合不仅要反映质的关系，即功能的互补性；而且还应反映量的关系，即各种方法在整体结构中所占的比例。这种比例一般可用投入的时间来计量。如同化学中的同分异构，虽然组合的成分一样，但因各种成分所占的比例不同，那么所形成的结构与功能也就不同。因此如何从整体功能出发，恰当地确定各种方法之间量的关系，是教学方法组合合理性的重要标准。例如，在教学中讲授法与自学法都是不可缺少的，然而两者所占的比重不同，就会形成不同的结构，产生不同的效果。因此如何根据教学任务与对象特点，正确地确定两者之间的量的关系，是教学方法组合中一个十分重要的问题。

上述教学方法的组合形式，从不同的侧面反映了各种教学方法的内在联系，而各种组合形式之间是密切相关的，在进行教学方法的选择与组合时，应综合分析和运用。

三、教学方法的运用

就其性质而言，教学方法的选择与组合亦属于运用的范畴，这里所谓的运用，主要是指对选定的教学方法的具体实施。教学方法的有效性，一方面取决于教学方法本身的合理性，另一方面取决于教师运用教学方法的具体状态。在教学实践中，即使是一种很好的教学方法，由于教师运用该教学方法的状态不同，其效果也会大不相同。影响教学方法有效运用的因素有以下四点。

（一）教学法的基本修养

教学法的基本修养包括教学法理论、教学经验、教学能力与技能等因素。

经验的积累是有效运用教学方法的实践基础。教师只有在教学实践中不断地摸索，不断地积累经验，才能逐步了解和熟悉教学方法的功能、结构与操作过程，并达到熟练运用。

经验是重要的，但如果教师缺乏教学法的理论指导，或者不将经验上升到理论，在教学实践中就会具有盲目性，就会在摸索的过程中走更多的弯路，花更大的代价。因此只有将经验的积累与教学法的理论修养结合起来，才能使教学方法的运用达到更加自觉、更加有效的水平。

教学方法的运用还必须有相应的能力与技能。运用教学方法的能力是整个教学能力的重要方面，包括运用各种教学方法都不可缺少的一般能力，如逻辑思维能力、文字与口头表达能力、组织能力等；还包括与不同的教学方法相对应的各种特殊的能力，如运用调查方法所需的指导调查的能力，运用实验方法所需的实验指导的能力，等等。显然，教师只有具有上述各种能力，才能对各种教学方法达到运用自如的程度。

（二）教法与学法的有机结合

教学方法具有双边性，是教法与学法的统一。教师既是教法的实施者，又是学法的指导者。教师对任何一种教学方法的运用，都应把握教法与学法的内在联系，进行统一的设计，而不能脱离相应的学法，孤立地考虑教法的运用。教师尤其应当重视讲授法的运用。实践证明，只有当教师的教法对学生的学法产生了积极的影响，并使学生的学法得以不断改善时，才是教学方法有效运用的真正体现。

（三）教学方法运用的灵活性与创造性

比较成熟的教学方法，一般都形成了相对稳定的结构及操作上的规范化要求，因为它是对已有经验的总结，并在一定程度上反映了教学规律，所以教师可以直接应用。但由于教学因素的复杂性与可变性，因此教师在运用教学方法时还须视具体情况灵活地加以掌握与变通。

教师在运用教学方法的过程中，会逐步形成独特的、稳定的教学风格。不同的教师在教学风格上各具特色，明显地表现为在教学方法运用上的个性化特征。这种个性化特征不仅有其产生的必然性，而且是教师对教学方法融会贯通、灵活运用的重要表现。

教师既是教学方法的实践者，又是教学方法的创造者，历史的和当今的教学方法的建立、发展与变革，皆是广大教师长期劳动创造的结晶。教师在教学方法上的创造性主要表现在，能使现有的教学方法在运用中得以不断改进与完善，并在教学实践中勇于探索新的教学方法。同时还表现在日常的教学中，善于运用教学机智，敏锐、及时、有效地处理各种突发的复杂问题。

教师应根据专业特色灵活运用及创造合适的教学法，这种教学方法被舒尔曼称为特征教学法。例如，管理学教育领域广泛使用案例教学法，医学教育领域广泛使用问题教学法和床边教学法，法学教育领域广泛使用案例教学法和苏格拉底论辩法，工程教育领域广泛使用项目教学法和工作坊教学法，建筑学教育领域广泛使用设计教学法，人类学领域广泛使用田野教学法，社会研究和社会工作领域广泛使用社区服务学习法，科学研究领域广泛使用探究教学法和实验室学习法，美术教育领域广泛使用创作展览法，音乐教育领域广泛使用表演法，等等。[①]

（四）教学方法运用中的情感因素

教学过程是认知过程与情感过程的统一。与此相适应，教学方法亦具有认识与激励的双重功能。因此在教学方法的运用中，教师不仅要有效地传播知识、指导学习，还应重视情感的因素，有效地激发学生的学习兴趣，调动学生学习的积极性，增强学生学习的信心，锻炼学生学习的意志，达到知与情的结合。

教学方法是连接师生的桥梁，要达到知与情的结合，教师必须在教学方法的运用中形成师生情感的交流。这就要求教师在教学中富有激情，并讲究教学的艺术。教师情感最根本的是对教学工作、对学生、对科学的热爱，如果教师具有了这种情感，并将这种情感融于教学方法的运用之中，就必将对学生产生巨大的感染力，从而使学生在情感上受到激励。如果教师在感情上根本未进入角色，对教学工作漠然处之，与学生关系疏远，那就实现不了知情结合。

【复习题】

1. 如何运用讲授法？
2. 如何进行自学指导？
3. 如何进行实验指导？
4. 对大学生进行科研训练要注意哪些方面？

---

① 高筱卉，赵炬明. 积极学习类教学法：原理、方法与建议："以学生为中心"大学教学法系列研究之一[J]. 大学教育科学，2022（1）：35-43.

5. 结合实际谈谈教学方法的选择、组合与运用。

【推荐阅读】

1. 别敦荣.大学教学原理与方法：教学改革演讲录［M］.青岛：中国海洋大学出版社，2018.
2. 鲍里奇.有效教学方法［M］.朱浩，译.南京：江苏教育出版社，2014.
3. 钟启泉.教学方法：概念的诠释［J］.教育研究，2017，38（1）：95-105.
4. 丛立新.讲授法的合理与合法［J］.教育研究，2008（7）：64-72.
5. 张金磊，王颖，张宝辉.翻转课堂教学模式研究［J］.远程教育杂志，2012，30（4）：46-51.

第十一章　现代教育技术在教学中的应用

【知识列表】

现代教育技术在教学中的应用	现代教育技术概述	现代教育技术的定义和实质
		现代教育技术在大学教学中的应用及影响
	多媒体计算机辅助教学的应用	多媒体计算机辅助教学的特点
		多媒体计算机辅助教学模式
		多媒体课件的设计与开发
	基于网络的教学应用	网络教学的特点
		网络教学模式
		网络课件的设计与开发
	学校现代教育技术环境	校园网络
		多媒体网络教室
		智慧教室
		虚拟教学、实验、实训

进入21世纪，以互联网技术为核心的信息技术正在飞速发展，并以惊人的速度进入教育教学的各个领域和环节中，推动着教育教学的深刻变革。这些现代教育技术的运用对提高教学质量、扩大教育规模、培养创造性人才、实施素质教育、推动教育教学的改革与发展起着十分重要的作用。

第一节 现代教育技术概述

"教育技术"是一个通用的概念,它研究和利用所有教育资源与教育环境,目的是丰富教师的教学手段和提高学生学习的积极性,以取得好的教学效果。

一、现代教育技术的定义和实质

(一)现代教育技术的定义

随着教育和科学技术的不断进步,教育技术的概念也在不断演化。教育技术比较有影响的两个定义,一个是国内1990年出版的《教育大辞典》将教育技术定义为:人类在教育活动中所采用的一切技术手段的总和,包括物化形态的技术和智能形态的技术两大类。[①] 另一个是美国教育传播与技术学会(AECT)1994年发布的定义:教学技术(教育技术)是为了促进学习,对有关的过程和资源进行设计、开发、利用、管理和评价的理论与实践。[②] 教育技术又可理解为由有形技术和无形技术组成。有形技术主要指在教育教学活动中所运用的物质工具,它通过传统教具如黑板、挂图、模型等,或者各种教学媒体如电视、电影、计算机、网络等表现出来;无形技术则包括解决教学问题过程中所运用的技巧、策略、方法,以及蕴含的教学思想、理论等。

现代教育技术是教育技术的最新发展,突出"现代"二字是为了吸收现代科技成果和系统思维方法,更多地注意探索那些与现代科学技术有关的课题,使教育技术更具有现代特色。科学技术的发展,尤其是信息技术的发展,一方面对人才培养提出了更高的质量要求,另一方面也为教育教学提供了现代化的教育技术与手段,给现代教育在教育思想、教育观念、教育模式、教学内容和教学方式等方面带来了深刻的变革。综合国际和国内的研究成果,我们把现代教育技术定义为:运用现代教育理论和现代信息技术,通过对教与学的过程和教与学资源的设计、开发、利用、管理和评价,以实现教学优化的理论与实践。

(二)现代教育技术的实质

为了正确应用现代教育技术,我们必须理解现代教育技术的内涵,明确现代教育技术有以下三个方面的实质内容。

(1)现代教育技术应用必须以现代先进的教育思想和教育理论为指导,牢固树立素质教育

---

① 教育大辞典编纂委员会.教育大辞典:第7卷[M].上海:上海教育出版社,1990:3.
② 西尔斯,里齐.教学技术:领域的定义和范畴[M].乌美娜,刘雍潜,等译.北京:中央广播电视大学出版社,1999:25.

的观念,培养学生的创新精神和实践能力。教育技术的运用要充分发挥学生学习主体的作用,建造学习者可参与的环境,激发学生的学习兴趣;教育技术的应用要注重对学生认知方法的培养,应能引导学生通过发现、探究和意义建构的途径获取知识;教育技术的应用更应注重教学方法,教学不仅是传授知识,更应把传授知识和发展学生智能与素质培养统一起来。

(2)现代教育技术要充分运用各种现代信息技术。随着信息技术的不断进步,信息技术在教育和教学中的应用也在不断地发展,它包括视听技术、卫星技术、多媒体技术、互联网技术、虚拟现实技术、人工智能技术等。学校当前发展现代教育技术的策略是充分利用和发挥多媒体技术与网络技术的优势,形成以多媒体技术和网络技术为基础,以虚拟现实和人工智能为应用发展方向的网络化教学环境和数字化教学资源。

(3)现代教育技术的研究和实施对象是教学过程和教学资源,是对各种教学方式所需要的教学过程与教学资源进行设计、开发、应用、评价和管理,以实现教学的优化。因此现代教育技术的运用,不仅仅是硬件环境的建设和软件的开发,更重要的是通过运用系统科学方法、现代教育理论和现代信息技术,优化教学资源,探索并建构信息化环境下新型的教学模式,以达到高效地培养高质量人才的目的。

二、现代教育技术在大学教学中的应用及影响

当前现代教育技术已经在大学教学中全面、广泛地应用,现代教育技术的应用也是大学教学改革的重要内容。

(一)现代教育技术在大学教学中的应用

现代教育技术在大学教学中的应用主要包括网络技术、多媒体技术、虚拟现实技术、人工智能技术的教学应用,以及现代教育技术理论的实践和研究。

1. 网络技术的应用

网络技术是现代计算机技术与通信技术密切结合的产物,网络技术在教育教学中的应用,可以把散布在各地的教育信息有机地结合在一起,从而使教学资源实现共享,教学交流的方式也更加多样化。互联网已成为连接世界各国的信息纽带和向全球提供教育教学资源的重要网络。基于网络技术的教育模式不受地域、空间和时间的限制,使教育的自主化、多样化、国际化成为可能。

2. 多媒体技术的应用

多媒体技术是指以计算机为处理中心和应用多种数字化媒体信息(如符号、文字、图形、动画、声音、图像、视频等)的综合处理技术。多媒体技术应用于教学,使教学内容的呈现方式丰富多彩,多媒体教学信息能充分调动学生的视听感官,激发学习兴趣,提高教学效率。

3. 虚拟现实技术的应用

虚拟现实技术是指利用计算机系统模拟逼真的三维立体空间,并通过人体传感、视听等专

用设备使用户"沉浸"到该环境中,能让使用者对虚拟世界中的环境和物体进行考察或操作,同时提供视、听、动作等多种直观和自然的实时感知与交互。虚拟现实技术应用于教学,可以使知识化抽象为形象,将知识型学习转变成体验型学习,可以使学生根据自己的进度来调整学习的节奏,实现自主、探索式学习和训练。

4. 人工智能技术的应用

人工智能技术是指通过研究人类智能活动的规律,构造具有一定智能的机器系统,通常是指利用计算机软硬件来呈现人类智能的技术,也就是研究如何让计算机完成以往需要人的智力才能胜任的工作。人工智能技术应用于教学,可以辅助甚至代替教师完成很多工作,学生可以用自然语言与"智能导师"进行人机对话,可以帮助了解学生的学习能力、知识水平,能根据学生的不同特点选择适当的教学内容和教学方法,并可以有针对性地对学生进行指导,实现个性化学习。

5. 现代教育技术理论的实践和研究

现代教育技术作为理论和实践并重的交叉学科,需要理论指导实践,在实践中进行理论研究。教育技术交叉学科的特性决定了其研究和实践主体(包括教育学,心理学,计算机科学与技术等不同学科背景的专家和学者)的多元化,协作将成为教育技术应用发展的重要特色。目前,现代教育技术应用研究最重要的几个领域是信息技术与课程整合、互联网+教育、智慧教育等,人们将越来越重视包括教师培训、教学资源建设、学习支持等在内的教育技术实践性和支持性理论研究。

(二)现代教育技术的应用对教学的影响

1. 现代教育技术的应用有利于提高学科教学质量

现代教育技术在教学过程中的应用,使教学信息处理数字化、显示多媒体化、传输网络化、信息组织非线性化。合理利用现代教育技术提供的大量教学资源,以及丰富的教学手段和学习交流方式,可充分调动学生的学习兴趣,激发学生的求知欲,极大地提高教学效果和教学水平。

2. 现代教育技术的应用有利于促进教学改革

在教学模式方面,现代教育技术的应用打破了传统的教学模式,学生的地位由接受者转变为主体,教师的地位由讲授者转变为指导者,教学过程由传统的逻辑分析讲授过程转变为通过发现问题、探究问题使学生获得知识和能力的过程,以及媒体由演示工具转变为认识工具,这些都将产生能适应现代教育的新型教学模式。另外,现代教育技术对教学方法、教学组织形式、教材形式和教学评估方法等方面的改变也会促进教育教学的改革。

第二节 多媒体计算机辅助教学的应用

计算机辅助教学(computer assisted instruction,CAI),是以计算机为主要教学媒介进行的教学活动，也就是利用计算机帮助或代替教师执行部分教学活动，对学生进行知识传授和技能训练。随着多媒体技术和网络技术不断发展，多媒体计算机辅助教学的应用也在不断深入和普及，目前在教学中，计算机不仅能够支持教师与学生进行个别化的交互活动，以及支持教师进行课堂集体化教学，还能通过网络开展交互性教学活动。

一、多媒体计算机辅助教学的特点

多媒体计算机是现代科学的产物，与传统教学媒体相比具有无法比拟的优点，多媒体计算机无论是对辅助教师"教"还是对促进学生自主地"学"，都能够提供强大的支持。

（一）交互性

传统媒体（如电视机、幻灯等）只能进行教学信息的单向输出，在课堂教学中教师一般只能按一个流程来进行，媒体使用几乎都是线性的，缺少变化和层次性。而计算机可实现强大的双向交互功能，这些交互可以是人机"对话"，也可以是人与人通过计算机和通信网络实现"对话"。在教学活动中，学习者可以按照自己的学习兴趣、学习基础来选择学习内容和适合自己水平的练习，同时能够获得及时的反馈信息，许多问题都可以立即得到评价，教师也可以根据教学反馈信息选择下一步的学习内容和教学组织形式，甚至可以同时对不同层次、不同水平的学生进行个别化教学。

（二）高效性

高效性是衡量教学过程优化的重要标准之一，也是现代媒体区别于传统媒体的重要特征。利用计算机多媒体可以将各种媒体资源预先编入课件，在上课时即时、快速显示，实现了操作的程式化、施教的自动化，能最大限度地发挥各种媒体的效能，减少冗余信息，增加课堂教学的容量和密度。而在传统教学中，板书、演示、实验、出题等教学环节的准备、切换时间会影响教学过程的紧凑性，限制教学的信息量。有研究证明，利用计算机高度集成的多媒体功能可以把教学效率提高30%～50%。

（三）虚拟性

计算机具有非凡的虚拟功能，它可以借助计算机来模拟现实情境。我们可以利用计算机超越时间和空间、静止和运动、语言和形象的障碍，变微观为宏观，变静态为动态，变抽象为形象，这种直观新颖的知识表达能力是常规教学手段无法企及的。

（四）多媒体性

计算机将多种媒体集为一体，改变了传统教师只靠语言、动作来讲授的单一性，多媒体组合的视、听、动相结合的教学方法使课堂教学更为生动活泼，以全方位、多层次吸引学生，使学生脑、眼、耳、口、手并用,增加了学生的信息获取量,大大提高了学生对教学内容的兴趣,也有利于学生对知识的获取和保持。同时教师的教学能力不再受语言的束缚,教师在教学中可以充分发挥想象力和创造力。

二、多媒体计算机辅助教学模式

多媒体计算机辅助教学,要针对不同的学科、不同的教学对象、不同的教学内容实施不同的教学方法。比较典型的多媒体计算机辅助教学模式主要有:计算机支持讲授、辅助练习、个别授导、仿真教学与实验、教学游戏、情境化学习、查询学习等。这些教学模式的划分是相对的,在具体的教学活动中,各种教学模式往往相互结合使用,并且随着信息技术与课程的不断融合和发展,这些教学模式的内涵也会发生改变。多媒体计算机辅助教学的典型模式如下:

(一)计算机支持讲授

计算机支持讲授是计算机辅助教学最典型的应用,是计算机和传统课堂教学相结合的产物,多媒体计算机在课堂教学中有多种应用。例如,使用多媒体课件或电子讲稿展示图、文、声、像并茂的教学内容,使用多媒体网络教室支持课堂演示教学、师生互动、示范性练习、小组协作讨论等。计算机在课堂教学中的应用使传统的教学形式得到新生,并且有助于教师在信息化时代的教学过程中继续发挥其应有的作用。

(二)辅助练习

辅助练习模式是多媒体计算机辅助教学常用的模式,主要用于实现教学过程中学生练习阶段的功能。该模式并不向学生传授新知识和新技能,而是由计算机向学生逐个呈现问题,学生在机上作答,计算机给予即时反馈。与传统教学中教师布置练习相比,采用计算机多媒体手段进行辅助练习的主要优点在于:可以及时反馈学生练习的评价等相关信息,能够以多媒体方式有效地激励学生,可以将学生的成绩及时加以保存。

(三)个别授导

个别授导模式是由计算机扮演指导教师的角色,目的在于向学生传授新的知识或技能。其基本教学过程为:计算机呈现教学内容与提问,学生在机上应答,计算机判别应答并提供反馈。个别授导模式的优点主要是学生参与程度高,有利于个别化教学的开展,教学效率高。这种模式能较好地体现计算机个别化教学的特点,常常用于学生自学或者补习功课。

(四)仿真教学与实验

仿真教学是利用计算机来模拟真实自然现象或社会现象,为学习者提供一种可供他们体验、观察的环境。例如,可以利用计算机模拟化学反应、原子运动、火山爆发等过程,帮助学生实现对知识更直观、更深刻的理解，仿真教学是一种十分有价值的多媒体计算机教学模式，在教学上有广泛的应用。所谓仿真实验实际上是利用计算机虚拟技术仿真或虚构某些情境，供学生观察与操纵其中的对象，使他们获得体验或有所发现，在实验教学中采用仿真手段的优点是高效、安全、低成本。

（五）教学游戏

教学游戏是通过计算机模拟情境和环境，学生以游戏的方式参与其中，并可担任不同的角色，这种教学模式是寓教学于游戏之中。该模式提供一种富有趣味性和竞争性的教学环境，能激发学生的学习动机，使学生在富有教学意义而且教学目标明确的游戏活动中得到训练或者有所发现，取得积极的教学效果。教学游戏有着明确的教学目标和具体的教学内容，并且隐藏着经过仔细考虑的教学策略。

（六）情境化学习

情境化学习就是在教学中利用多媒体技术创设探究学习的情境。首先是教师利用数字化教学资源创设学习情境，并提出思考问题，然后学生通过信息交流工具提出意见和观点，接下来教师指导学生进行深入观察，进行探索性的学习和实践，从中发现事物的特征、关系和规律。情境化学习通过生动、直观的形象有效地激发联想，使学习者能利用自己原有认知结构中的有关知识与经验去同化当前学习到的新知识，赋予新知识以某种意义，情境化学习是建构主义学习思想的应用。

（七）查询学习

查询学习本质上是数据库系统和情报检索技术的教学应用，学习者根据学习中的问题从学科数据库中检索有关信息，诸如地理、生物学、历史等涉及大量数据资料的领域。查询学习要求学习者利用系统的信息服务功能，从学科数据库中检索出所需的信息，通过信息收集和推理之类的活动，得出对预设（通常由教师所给）问题的解答。

三、多媒体课件的设计与开发

在多媒体计算机辅助教学中，我们将用于执行教学任务的多媒体软件称为多媒体课件。它是一种根据教学目标设计的，表现特定的教学内容，反映一定教学策略，具有多种媒体表现方式和超文本结构的计算机教学程序。它可以用来存储、传递和处理教学信息。多媒体课件是计算机辅助教学中最重要的教学资源，它的设计开发过程和一般软件工程存在相似之处，但是也有其独特的方法。①

---

① 常国锋.计算机辅助教学理论与实践［M］.天津：天津科学技术出版社，2017：177-179.

（一）课件教学内容的选择

教师应根据教学需求，决定选择要制作成多媒体课件的教学内容。教师在选择内容时应当考虑以下问题：教学内容的重点和难点是什么？用传统教学方法或传统教学媒体能否达到同样的效果？用计算机多媒体的什么特点突出教学中的重点和难点？

（二）课件的教学设计

在多媒体课件的设计开发过程中，课件的教学设计是关键的环节，主要有学习者特征分析、教学目的确定、教学模式选择、多媒体信息选择、教学内容知识结构建立和形成性练习设计等。教学设计是多媒体课件设计开发过程中最能体现教师教学经验和个性的部分，也是教学思想最直接和最具体的表现。

（三）课件的系统结构设计

由于多媒体课件的信息量大而且要求具有良好的交互性，因此，教师必须认真设计课件的系统结构，以保证课件教学能达到良好的教学效果。通常情况下，课件的系统结构设计包括如下内容：建立信息或主题间的层次结构和浏览顺序，它反映教学信息的逻辑结构和相互间的联系；确定信息或主题间的跳转关系，即课件的超文本功能，它是指从某个具体的信息或主题跳转到与其相关的另一个信息或主题。

（四）课件的脚本编写

多媒体课件的教学设计和系统结构设计，确定了课件开发的思想方法，但其中具体的细节问题，需要通过脚本的形式来加以描述和体现，并将脚本作为课件开发与制作的直接蓝本。课件的脚本分为文字脚本和制作脚本。文字脚本是按照课件教学设计的要求进行描述的文本；制作脚本是按照课件系统结构设计的要求进行描述的文本。

（五）多媒体素材的准备

多媒体课件需要使用大量的文本、图形/图像、音频、视频、动画等数据，我们将这些数据称为多媒体素材。多媒体素材的制作需要花费大量的时间和精力，所以应充分利用相关资源中已有的素材。素材的准备工作一般主要包括文本的输入，图形/图像的选取与处理，音频的录制，视频的截取和动画的制作等。素材要根据教学内容和教学目标来准备，不能选择那些不符合教学规律和教学内容的素材。

（六）课件的编辑

多媒体素材准备好以后，制作者便要根据实际情况选定多媒体课件制作工具或程序设计工具，将各种数据进行编辑，编制成多媒体课件。编写好的课件要经过调试运行，以确保程序无误。

(七) 课件的测试与评价

编制出来的多媒体课件应该用到实际的教学环境中，教师经过教学试用，对课件进行升级维护，不断提高课件的质量。教学课件评价是课件设计不可缺少的一部分，对教学课件的评价主要是检查它是否达到预期的教学要求和技术要求。

第三节　基于网络的教学应用

随着信息时代的到来，互联网作为全球最具影响的网络、最大的信息资源库，在教育教学中得到了广泛的应用。基于互联网的教学是现代教育的重要组成部分，同时也是现代教育技术应用的主流之一。

一、网络教学的特点

(一) 自主性

传统的课堂教学是以教师为中心的灌输式的教学，极大地限制了学习者的自主学习，而互联网的出现则改变了这种状况。一方面，互联网将全世界的学校、研究所、图书馆和其他各种信息资源连接起来，成为一个海量的资源库；另一方面，世界各地的优秀教师或专家可以从不同的角度提供相同知识的学习素材和教学指导，形成多对多的教学方式。在这种情况下，学习者在时间、内容和方法上都有了充分的选择余地，使自主学习和个性化学习成为必然。

(二) 交互性

在传统教学中，教师与学生之间较多发生的是一种从教师向学生的单向广播式教学，学生很难有机会向教师表达自己对问题的看法以及他们解决问题的具体过程，同班同学之间就学习问题进行的交流也是很少的，更不用说和其他学生交流与协作。而基于网络的教学应用可以使学生与教师、学生与学生、学生与外界以一种跨越时空的交互方式呈现信息，教师可以根据学生的反馈情况来调整教学，学生不仅可以和自己的任课教师进行相互交流，而且还可以向提供网络服务的专家提出问题，请求指导，学生之间也可以通过网络进行交流与协作学习。

(三) 开放性

传统教学的组织形式主要以班级为单位，在封闭的教室中进行教学。而基于互联网的教学具有前所未有的开放性，其教育对象、学习过程、学习资源及教学管理都是开放的。网络教学将大学、中学等学校的学习内容推向广阔的社会，教育对象不受限制；而且学习过程、方法和学习时间可由学习者根据自己的具体情况自主决定；网络教学不受学校围墙的限制，甚至不受国界的限制，学习者在家里，在学校，在一切可以上网的地方，都可以进入网上课堂进行学习，可以获取国内外丰富的、共享的学习资源。

二、网络教学模式

在网络环境下，教师需要有效地组织教学，才能使得网络教学既不完全脱离传统教学，又能充分引入网络资源优势。比较典型的网络教学模式主要有：同步式教学、异步式教学、个别化教学、讨论式学习、探索式学习和协作学习。[①]

（一）同步式教学

同步式教学是从传统课堂教学直接演化出来的，同步式教学模式是利用网络和多媒体通信技术构造的学习环境，让分布在不同地点的教师和学生在同一时间登录到一个虚拟网络课堂，进行实时的网络教学。这种教学模式可以通过网络视频会议系统来实现，教师的视频、语音、课件或电子板书可以通过系统传递给学生，同时教师也可以看到学生的动态，并可以利用系统提供的交互工具与学生进行一些实时的对话和交流。这种教学模式允许身处异地的教师和学生互相看得见、听得着，可以实现传统物理教室中所能进行的大多数教学活动，优点是突破了传统课堂教学对人数及地点的限制，并能实现包括教师和教学资料等优质教学资源的共享。

（二）异步式教学

异步式教学通常借助网络课程或课件来实现，学生学习的主要方式是访问存放在网络服务器上的事先编制好的网络课程、课件等教学资源，这些教学资源通常包含教师的教学视频、教学要求、教学内容以及教学测评等。在异步式教学中，当学生遇到疑难问题时，可以通过电子邮件或课程在线论坛、网络社交软件等向教师或专家进行咨询，也可以与网络上其他学习者进行讨论交流。这种教学模式的特点是教学活动可以随时随地进行，学习者可以根据自己的实际情况确定学习的时间、内容和进度。

（三）个别化教学

在网络教学中，除了面向群体和小组的教学模式外，还有面向个体的教学模式，这种教学模式可以通过网络中的计算机辅助教学软件或者教师与单个学生之间的网络交流来实现。通过网络来实现个别化教学，则计算机辅助教学软件担当了教师的角色，计算机辅助教学软件通常能够有效地执行相应的教学计划和教学任务，通过学生与教学系统的交互和学习情况的记录，对学生实现有针对性的教学，甚至可以利用人工智能技术来对学生进行个别辅导，形成一个体现学习者特色的个性化学习环境。通过单个学生和教师的网络交流来实现个性化教学，则可以

---

① 梁松柏.计算机技术与网络教育[M].南昌：江西科学技术出版社，2018：98-99.

使用电子邮件等异步通信方式或微信视频等实时交流方式来实现。

（四）讨论式学习

讨论式学习模式实际上是利用网络实现合作学习的一个过程，也是调动学生积极地参与教学活动的一种方法。讨论式学习能够有效地发挥学生在学习过程中的主体作用。整个讨论学习过程由教师组织引导，讨论的问题一般由教师提出，也可以由学生提出。实现讨论式学习模式最简单实用的办法是利用网络论坛系统或在线聊天系统等，这类系统具有用户管理、讨论管理、实时讨论、用户留言、文件传输、电子邮箱等诸多功能，因而很容易实现讨论式学习模式。

（五）探索式学习

探索式学习的基本出发点是：学生在解决实际问题中的学习要比教师单纯教授知识更有效，思维的训练更加深刻，学生得到的不仅是知识，还包括解决问题的能力等。探索学习的过程包括问题分析、信息收集、综合整理、抽象提炼、反思归纳五个阶段。基于互联网的探索式学习在实际教学中，通常都是由某个教育机构（如大学或研究机构）设立一些适合由特定的学生对象来解决的问题，通过网络向学生发布，要求学生解答。与此同时提供大量与问题相关的信息资源供学生在解决问题过程中查阅，另外，还要有专家负责对学生学习过程中的疑难问题提供帮助。这种学习模式彻底改变了传统教学过程中学生被动接受的状态，使学生处于积极主动的地位，因而能有效地激发学生的学习兴趣和创造性。

（六）协作学习

协作学习是一种为了促进学习，由某些学习者协作完成某个给定学习任务的学习方法。协作学习和个别化学习相比，有利于促进学习者高级认知能力的发展，有利于学习者健康情感的形成，因而受到广大教育工作者的普遍关注。基于网络的协作学习是指利用网络等相关技术，由多个学习者针对同一学习内容彼此交流、合作、共享信息和资源，以达到对教学内容深刻理解与掌握的过程。互联网为协作学习的开展提供了空间，基于互联网的协作学习形式主要有竞争、协同、伙伴以及角色扮演等。

三、网络课件的设计与开发

网络课件实质上是运行于网络环境下的教学软件，它包括按一定的教学目标、教学策略组织起来的教学内容和教学活动，它是通过网页文件的形式在互联网上发布的。网络课件是互联网上重要的学习资源，网络课件的开发与多媒体课件开发有很多相似的地方，都有教学设计、系统设计、脚本编写、素材准备、软件设计、测试与评价等环节，但也有很多独自的特点。

（一）设计原则

学习的个性化：网络课件的设计应体现学生的主体性，学习的过程应是学生通过主动探索、发现问题、意义建构的过程。

教学内容的多媒体化：由于互联网技术的飞速发展，网络课件的多媒体传输成为可能。为提高学生的学习兴趣，应根据教学目标的需要提供图文声像并茂的教学内容。

教学方式的交互性：应充分合理地利用互联网为我们提供的各种交流方式，实现学生与教师之间的互动、学生与学生之间的互动、学生与教学材料之间的交互、教师与教学材料之间的交互。

教学系统的开放性：提高教学结构的开放性，提供相关的教学参考资料和相应的网址，对于同一知识内容，提供不同角度的解释和描述，帮助学生提高分析问题和解决问题的能力。

重视反馈评价的设计：应根据教学内容和目标设计灵活多样的形成性练习，客观评价学生对课程教学内容的掌握情况。

（二）网络课件的系统设计

网络课件是为了适应学习者利用网络进行学习而设计的，它是一个由知识点跳转关系、导航策略和交互界面组成的教学系统。网络课件的系统设计主要包括结构设计、导航设计、界面设计、反馈设计、协作活动设计五个方面。

结构设计：包括功能设计和知识结构设计。功能设计的基本原则是满足使用者的需求，使用方便。知识结构设计应以有利于体现教学内容的层次体系，并以有利于实现个别化学习和能力培养为原则。

导航设计：在个别化学习中，学习者是主动的探索者，学习内容、学习进度、学习过程由学习者自己掌握，如果学习者在学习过程中缺乏教师的指导，易发生迷航，因而设计导航尤为重要。常用的导航方式有演示导航、检索导航、浏览导航、线索导航、书签导航、菜单导航等。

界面设计：界面是学习者与计算机进行人机交互的窗口，包括显示界面和操作界面，在设计时应注重界面友好，操作方便，交互性和可控性强。

反馈设计：学习者对学习内容做出反应之后，应及时让学习者知道学习结果。网络课件应针对不同的题型设计不同的反馈方式，对于客观题，由于其内容大都是联想记忆的内容，因而采用即时反馈的方式，让系统迅速判断学习者反应的正误；对于一些测验学习者对某一概念的理解程度的习题，应采用系统给出标准答案，让学习者自我评判的方式；对于无确定答案的主观题，可采取教师评阅、集体讨论、共同评判的方式。

协作活动设计：在网络教学中，协作活动环境的创设是一个重要的组成部分，它影响学习者对网络环境的充分利用；同时，通过协作与会话可以促进学习者知识的意义建构。协作活动的设计主要应考虑学生与学生、学生与教师的协作方式。

第四节　学校现代教育技术环境

学校现代教育技术环境的创设是学校实施现代教育技术的基础。近几年随着移动互联网、云计算、物联网、虚拟现实、人工智能等现代信息技术在教育中不断深入地应用，智慧校园时代已经向我们走来。

一、校园网络

（一）校园网络的结构

校园网络是一个发展的概念，通常是指利用网络设备、通信介质和相应的协议（例如TCP/IP协议等）以及各类系统管理软件，将校园内计算机和各种终端设备有机地集成在一起，同时又通过防火墙与外部的互联网连接，以用于教学、科研、学校管理、信息资源共享和远程教育等方面工作的局域网。可见，校园网络是互联网技术在学校中的一个典型应用。

（二）校园网络的教学应用

校园网的主要功能就是教学应用，它可以由网络教学平台提供支持，以网络教学信息资源库作为信息来源，运用多种网络工具完成网络教学任务。

1. 网络教学支持平台

网络教学支持平台是学校开展网络教学活动的支撑系统，主要包括网络备课、网络授课、网上课程学习、网上练习、在线考试、虚拟实验室、网络教学评价、作业递交与批改、课程辅导答疑、师生交流、教学管理等模块。

2. 教学信息资源库

教学信息资源库是学校进行网络教学的重要组成部分，它包括教学管理信息、多媒体素材库、教案库、课件库、试题库、学科资料库等。同时资源库还应向师生提供全文检索、属性检索，提供资源的压缩、打包、下载等功能。

二、多媒体网络教室

（一）多媒体网络教室的系统构成

多媒体网络教室通常由计算机网络系统和多媒体教学系统两部分构成。

计算机网络系统，一般是指教室范围内的小型有线和无线局域网络，该网络可以通过代理服务器与校园网或互联网连接。系统硬件的基本配置包括教师机、学生机、路由器、交换机、服务器等设备，并通过有线或无线连接。教师端和学生端设备可以是台式电脑、笔记本电脑、平板电脑等。由于教师机经常处于多任务工作状态，所以教师机在中央处理器、内存等方面的配置应高些。此外，多媒体网络教室还应配置音频处理器、投影仪、交换式电子白板等多媒体演示播放设备。

多媒体教学系统，通常是在计算机网络系统的基础上，为开展网络多媒体教学所提供的控制系统，包括多媒体控制与教学管理两个部分。多媒体控制部分是以计算机网络系统为基础，在教师机和学生机上增加了相应的硬件控制和软件控制，它的核心技术是音频、视频和控制信号的传输。教学管理部分则直接支持多媒体网络教室的教学活动。

（二）多媒体网络教室的基本教学功能

实时广播：可以将教师屏幕内容、教师的声音、外部视频、外部音频等多媒体节目源，对全部、部分或个别学生进行广播教学。

示范功能：可以将指定学生的屏幕、话音及声音广播给全体、部分或个别学生进行示范教学。

遥控功能：教师可以利用键盘、鼠标对选定的学生机进行遥控操作，实现个别化教学；学生也可以利用键盘、鼠标对其他学生机进行遥控操作，实现合作交流。

监视功能：教师可以利用手动或自动的方式对指定学生机的屏幕画面或声音进行监视，实现对教学过程的监控。

分组讨论功能：教师可以任意指定每组人数，将全体学生分为多组进行讨论，教师也可以加入任何一组参加讨论。分组讨论功能是对合作学习的有力支持。

电子举手功能：学生有问题提出或需要帮助时，可以按功能键进行电子举手，实现在教学活动中学生与教师的交互。

三、智慧教室

智慧教室是数字教室和未来教室的一种形式，教室环境应是能优化教学内容呈现，便于学习资源获取，促进课堂交互开展，具有情境感知和环境管理功能的新型教室。智慧教室是能支撑自主学习、讨论与协作学习、探究式学习、混合式教学和翻转课堂、远程教学等多种新型教学模式的一种现代化教学环境。

（一）智慧教室的"智慧性"特征

根据教学实践和教育技术界专家的研究成果，黄荣怀等把智慧教室的"智慧性"特征概括为 SMART（showing, manageable, accessible, real-time interactive, testing）模型。[①]

（1）内容呈现：教学信息呈现能力，不仅要求呈现的内容清晰可见，而且要求呈现内容的

---

① 黄荣怀，胡永斌，杨俊锋，等.智慧教室的概念及特征［J］.开放教育研究，2012，18（2）：22-26.

方式适合学习者的认知特点，有助于增强学习者对学习材料的理解和加工。内容呈现主要包括视觉和听觉呈现两个方面。

（2）环境管理：教室的布局多样性和管理便利性，智慧教室的所有设备、系统、资源都应具备较强的可管理性，包括教室布局管理、设备管理、物理环境管理、电器安全管理、网络管理等方面。

（3）资源获取：智慧教室中资源获取能力和设备接入的便利程度要高，涉及资源选择、内容分发和访问速度三个方面，能方便获取本地资源、网络资源及云端资源。

（4）实时交互：智慧教室支持教学互动及人机互动的能力要先进，涉及便利操作、流畅互动和互动跟踪等方面。智慧教室应能支持人机的自然互动，所有互动设备及界面具有操作简单、功能全面、符合人的操作习惯等特点，加入触摸、视觉和语音等互动方式使互动更趋于自然。在流畅互动方面，智慧教室中的硬件应能满足多终端、大数据量的互动需求。在互动跟踪方面，智慧教室应能记录并存储师生、生生以及人机的互动轨迹，为学习分析提供基础数据，从而为教师的决策和学生的自我评估提供支持。

（5）情境感知：智慧教室应具有对物理环境和学习行为的感知能力。物理环境感知是通过传感技术实时检测室内的噪声、光线、温度、气味等，根据预设的理想参数，自动调节百叶窗、灯光、空调、新风系统等相关设备。学习行为的感知是指能够获取学习者的位置、姿势、操作、情感等方面的数据，以便分析学生的学习需求，提供适应性支持。

（二）智慧教室的系统功能

智慧教室是信息技术与教育教学深度融合的产物。智慧教室建设没有统一的标准，最大的特点就是"个性化"，学校想实现的功能不尽相同，智慧教室的类型就有所不同。智慧教室主要分为高清晰型、强交互型、深体验型，或者是多种类型的组合。从智慧教室的智慧性角度出发，智慧教室通常具有以下系统功能。

1. 协调的空间设计

空间设计主要借鉴环境心理学、建筑学和人体工程学的研究成果，包括灵活的空间布局与配色、高速的无线网络覆盖、多显示屏空间、清晰的音效传输、动态的课桌椅设计与组合等，更多地体现人、技术与环境的协调。

2. 高清显示与多屏互动

根据需求场景的不同，教室可以布置多块高清大屏，大屏一般可采用激光投影、投影融合、液晶小间距、触控一体机等技术设备，通过多屏互动系统可以播放教学课件或教学资料，实现分组讨论、协作学习，也可以与学生的电子书包等智能终端进行交互，与远程教室中的学生进行交互。高清智能显示技术的融合应用，使教学活动中的师生在感官上受到强烈的冲击，获得愉悦的享受。

3. 智能录播与远程互动课堂

通过智能化的自动导播系统自动跟踪拍摄与录制课堂中教师、学生以及课件等教学信息，录制生成的视频可以进行编辑,或自动上传至平台后关联平台上相应的教学文档及课件,供后期点播使用。智能录播还可以通过视讯平台或远程教学系统与其他教室进行通信,实现远程同步互动课堂或远程观摩课堂。

4. 数字化移动教学

支持教师和学生利用各种智能移动终端,如平板电脑、智能手机等实现双向互动教学,系统包含移动备课系统和移动教学系统。移动备课系统集成了教师备课软件,教师可以制作教案、课件、习题、试卷、逻辑动画等各类数字化资源。移动教学系统实现智慧课堂互动教学,教师可以屏幕广播,推送导学案任务、作业、测试等;学生可以记笔记,查看教师推送的资料和完成导学案任务,进行分组讨论、课堂测试、课后作业等。数字化移动教学可以方便地实现对教学的课前、课中、课后的全覆盖。

5. 教室环境智能感知与设备智能控制

通过物联网技术,不仅能自动采集教室的噪声、光线、温度、气味等环境数据,还能采集教室中各类教学设备的使用状态数据,并通过设备集控管理平台提供智能化的远程或无线管控、信息收集、数据分析、数据监测、数据统计、故障报警等功能,确保教室良好的物理使用环境。

6. 教学状态监控与学习分析

可以借助射频识别、指纹识别、人脸识别等智能技术实现智慧考勤,还可以通过智能录播来录制与记录教师教学过程和学生学习行为,还可以借助人工智能手段实现对教学状态的监控与学习情况的分析,为教学决策和学习效果提升提供参考和有效数据支持。

7. 智慧的学习资源空间

教师和学生均能方便、快捷地检索和访问本地、网络及云端存储的教学资源,并且在学习资源平台中,教师和学生均能开设具有个性化特色的私有空间。教师可以在平台上编辑和发布教学视频、网络课件、教学资料等,在课堂中能调用教学素材和推送教学内容。学生在平台上可以获取和存储各类学习材料,可以获取直播或点播的教学视频。学生和教师、学生和学生可以实时双向交互,可以在线上开展自主学习或协作学习,平台可以自动生成学习档案。

四、虚拟教学、实验、实训

虚拟现实技术(virtual reality,VR)又称为灵境技术、临境技术等。它是20世纪末兴起的一项崭新的信息技术,近年来虚拟现实技术已广泛应用于规划设计、教育培训、航空、军事、交通、旅游、文化娱乐等众多领域。虚拟现实技术也是目前教育信息化前沿应用技术之一,它的出现无疑对教学产生了深远的影响。

(一)虚拟现实技术特征

虚拟现实技术不同于传统的多媒体计算机仿真技术,它是多媒体技术的最新发展,是综合性的信息技术，涉及视觉光学、环境建模、传感技术、三维显示技术、计算机仿真与人工智能等多个领域。虚拟现实技术是一种可以模拟逼真三维世界的计算机技术，它能够支持创建模拟环境，向使用者提供视觉、听觉、触觉等多种感官刺激，并可以实现实时交互。虚拟现实技术具有以下基本特征。

1. 沉浸性

沉浸性是指参与者作为主角存在于虚拟现实环境中的真实程度。虚拟世界产生逼近真实的体验，使用者会沉浸在其中。戴上 VR 头盔，你会感觉完全进入另一个世界，你的意识、注意力都被锁定在虚拟空间中。虚拟现实技术最主要的特点是使用户具有沉浸感。

2. 多感知性

多感知性是指除了一般计算机所具有的视觉感知外，虚拟现实环境还具有听觉感知、力觉感知、触觉感知、运动感知，甚至包括味觉感知、嗅觉感知等。理想的虚拟现实环境应该使人难以分辨其所处环境的真假。

3. 交互性

交互性是指用户对虚拟现实环境中物体的可操作程度和从环境中得到反馈的自然程度。用户进入虚拟空间，可以通过手势、动作、表情、语言甚至眼球或脑电波识别进行多维的信息交互，这种交互方式更加接近真实世界中人与外界的交互方式。比如在虚拟现实场景中，你从桌子上握住了一个苹果，就真的握住了它，并可以使它有不同角度和距离的位移。

4. 构想性

构想性又称为想象性，强调虚拟现实技术应具有广阔的可想象空间，不仅可以再现真实存在的环境，还可以自由发挥，构造客观不存在甚至是不可能发生的环境，它可以突破时间、空间、成本、安全等诸多条件的限制，使人们可以体验已经发生过或尚未发生的事件，可以进入实际不可达或不存在的空间。

（二）虚拟现实系统类型

根据用户参与虚拟现实的沉浸程度不同以及参与形式不同，虚拟现实系统可分为以下四类：[1]

1. 桌面式虚拟现实系统

桌面式虚拟现实系统也称窗口虚拟现实，是利用个人计算机或初级图形工作站等设备，以计算机屏幕作为用户观察虚拟世界的一个窗口，采用立体图形、自然交互等技术，产生三维立体空间的交互场景，通过键盘、鼠标和力矩球等各种输入设备操纵虚拟世界，实现与虚拟世界的交互。在此类系统中，参与者并没有完全沉浸，但实现成本低，应用方便灵活。

2. 沉浸式虚拟现实系统

通过采用洞穴式立体显示装置或头盔式显示器等设备，首先把用户的视觉、听觉和其他感觉封闭起来，并提供一个新的、虚拟的感觉空间，利用三维鼠标、数据手套、空间位置跟踪器

---

[1] 汤君友. 虚拟现实技术与应用[M]. 南京：东南大学出版社，2020：8-11.

等输入设备、视觉设备、听觉设备等，使用户产生一种身临其境、完全投入和沉浸其中的感觉。在此类系统中，参与者具有高度沉浸感，虚拟环境也具有高度的实时性与交互性。

3. 增强式虚拟现实系统

增强式虚拟现实系统又称叠加式虚拟现实，它既允许用户看到真实世界，同时也能看到叠加在真实世界上的虚拟对象。它是把真实环境和虚拟环境结合起来的一种系统，既可减少构成复杂场景的开销，因为部分虚拟环境由真实环境构成；又可以对实际物体进行操作，因为部分物体是真实环境。增强现实是在虚拟现实与真实世界之间架起一座桥梁，因此增强现实的应用潜力是相当巨大的。例如，利用增强式虚拟现实系统的虚实结合技术进行辅助教学，可以同时增强学生的理性认识和感性认识等。

4. 分布式虚拟现实系统

分布式虚拟现实系统是虚拟现实技术和网络技术结合的产物，它在沉浸式虚拟现实系统的基础上，将不同地理位置分布的多个用户通过网络连接在一起，使多个用户同时参与到一个虚拟空间，对同一个虚拟现实世界进行观察和操作，以达到协同工作的目的。分布式虚拟现实系统在远程教育、工程技术、建筑、电子商务、交互式娱乐、远程医疗、大规模军事训练等领域都有着极其广泛的应用前景。

（三）虚拟教学、实验、实训应用

虚拟现实技术应用于教学、实验、实训可以为学生提供生动、逼真的学习环境，使学生更形象地获取知识、激发思维。目前，高等学校也在不断开展虚拟现实技术的教学实践和应用研究，纷纷利用虚拟现实技术建立了各具特色的虚拟教室、虚拟实验室、虚拟实训室等。

虚拟现实技术在教学、实验、实训方面的应用主要体现在以下三个方面。

1. 教学内容虚拟现实化

利用虚拟现实技术可以改变教学内容的呈现方式，原来主要依靠文字、图片、动画、视频等展示，现在则有了更加逼真的三维图形和三维空间，学生可以沉浸在虚拟空间中，通过亲身经历加深对知识的理解。例如，通过虚拟现实技术，学生足不出户就可以领略世界各地的风景名胜，自由地遨游太空，甚至可以深入原子内部观察电子的运动轨迹。

2. 教学实验虚拟现实化

利用虚拟现实技术，可以建立地理、生物学、物理、化学等各种虚拟实验室。虚拟实验具有众多传统实验难以比拟的优势，它可以节省实验成本，不消耗实验材料，可以不限次数地重复操作。虚拟实验具有安全性，人们在虚拟实验环境中可以放心地去做各种危险实验。例如，虚拟化学实验，可以避免由化学反应所产生的爆炸、燃烧所带来的危险；虚拟的外科手术，可以避免由于学生操作失误，而造成病人死亡的医疗事故；虚拟飞机驾驶培训，可以避免学员操作失误而造成飞机坠毁的严重事故。

3. 实习实训基地虚拟现实化

学生的实习实训是重要的教学环节，利用虚拟现实技术可以构建一个虚拟的实习实训基地，学生可以在逼真的虚拟环境中进行外科手术、汽车驾驶、电器维修等各种职业技能训练。由于其中的"设备"或"部件"多是虚拟的，人们可以根据发展需要重新"生成"新设备，也可以使"设备"和教学内容在虚拟环境中不断更新，使实践训练及时跟上技术的发展，同时大大减少经费的投入。由于这些虚拟的训练系统无任何危险，学生可以任意进行探索性操作，可以提高学生的创造性，更好地为培养创新型人才创造条件，满足创新型社会发展的要求。①

【复习题】

1. 试述现代教育技术的实质。
2. 多媒体计算机辅助教学有何特点？
3. 简述网络课件的设计原则。
4. 试述智慧教室的"智慧性"特征。

【推荐阅读】

1. 沈莉.现代教育技术应用［M］.北京：科学出版社，2020.
2. 常国锋.计算机辅助教学理论与实践［M］.天津：天津科学技术出版社，2017.
3. 席宁.计算机教育移动网络课堂发展探究［M］.成都：电子科技大学出版社，2019.

---

① 汤君友.虚拟现实技术与应用［M］.南京：东南大学出版社，2020：245-248.

第十二章　高等职业院校教学的特点

【知识列表】

高等职业院校教学的特点	高等职业院校教学目标的特点	导向性
		全面性
		统整性
	高等职业院校教学内容的特点	
	高等职业院校教学组织的特点	
	高等职业院校教学方法的特点	
	高等职业院校教学管理的特点	教学计划管理
		教学质量管理
		师资管理
		学生管理
	高等职业院校教学评价的特点	

高等职业教育的社会性、实践性、职业资格性和专业应用性决定了在其教学过程中，必须加强与社会、行业、企业、现代农业的紧密结合与合作。在高等职业院校的教学中，产教结合、校企合作、工学结合是其区别于其他高等教育类型的标志性特征与突出特点。高等职业院校教学的特点主要表现在教学目标、教学内容、教学组织、教学方法、教学管理、教学评价等方面。

第一节　高等职业院校教学目标的特点

高等职业院校教学目标的特点体现在目标的导向性、全面性和统整性等方面。

一、导向性

教学目标是高等职业教育目标的"施工蓝图",其导向性是按人才类型、规格、层次的不同要求,培养"定向"或"准定向"的"职业人"和"工作人"。2021年,习近平总书记对职业教育做出重要指示,他强调,在全面建设社会主义现代化国家新征程中,职业教育前途广阔、大有可为。同时,明确要求加快构建现代职业教育体系,培养更多高素质技术技能人才、能工巧匠、大国工匠。这是中国特色社会主义新时代高等职业教育培养目标的新定位,也为高等职业院校的教学工作指明了方向。

以"中药炮制技术"课程中的"加辅料炒/麸炒法"教学内容为例。其教学目标为:掌握加辅料炒法的操作步骤、辅料用量、操作注意事项及其炮制目的;掌握代表药物(山药、薏苡仁、枳壳)麸炒法的炮制操作和成品性状要求;能熟练说出加辅料炒法的含义,能对适用麸炒法的药物进行归类总结;能进行代表药物麸炒法的操作;能对麸炒法成品质量进行鉴定评估;具有精益求精的"工匠精神";具有麸炒品种鉴别的能力。[①]这些教学目标对接工作岗位,具有实践性、操作性,凸显高等职业教育特点。

二、全面性

全面性是指依据职业教育规律,全面培养学生的职业素质。教师在教学过程中不能只顾及知识性目标,应全面设计教学目标。教学的全面性目标包括:知识性目标、技能性目标、能力性目标、方法性目标、责任性目标和心理性目标。

知识性目标分为三种水平。一是了解水平,包括再认或回忆知识,识别、辨认事实或证据,举出例子,描述对象的基本特征等。二是理解水平,指掌握概念、原理、方法等,能将其内化。三是应用水平,指运用学过的概念、原理、方法等来解决问题。

技能性目标包括两种水平。一是模仿水平,相当于重复已展现过的行动,在具体示范和指导下完成操作。二是技能水平,相当于独立操作水平,具体为:独立完成操作;进行调整和改进;与已有技能建立联系等。

能力性目标。职业领域的能力是职业能力和其他相关能力的综合概念,满足完成职业任

[①] 广东省教育研究院.高等职业教育优秀教学设计及教学绝活集萃:二[M].广州:广东高等教育出版社,2021:218.

务、胜任岗位资格之所需。如掌握本专业技术能力、岗位工作能力、社会适应能力、公关能力、合作能力、交往能力、组织协调能力、创新能力等。

方法性目标。方法是打开工作实效之门的钥匙。针对高等职业院校学生毕业后主要在生产、服务、管理一线工作的特点，教师在教学设计中应有意识地给予学生方法训练与指导，为日后成就精彩人生奠定基础。如制订具体工作计划的方法、解决实际问题的工作思路、工作评价方法、继续学习方法、信息收集方法、创新创业方法等。

责任性目标。责任是工匠精神和职业素养的题中应有之义。通过教学，促进学生端正工作态度，规范工作行为，明确自身肩负的责任，培养相关的责任意识。如交往与合作，职业道德与共同生存，自我意识与价值导向，独立个性与创造性等。

心理性目标。即培养学生的积极情绪、兴趣、态度、动机、意志、价值观等。一般分为三个水平：一是感受水平，即从事相关活动，建立感性认识。二是认同水平，即在经历基础上表达感受、态度和价值判断，做出相应的反应等。三是内化水平，即具有相对稳定的态度、一致的行为和个性化的价值观念等。

三、统整性

统整性主要指教学目标应体现掌握职业知识、培养职业能力和形成职业态度三方面的整合，相互融合，"三位一体"形成合力。

如酒店管理专业"茶品鉴与茶艺"课程中的"白茶茶艺"教学内容，其教学目标为：（1）职业知识目标。熟悉白茶茶性，了解白茶回笼要求，认识沏茶器具名称，了解主、辅冲泡器具的使用方法。（2）职业能力目标。能选出适合白茶冲泡的器皿，按照茶艺五程法表演冲泡技艺；能总结自身学习中遇到的疑惑、问题或操作不熟练之处。（3）职业态度目标。能找出自身的失误，能找出同伴沏茶的技巧，培养团队合作精神；能组织布置"无我茶会"，涵养工匠精细化品质。①

第二节 高等职业院校教学内容的特点

高等职业院校教学内容的特点突出地表现在科学与技术性、职业性、针对性和实用性等方面。高等职业教育的课程有三种类型，即普通教育课程、专业课程和实训课程，它们的功能与作用不同，教学内容的特点也不同。普通教育课程以培养"社会人"为目标，这是因为"生产者"从来就不是唯一的社会角色，职业活动也绝非人们生活的全部内容，况且人们也不会或不

---

① 广东省教育研究院.高等职业教育优秀教学设计及教学绝活集萃：二［M］.广州：广东高等教育出版社，2021：106.

再可能成为企业的"终身员工",他们必将面临职业变迁的挑战。后两种课程则以"职业人"和"工作人"为目标。为此,教学内容要为学生的终身发展奠定基础,为学生获得职业资格提供帮助。

高等职业教育的课程体系强调理论基础和实践技能并重。教学内容淡化或打破学科界限,采用整合的能力观,通过对职业(群)进行分析、观察提供的背景和素材,确定知识和能力结构来设计、开发课程,强调职业能力的完整性和复合性。它又不同于中等职业教育的"能力本位",要求具备相当的专业和技术基础理论。但这种理论体系不是学科性的,而是技术应用性的。比如,关于激光技术的课程教学内容,不是过多地从原子物理、量子力学学科理论的角度去安排,而是注重激光的特性、激光器的种类、基本参数和应用领域等方面的内容。高等职业院校的理论课程一般也包括基础理论、专业理论和专业技术等部分,但其专业教学是一种横向为主的模块式课程体系,其核心是以职业岗位技能的专项性和操作性为依据,以培养学生扎实的职业技能、专深的职业岗位技术理论知识、较强的技术再现能力为目标。因此,高等职业院校的课程教学内容中,理论与实践是并重的。理论性课程内容主要为培养综合和专项的职业技能服务;实践性课程内容自成相对独立的体系,其教学课时一般占总教学课时的40%左右。

澳大利亚职业教育的专业课程设计以"能力为基础"的培训系统为理论依据,以能力培养为目标,按岗位需求,将应具备的知识和应掌握的技能进行分解,按相应模块组织教学,整个过程由企业或行业咨询机构、高职院校和教育管理部门联合组织,并根据社会发展和劳动力市场的需求变化情况不断修订。①

新西兰的职业教育向不同水平的学生提供从初级课程到完整学位证书的教育和培训。所授课程兼顾学术和职业两方面。由于学校与工业界、商业界和政府部门有着密切的联系,所授的课程不仅具有很高的学术水平,还能适应不断变化的人才市场的需求。②

湖南铁道职业技术学院结合课程相关技术领域和职业岗位群的任职要求,制订适应不同生源实际状况的分层次弹性学制培养方案,将专业相应岗位的作业流程分解为不同工序,将各工序需要掌握的知识、技能综合成不同学习内容,参照相关职业资格标准综合形成各工序所对应的模块化课程,构建以工作任务为中心、以项目课程和案例课程为主体的高等职业教育课程模式。③

第三节　高等职业院校教学组织的特点

高等职业教育的教学组织特点包括三个方面:一是按三类课程组织教学活动;二是依托企

---

① 张阿贝.21世纪澳大利亚职业教育市场化进程对我国职业教育市场化的启示[J].高教探索,2021(1):91-97.

② 赵上宁,史大胜,何艳芬,等.新西兰职业教育改革的内容、特点及启示[J].职业教育研究,2021(3):90-96.

③ 郭扬.高等职业教育三十年探索与研究[M].北京:冶金工业出版社,2021:170.

业、行业实施工学结合的教学组织活动；三是依据不同专业领域或职业领域组织教学。实践性教学关注学生的参与性和体验性，鼓励自主性与发展性的学习风格，从而呈现教、学、做合一，边教、边学、边实践、边生产，教学和生产一体化等特征。高等职业院校的课堂教学和实训教学构成了高等职业教育的"双中心"特点，从而使其教学组织更注重学生的主体性、体验性，强调个别化教学，重视学生在做中学、学中做，学练结合。

在德国高等专科学校的教学中，实践课、设计课、练习课和实习等的课时占极大的比重，在四年八个学期中，第五和第八学期为实习学期，教学必须在企业或公司里进行。此外，学生本身具备实践经验也是更高一级学校录取新生的标准之一。除职业学校的毕业生外，其他入学者都需要有半年的实际工作经历。

法国大学技术学院的指导课和实践课也占总课时的三分之二以上，毕业前还有6~8周的实习。

在澳大利亚的职业教育教学过程中，学生学习的主动性更是得到了最大程度的发挥。培训可以在工作岗位、模拟的工作环境和教室中进行；学生可以先学习后就业，也可以工作一段时间后随时回到学校参加再培训。职业院校的入学条件不受限制，15~65岁的人都可以参加，有几小时、几个月的短期培训，也有长达三年的长期培训。学生在学习方式上享有充分的自主权，可以选择全日制上课，也可以利用晚上业余时间上课，边远偏僻地区的学生还可以通过远程教育、流动教室等形式获得教育与培训服务。

新加坡南洋理工学院采用"教学工厂"教学组织形式，学生在校的最后半年必须参加"工业项目"，由学院的专职工程师（无课堂教学任务，只带工程技术实习）带领一小组学生承接企业具体任务，从设计方案制订、经济核算、零部件采购到安装、调试等全过程合作参与。这样的操作过程，对学生全面知识的掌握或运用、各类技能的形成、职业素养的最终养成等都十分有效。[①]

青岛职业技术学院机电一体化技术专业建立以工作过程为导向的教学组织模式，其特点：一是学生在校内生产性实训基地和校外实训基地的实际环境中学习知识掌握技能；二是就业岗位及岗位能力分析与企业结合，课程体系构建与企业紧密结合，教学内容和教材建设与企业紧密结合，教师教学活动开展与企业紧密结合，学生考核评价与企业紧密结合；三是将考取职业资格证书纳入教学计划；四是讲求实践过程的系统性和完整性；五是基础课与专业课融为一体，教师的教与学生的学在行动导向教学中融为一体。[②]

第四节　高等职业院校教学方法的特点

教学方法的主要特点在于：倡导学生实际参与到真实工作环境和工作生活中，在相关社

---

① 郭扬. 高等职业教育三十年探索与研究［M］. 北京：冶金工业出版社，2021：160.
② 郭扬. 高等职业教育三十年探索与研究［M］. 北京：冶金工业出版社，2021：171.

会形态里学习。20世纪80年代以来,德国在行为导向职业教育教学论思想中,提出了项目教学方法、模拟、表演、案例研究和角色扮演五种教学方法。[①] 其要义在于:以学为本、以学论教。教学步骤分为参与、体验、掌握、运用和内化(再生产)五个循环学习和教学过程。行为导向的学习方法主要包括七种:行为意义的学习、注重行为的学习、行为系统的学习、学生自我控制的学习、过程导向的学习、合作式学习、全面的学习。"行为导向"的职业教育教学过程始终践行一个宗旨,即让学生"参与",给其机会让其体现"个体存在"的价值。

高等职业院校的教学方法并不具有单一针对性。普通高等教育和高等职业教育均可以采用各种教学方法或它们的组合,而无绝对的对应性。但是,任何一种教学方法都有其特定的作用和功能,对于不同的教学目标、教学环节则有适应与不适应之分。因而,由各自不同的教学目标和教学环节所决定,普通高等教育和高等职业教育在教学方法的选择和组合上各有侧重。

与普通高等教育更多采用讲授法、讨论法、探究法、实验法等教学方法不同,高等职业教育由于强调学生通过自身的体验和应用来学习,因而较多采用问题教学法、案例教学法、项目教学法、技能模拟训练等方法。这些方法均具有集实践性、针对性、综合性于一体的特点,通过研讨、实训、示范、交流,构建一个师生共同参与,社会、企业与学校协同合作,强调实践与理论并举、教育与生产劳动相结合的教学秩序。因而其教学过程和方法更讲求开放性和学生的自主性。尤其是实践课程,在教学方法上强调学生要"真刀真枪"地进行操作、反复训练。

高等职业院校教学方法上的实践性、开放性特点必然要求有与之相适应的办学环境和条件。正如布鲁贝克指出的:职业和专业似乎与特殊性有着内在的联系。一项工艺或一种专业的实践本质上是一种技艺性的工作。正因为如此,在实践环境里,即在实际工作中,学习技艺能够学得最好。因此,学习商业的地方是商店;学习农业的地方是农场;学习制造的地方是工厂。[②] 高等职业院校一方面必须与社会、企业保持密切联系,合作办学,依靠社会和企业为学校教学提供真实的实践环境;另一方面,必须建设"教学工厂"或"工业中心"等实训基地,为教学提供"仿真性"的环境和条件。

平顶山工业职业技术学院把课堂设在实训车间,实施项目引导、任务驱动教学法,把理论知识融于实践教学中,实现"教、学、做"有机结合的教学形式,并将计算机教学软件和多媒体教学课件、模型、实物、虚拟、仿真等手段应用到课堂教学中。长沙民政职业技术学院推行"参与式""项目式""任务式""工作室式""串行式"等教学方法,打通理论教学与实践教学的界限,增加民政社会工作实务性和现代服务业实用技术操作性强的生产性实训项目,并强调在立德树人过程中把"爱众亲仁"职业精神融入人才培养全过程。[③]

---

① 李俊.德国职业教育国际化的经验与启示:兼谈对我国职业教育国际化的借鉴[J].高等职业教育探索,2018,17(6):1-9.
② 布鲁贝克.高等教育哲学[M].3版.王承绪,等译.杭州:浙江教育出版社,2001:88-89.
③ 郭扬.高等职业教育三十年探索与研究[M].北京:冶金工业出版社,2021:138.

第五节　高等职业院校教学管理的特点

高等职业院校教学管理的特点主要表现在教学计划管理、教学质量管理、师资管理和学生管理等方面。

一、教学计划管理

高等职业院校的教学计划相较于普通高等学校更具针对性，并且由于社会职业岗位变动较快，因此高等职业院校的专业设置必须及时做出调整，教学计划必须缩短更新周期，与时俱进，在教学计划管理上要求较为灵活和开放。为突出教学计划的针对性和适应性，学校应当聘请社会相关专业人员参与学校教学计划的制订、修改和管理工作。如聘请社会相关专业人员组成专业管理委员会，共同制订和管理各专业教学计划，确保教学计划的职业针对性和教学内容的应用性。

北京市工业技师学院的技师培养做到了"六个共同"：一是共同确定方案。培养方案由定向培养的企业与学院共同制订、共同实施。二是共同确定课程。校企共定课程数量和课程内容。课程内容即项目任务。所有项目任务均来自企业的真实工作任务。三是共同确定学习制度。采用工学交替的学习制度。双方指定相关人员负责落实该制度。四是共同确定教师团队。学校按双方商定的标准选定学校导师和企业导师。五是共同确定培养方式。采用"双导师制"培养方式，即在两年技师阶段，每名学生由校、企两名导师全程指导课程学习，培养质量由两位导师共同负责。六是共同确定教学要求，教学过程、学习过程、工作过程三对接。[①]

二、教学质量管理

由于实训课程在高等职业教育中占有重要地位，因此在教学质量管理中，除了要注重学生对基本理论、技术原理的掌握之外，更要突出对学生的技能、技巧水平的评价。比如，许多院校在对学生的学业质量评价中，一般要求学生既要通过一定的理论考核，获得一定水平的学历证书，也要求学生通过技能水平考核，获得职业技能等级证书。

湖南铁道职业技术学院在各专业推行"职业资格证书制度"，明确将取得技能等级证书或职业资格证书作为学生的毕业条件之一，将能力考核与社会职业资格证书制度接轨。深圳职业技术学院制定了《教学工作规范》，对各个教学环节都制定了严格的质量指标。如在毕业质量标准方面，规定了四项硬指标，即修满既定学分、英语水平达标、计算机水平达标、获得一个

---

① 黄景荣.高等职业教育概论［M］.成都：西南财经大学出版社，2021：113.

以上职业资格或技能等级证书，否则不能按期毕业。辽宁交通高等专科学校成立课程建设领导小组，制定严格的责任追究制度，层层落实，确保完善各教学环节的质量标准和工作规范，切实建立教、学、管三方协调管理的运行机制，并引进现代化管理程序保证教学质量。[①]

三、师资管理

高等职业院校的师资管理具有多重性的特点。一方面，对教师不能用同一个标准来衡量和管理，对不同类型的教师采取不同的管理方式，才能充分调动全体教师的积极性，有助于"双师型"教师队伍建设和发展。比如，对实训教师的职称评定，不应套用理论课教师的评聘标准，应借用企业工程技术人员的评聘标准并给予相应的待遇。另一方面，为保证教学的适应性和先进性，高等职业院校往往从企业聘请人员参与教学，对这些兼职教师的管理应采用不同的方法。

新加坡南洋理工学院为了使行业企业的优秀专家有时间到学院兼职授课，在教学安排上突破学院本位的观念，调整学院的授课时间，实施早7点到晚11点的授课时间制度，让学生能学到优秀行业专家传授的真实有效的实践技能。

四、学生管理

在学生管理中强调学生的自治性和差异性。由于高等职业院校的学生来源既有普高生也有职高生和技校生，他们的基础、程度以及个性特点相差很大，因此对他们的管理既要遵循统一的规范，又要关注他们的差异性，要有的放矢地采取不同管理方式，力图培养学生的自主性，让学生在自治中学会与他人合作并形成良好的道德品质，尤其是职业道德的养成。

高等职业教育与其他教育一样，要把立德树人作为根本任务，坚持育人为本、德育为先，促进学生全面发展。对用人单位的调研结果表明，绝大多数企业对高等技术应用型专门人才的第一要求并非知识和技能，而是职业道德方面的水准，他们将人品、敬业、责任感作为聘用员工的先决条件。也就是说，职业道德素质应成为高等职业院校人才培养的第一质量。

面向未来，高等职业院校要把职业道德教育融入人才培养的全过程，重视培养学生的诚信品质、敬业精神和责任意识，在此基础上强化学生的实际操作训练，帮助学生掌握职业岗位（群）所必备的技术应用能力，增强就业竞争力。在努力提高职业道德教育的针对性和有效性的同时，为了提高学生在未来社会的持续发展能力，还要教育学生树立终身学习观，提高学习能力，让学生在掌握必备的基础知识和专门知识的基础上，学会学习，学会交流沟通和团队协作，增强创新精神、实践能力和创业意识，提高社会适应能力。

深圳职业技术学院把职业素质分为三个层次：一为政治思想素质；二为一般素质，如敬业

---

① 郭扬.高等职业教育三十年探索与研究［M］.北京：冶金工业出版社，2021：171.

乐业、吃苦耐劳、执着追求、一丝不苟、讲究效率与效益、准确守时、恪守信用、公平公正、遵纪守法、崇尚卓越、团结协作等；三为专门的职业素质，如服装专业要训练敏锐的预测流行款式的能力，机电专业要训练熟练的故障诊断能力等。第一个层次的素质主要通过"两课"教育和学生日常思想政治工作来培养；后两个层次的素质则主要通过专业教育和对学生的日常管理来养成。如在校内实训时要求学生统一着装、打卡进出实训室、严守实训室规程和规章、严格操作规范等，浓郁的现代企业氛围熏陶结合教学内容进行职业素质训导等。

第六节　高等职业院校教学评价的特点

高等职业教育是一种典型的能力本位教育，其教学质量评价是根据对所期望的学习结果加以明确界定而发展起来的评价形式。在这种评价形式中，对一般的或特殊的学习结果都予以了明确界定，使得评价人员、学生自身或任何感兴趣的第三者，对学生是否达成这些结果均有一个相当客观的判断。

高等职业院校的教学质量评价是一种典型的标准参照评价，只将收集到的证据与能力标准相对照，而不与其他学习者的学习结果相比较；最终只对学生是否具备相应能力做出判断，而不是给定一个等级分数。这种评价指向所要求的学习结果，具体表现是达到相关职业的能力标准。与普通高等教育不同的是，这些能力标准是由高等职业教育的需求方（即产业界）参与制定的，主要反映特定职业角色的能力要求，而不是根据所学习的课程来制定的。

高等职业教育的标准参照评价方式，特别依赖各个职业领域的技术技能专家，依靠他们雄厚的专业理论水平和长期的工作实践经验，从而判断和决定某一职业领域所需要的知识、技能、理解力、操作的熟练程度和职业道德水平，进而确定职业标准及其等级。

高等职业院校培养目标的技术性和技能性要求，教学内容的职业导向，以及教学模式的实践性转变，必然要求学生评价方式的转变。高等职业院校必须改变传统的以语言和数理逻辑能力考核为主的单一评价方式，建立多元评价体系。例如，在评价目标上，实行"双证书"制度，使学历证书和职业资格证书或技能等级证书并重；在评价内容上，实现校内理论课和专业基础课考核与企业实践操作能力考核相结合，探索课堂学习与实训的一体化，保证高等职业院校的人才培养质量；在评价方式上，以职业岗位（群）的实际需求作为质量评价标准，采用多样化的评价方式，用职业资格考试或技能等级证书取代传统的考试，用上岗达标测试取代一次性考核的方式。

平顶山工业职业技术学院积极推行课程考试方式改革，建立以能力为本位的考试考核体系。公共课和职业基础课实行教考分离，优质核心课程建立试题库，采用口试、笔试、实际操作、现场答辩相结合的考核方法，对学生实施综合性评价，建立"以人为本，促进发展"的课程评价机制，制定切实可行的评价标准和指标体系，采取教师自我评价、同行评价、学生评价、企业评价"四位一体"的评价方式，认真对课程内容、教师教学、学生学习等情况进行准确评价，搞好教学改革，促进教学质量提高。长春汽车工业高等专科学校建立了毕业生能力认证体系，通过与企业共同开发，建成一套面向汽车企业的职业技能培训标准体系、客户评价体系，形成"第一汽车职业资格认证体系"，使学生毕业时达到企业岗位技能和素质要求，为学生的可持续发展奠定良好的基础。[①]

【复习题】

高等职业院校的教学有哪些特点？

【推荐阅读】

1. 黄景容.高等职业教育概论［M］.成都：西南财经大学出版社，2021.
2. 李德方，王明伦，等.高等职业教育发展新论［M］.北京：知识产权出版社，2017.
3. 周国烛，王文博，韩志伟，等.高等职业教育课程教学设计与案例［M］.北京：中国轻工业出版社，2009.
4. 杨彩菊，杜昌建.高等职业教育学生学习质量评估研究［M］.北京：中国社会科学出版社，2018.
5. 徐兵.高职院校教师教学能力提升"生长型"实践共同体的构建［J］.职教发展研究，2022（1）：103-107.
6. 吴伶.基于学习循环理论的高职混合式教学探析［J］.教育与职业，2022（6）：100-103.

[①] 郭扬.高等职业教育三十年探索与研究［M］.北京：冶金工业出版社，2021：139.

第十三章 高等教育质量管理与教育评价

【知识列表】

高等教育质量管理与教育评价	高等教育质量管理概述	教育质量的概念
		高等教育质量观
		高等教育质量管理的地位与作用
	高等学校教学质量管理	高等学校教学质量管理系统
		高等学校教学质量保障与监控
	高等学校教学评价	教学评价的概念
		教师课堂教学评价
		关于教师教学评价的现代观点
	高等学校教育质量评价	本科教育教学评估
		工程教育认证
		学生增值评价
		教师科研评价
		质量文化建设

高等教育的中心任务是为社会培养高级专门人才，即使是研究型大学也不能以强调科学研究为重而淡化人才培养。人才的质量规格如何达成？这就需要教育质量管理与教育评价。教育质量管理与教育评价是人才培养过程中的控制环节，其核心是质量监控。

第一节 高等教育质量管理概述

高等教育质量是一个复杂的问题,特别是高等学校扩招后的教育质量争议一直是热点与难点,其焦点与困难在于质量标准不明确或价值隐含差异。

一、教育质量的概念

(一) 一般意义上的质量

国际标准化组织制定的 ISO 8402-1994《质量术语》标准中,对质量作了如下定义:质量是反映实体满足明确或隐含需要能力的特征和特征的总和。(1) 在合同环境中,需要是规定的,而在其他环境中,隐含需要则应加以识别和确定。(2) 在许多情况下,需要会随时间而改变,这就要求定期修改规范。从定义可以看出,质量就其本质来说是一种客观事物具有某种能力的属性,只有客观事物具备了某种能力,才可能满足人们的需要,需要由两个层次构成。第一个层次是产品或服务必须满足规定或潜在的需要,这种需要可以是技术规范中规定的要求,也可以是在技术规范中未注明但用户在使用中实际存在的需要。它是动态的、变化的、发展的和相对的,需要随时间、地点、使用对象和社会环境的变化而变化。因此,这里的需要实质上就是产品或服务的"适用性"。第二个层次是在第一个层次的前提下,质量是产品特征和特征的总和。因为需要应加以表征,必须转化成有指标的特征和特性,这些特征和特性通常是可以衡量的。全部符合特征和特性要求的产品,就是满足用户需要的产品。因此,质量定义的第二个层次实质上就是产品的"符合性"。另外,质量定义中的"实体"是指可单独描述和研究的事物,它可以是活动、过程、产品、组织、体系、人以及它们的组合。

(二) 作为价值范畴的教育质量

"质量"定义的第二个层次实质上就是产品的"符合性",符合性本身从属人,质量无论是体现在产品上还是体现在组织上,最终是由人去评判符合性。"价值"一词在哲学上可定义为,客体的属性满足主体需要的程度。价值是从人出发对客体的主观判断,也是一种满足需要的符合性判断。可见,质量与价值虽不是一个概念,却都有着从属人的判断的内在联系。作为价值范畴的质量,指的是价值主体对价值客体即价值对象的优劣程度作出的判断。简言之,质量即价值对象的优劣程度,而优劣程度的尺度则是评价主体的需要。显然,教育质量属于价值范畴。由于教育活动的特殊性,教育质量与教育质量评价存在特定的内涵:(1) 教育质量指的是教育条件下学生发展的优劣程度,也是教育结果的优劣程度,学生是教育质量唯一的载体与评价对象;(2) 评价学生发展优劣程度的质量标准是教育目标,即根据社会发展与学生个体发展的需要及各级各类教育的任务,对学生发展的预期结果所做的规定;(3) 教育质量评价的主体是多元的，包括学生、教师、学校、教育主管部门与社会，其中学生的自我评价是评价主体与评价对象的统一；（4）教育质量的高低，是以学生发展的实际状况达到教育目标的程度来判定的。[①]

二、高等教育质量观

（一）适应性质量观

适应性质量观源于工商管理的质量理念，主要是指产品满足用户需要的程度。这种质量观认为，高等教育质量体现在高等教育所提供的产品和服务满足社会和个人需要的程度，满足高等教育自身发展需要的程度上。从教育质量的生成过程来看，它受个人全面发展的需求、学科发展的内在规律要求和社会对人才的要求三个方面因素的影响。根据高等教育满足需要对象的不同，适应性质量观可分为内适性质量观、外适性质量观、个适性质量观三种。内适性质量观以学校为中心，强调学校系统的内在逻辑和对真理的追求，因而也称为学术质量观、学校本位质量观。其核心观点是：强调大学的学术价值，主张大学从事高深学问研究，培养和造就学术精英，追求卓越，力争一流。外适性质量观以市场为中心，以社会需求和市场需求为导向，往往又称为需求导向观。这种质量观强调高等教育满足外部社会发展所需程度的要求，为所在国家和地区的经济和社会发展服务。个适性质量观以学生为中心，强调满足受教育者的个体发展需要，体现以人为本的人文精神，因而又称为人本质量观、人文质量观。

（二）多样化质量观

高等教育普及化阶段，社会经济对人才规格、类型、层次需求的多样化，学习者学习需求差异化、个性化以及办学主体和办学形式的多样化，必然要求高等教育多样化。普及化高等教育这种多样化的特点，必然要求我们确立与之相适应、相匹配的多样化的高等教育质量观。正如首届世界高等教育大会通过的大会宣言《21世纪的高等教育：展望和行动》指出的，高等教育质量是一个多层面的概念，应包括高等教育的所有功能和活动；各种教学与学术计划、研究与学术成就；教学人员、学生、校舍、设施设备、社会服务和学术环境等。高等教育的质量还应包括国际交往方面的工作：知识的交流、相互联网、教师和学生的流动以及国际研究项目等。当然也要注意本民族的文化价值和本国的情况，应考虑多样性和避免用统一的尺度来衡量高等教育质量。

（三）发展质量观

发展质量观有四层含义：一是发展是质量的基础和前提。只有发展到一定的数量，才能谈

[①] 冷余生. 从质量争议看高等教育质量评价的现状和任务［J］. 高等教育研究，2007，28（3）：23-27.

质量。没有数量，就没有质量；没有质量的数量，等于没有数量，甚至还更糟糕。目前，发展是高等教育事业的首要任务，为此必须树立发展质量观。二是要用发展的眼光看待质量，通过发展来解决发展中遇到的高等教育质量问题。三是质量观是相对的，是发展变化的，要从特定的时空特点出发确立正确的质量观，而不能一成不变地、僵化地看待质量。四是质量观是渐进性的。用发展的观点看质量，即相对发展的质量观。不断提高、不断发展就是质量。

高等教育质量难以取得共识。高等教育是一个十分复杂的体系，对其质量进行评价则是一个更为复杂的领域，因此，在教育质量的评价上出现不同观点和看法是很正常的。不正常的是，在不同观点和看法之间隔着一堵墙，各执一词，谁也说服不了谁，很难通过沟通达成共识。在这种情况下，问题的症结并不在于就事论事地判定谁是谁非，而应超越各种不同的看法和观点，从我国高等教育质量评价的现状中去探寻难以取得共识的原因。只有这样才能使教育质量评价工作步入科学轨道，在高等教育的改革和发展中发挥评价应有的作用。

三、高等教育质量管理的地位与作用

高等教育质量管理是指为了实现教育（培养）目标而进行的一切管理性质的活动。高等教育质量方面的控制活动通常包括以下四个基本环节：一是在正确教育质量观的指导下，制定总体高等教育目标及不同层次、不同类型高等教育的目标，以确立高等教育质量标准；二是创设或优化教育质量保障条件，包括培养制度、内容、方法、环境、教师、经费、设施等软件与硬件各方面的条件；三是通过教育评价及其反馈机制实施教育质量监控；四是根据监控的信息纠正偏差，改进教学，提高教育质量。

高等教育质量管理可分为教育行政部门对全国或地区高等教育质量的管理和高等学校对自身教育质量的管理。前者属于教育质量的宏观管理，后者属于教育质量的微观管理，两者相结合构成全国统一的高等教育质量管理体系。

高等教育质量管理在整个高等教育管理中具有十分重要的地位和作用。

（一）质量管理是教育行政部门对高等学校实施宏观调控的首要职能

不同国家对高等教育的管理可分为"非调控型"（如美国）和"调控型"（如中国）两种，无论是采取哪种管理方式都极其重视高等教育质量，只是实现的方式有差异，共识点是高等教育质量是关系人才培养和综合国力提高的大事。2018年6月，教育部在四川成都召开新时代全国高等学校本科教育工作会议。会议强调，要深入学习贯彻习近平新时代中国特色社会主义思想和党的十九大精神，坚持"以本为本"，推进"四个回归"，加快建设高水平本科教育、全面提高人才培养能力，造就堪当民族复兴大任的时代新人。要提高教育教学质量，必须始终树立质量是高等教育生命线的观念，以质量求生存、走质量立校、质量兴校、质量强校之路。

（二）质量管理是高等学校内部管理的核心内容

人才培养质量是高等学校的生命线和永恒主题。进入中国特色社会主义新时代，国家对人才培养质量提出了更高的要求，教育投资体制改革使社会对人才培养质量的期望增加，就业制度改革使人们更加关注高等教育质量。在我国高等教育改革进程中，高等教育教学质量的控制水平将直接影响高等教育教学质量的高低。从学校内部来看，教学质量的高低，是教学过程中各环节工作质量的结果和反映，每一个环节都直接或间接地影响教学质量。

高等学校教学质量管理是对高等学校整个教学活动所进行的质量监督和控制。影响教学质量的内部因素主要是教师水平、学生素质、教学条件和教学管理水平。教学质量管理和监控主要是针对这些因素加以协调、指导和监控，建立通畅的信息反馈网络，营造并维护良好的育人环境，以达到最佳教学效果。

首先，高等学校教学质量管理是全面质量管理。它既要贯彻党的教育方针，使学生在德、智、体、美、劳诸方面得到发展，也要用系统分析的观点，重视每一门课程、每一个教学环节的质量。

其次，高等学校教学质量管理是全员质量管理。教学质量管理涉及全校各部门所有工作人员，包括教师和学生。教学质量管理就是要调动全体师生员工的积极性、主动性和创造性，为提高教学质量而努力奋斗。

最后，教学质量管理贯穿教学工作的全过程。从招生到就业，有关教学工作的每个环节都影响学生的培养质量，要对各个具体环节和可能影响教学质量的各种教学信息、内外部因素进行有效的质量控制，建立质量控制系统。

（三）教育评价是实施高等教育质量监控的重要环节

实施高等教育质量监控离不开教育评价。教育评价包括教学过程评价与教育质量评价两种基本类型，两者既有区别又有密切的相关性。

1. 教学过程评价与教育质量评价的区别

教学是实现教育目标的基本途径，教学过程是教学实施的过程，是在教学条件的作用下促进学生发展的过程。由于教学过程与教学条件是不可分的，所以教学过程评价也叫教学条件评价。教学条件作为实现教育目标的制约因素，包括师生数量比、师生教与学的状态、课程、教学方法、教学时间、教学设施、教学环境、教学管理等要素。

教学过程评价是指评价主体对教学过程的合理性与各种教学条件的优劣程度作出的价值判断。教学过程评价与教育质量评价的性质不同，两者的区别是十分明显的。其一，评价对象不同，教学过程评价的对象主要是学校和教师，也包括学生，而教育质量评价的唯一对象是学生；其二，评价指标体系不同，教学过程评价是以条件为主要内容的指标体系，而教育质量评价是以教育目标为内容的指标体系；其三，在评价主体上，教学过程评价较之教育质量评价更加重视专家与学生的作用，而教育质量评价最重要的评价主体是社会。

2. 教学过程评价与教育质量评价的相关性

教育质量是在一定教学条件下经过一定的过程所产生的结果，所以教学过程和教学条件与教育质量之间存在直接的因果关系，而且是互为因果的关系。学校教育作为一种人为事物，首先是根据确定的教育目标决定需要创设的教学条件，也就是说教学条件的优劣是以是否满足教育目标的要求来评价的；同时，实际的教学条件决定教育目标实现的程度，也就是教育质量的实际水平。所以从整体上讲，教学条件的优劣与教育质量的高低是相关的。

鉴于教学过程与教育质量的相关性，在教育评价中，可以通过过程评价从已知的教学条件推及结果从而对教育质量的状况做出估计；也可以通过教育质量的评价，从已知结果推及成因从而对教学条件的状况做出估计。但这种相互的推论只能是一种间接的证明，也只能是一种大体的、粗略的估计，而不能以一种评价取代另一种评价。

从以上分析可以得出的结论是，教学过程评价与教育质量评价两者不可互相取代，而且缺一不可。只有实现二者的结合，才能对人才培养的过程与质量作出全面的、准确的判断，为教育调控提供科学的、客观的依据。

第二节 高等学校教学质量管理

高等学校教学管理的基本任务是：研究教学及其管理规律，改进教学管理工作，提高教学管理水平；建立稳定的教学秩序，保证教学工作正常运行，研究并组织实施教学改革；努力调动教师教和学生学的积极性。高等学校的教学管理一般包括教学计划管理、教学运行管理、教学质量管理与评价，以及学科、专业、课程、教材、实验室、实践教学基地、学风、教师队伍、教学管理制度等教学基本建设的管理，其中的核心是教学质量管理。

一、高等学校教学质量管理系统

高等学校教学质量管理系统主要由教学工作各要素管理、教学进程各环节管理和现代教育技术管理等部分组成。

（一）教学工作各要素管理

1. 教师教学工作质量管理

教师教学工作质量管理是教学工作中具有关键性、主导性的重要方面，是教学管理工作最基本和最关键的内容，主要包括以下七项基本工作。

第一，制订并执行基层教学组织工作条例，认真开展基层教学组织的组织制度建设，推动教学工作、教学研究及科学研究活动的开展。

第二，制订师资队伍建设规划及有关规定文件，抓好师资队伍建设，促进师资队伍的优化。

第三，制订学科课程规划，抓好学科课程建设，促进课程优化。

第四，制订教材建设规划，组织教师在教学改革实践中编写出高质量的教材。

第五，根据国务院发布的《教学成果奖励条例》，制订优秀教学成果立项计划，有组织、有步骤地抓好优秀教学成果项目建设，推动教学改革持久深入地发展。

第六，教师教学工作条例的实施。包括课堂教学、课外辅导和课外作业、实验教学、实习和毕业论文（毕业设计）、考试考查、教学纪律及奖励与处分等规定的实施。

第七，教师教学质量评价。教师教学质量评价主要是对教师课堂教学（包括教学辅导环节）的质量进行评价，每学期举行一次。教学质量评价采取定性与定量相结合的办法，分为学生评价、同行教师评价、教学管理人员评价三种，在教师教学考核成绩中所占比重一般依次为 8∶1∶1。教师教学质量评价结果分为优秀、良好、中等、合格和不合格五个等级。

2. 学生学业质量管理

学生学业质量管理主要包括下列工作。

第一，学生考勤及请假管理。

第二，学生班级学习状态与效果评价活动。为了全面了解学校各教学班级的整体学习状态，不断加强和改进班级学风建设，充分调动学生学习的积极性，由任课教师对任课班级的教学秩序（包括学生出勤情况与学生听讲情况），学习风气（包括学生制订学习计划、课前预习、课堂参与、作业、实验等教学任务完成情况），学习效果（包括学生知识掌握情况、考试情况、参与学术研究情况），促学情况（包括班干部带头作用和班级开展促进学习的活动情况）等进行评价。

第三，学籍与考试管理。包括学分制、专业分流、转专业、辅修专业与双学位（第二专业学位）修读管理、考试管理、创新学分、学位授予等。

第四，科学研究训练的组织和管理。充分利用课外科技活动、选课制、导师制、创新创业教育、第二课堂等形式扩展学生学习的领域。

3. 教学计划管理

教学计划的内容一般包括专业培养目标、基本要求与专业方向；修业年限；课程设置（含课程性质、类型、学时或学分分配、教学方式、开课时间、实践环节安排等）；教学进程总体安排；必要的说明（含各类课程比例、必修选修安排、学分制或学年制等）。

教学计划的实施由教务处或院（系）编制分学年、分学期的教学进程计划，或称教学计划年度（学期）运行表，落实每年度（学期）课程及其他教学环节的教学任务、教室和场所安排、考核方式等。

4. 教材评审、评介和选用制度

制订切实可行的教材建设规划，加强文字教材、实物教材和视听教材建设的规划工作。采用推荐教材或自编教材、教学参考书时，要注重质量。对教材质量主要从教材水平、使用效果等方面进行评价。鼓励选用国家优秀教材。做好教材的预订、分发管理工作。

5. 教学计划、教学大纲的实施

教学计划和教学大纲是学校进行教学管理、教师组织教学的主要依据。对教学计划、教学大纲的实施主要从课程安排、教学计划落实、实验课开设、实践环节落实、教学大纲编写、教材选用、学生考试等方面进行评价。

6. 课堂教学环节的组织管理

课堂教学是教学质量的核心环节，主要从课前准备、教学过程、课外作业与辅导、成绩考评等方面实施全程监控，包括备课是否充分，教案是否完整，教材是否恰当，概念是否准确，内容是否更新，重点是否突出，讲授是否清晰、是否启发思维、是否因材施教，课后作业与辅导是否到位，学生课程学习成绩考核是否科学严格等方面进行评价。

（二）教学进程各环节管理

1. 教学检查制度

（1）开学初教学检查。做好学期初的教学检查工作，确保开学初的教学秩序。检查内容包括：教学安排是否合理；教室安排有无冲突；教师、学生到课情况；教学条件、教学设备准备情况等。

（2）期中教学检查。学期中期安排三周时间对教学计划、教学安排的实施运行进行全面细致的检查，采取多种形式从教师、学生、辅导员等不同侧面了解教学运行状况。检查内容包括：教学资源（师资队伍、教室、实验室、机房等）；执行教学计划与落实教学任务（理论课与实验课按教学计划的要求落实情况）；教师履行教学工作基本规范与学生学习状况；教学设备、教学条件能否满足课堂教学；现代化教学手段的应用；组织学生对教师课堂教学质量的全面测评。

（3）期终教学检查。内容包括：考场安排、考务工作的评测；考试试题内容是否符合教学大纲要求；学生成绩分析；考核方式改革的评析。

2. 实践性教学环节的组织管理

实践教学是教学过程中一个重要的教学环节，各种实践性教学环节都要制订教学大纲和计划并严格考核，必要时可以单独设课或组成实验课群，也可以在相关课程内统一安排。毕业论文（毕业设计）要符合教学要求并尽可能结合实际任务进行，要保证足够的时间。根据教学计划要求，各类实习和社会实践任务都应完成。

3. 教学档案管理

学校应建立必要的机构和档案管理制度，明确各级各类人员的职责，确定各类教学档案的内容、保存范围和时限。教学档案内容一般包括教学文件、教务档案、教师业务档案、学生学习档案。教务处及院（系）级教学单位应指定专人负责档案工作，每年进行档案的分类归档。

4. 教学质量管理与评价

教学工作评价是宏观调控教学工作的重要手段。学校教学工作评价一般包括校、院（系）总体教学工作评价；专业、课程和各项教学基本建设评价；教师教学质量和学生学习质量评价等。开展教学工作评价,要明确目标,建立科学的评价指标体系;要抓好基础,突出重点;要坚持"以评促建,重在建设"的原则。

5. 教学信息的采集、统计和管理

教学信息的主要内容包括新生入学基本情况、学生学习和考试情况、毕业生质量调查等。主要教学信息应定期采集并进行统计分析。发挥教学信息管理系统和学生教学信息员在教学工作评价中的作用。

6. 学科和专业建设

对学科和专业建设的质量监控主要以对新专业、重点建设专业、老专业等进行评估。主要监控点为专业发展规划、专业办学水平、专业师资队伍结构与水平、实验室建设、课程体系建设等方面。

7. 课程建设

课程建设质量主要从建设思路、具体计划、课程师资梯队、特色创建、改革成效等方面进行评价。

8. 实践教学基地建设

实践教学基地建设包括校内图书馆、资料室、实验室建设,附属工厂、附属医院、附属实验中小学建设及校外实习见习基地建设。

实验室建设一定要与学科专业建设、课程建设相匹配,防止分散配置、分散管理、局部使用、低水平重复的低效益建设方式,注意集中力量与条件建设好公共的基础性实验室;做好实验室的计划管理、技术管理、固定资产管理和经费管理,改进分配和设备投资办法,提高投资效益和设备利用率;组织实验室建设的检查验收。

校内实习基地的建设要突破仅限于感性认识、技能训练的旧模式,使之成为可模拟工业、社会等环境,进行综合教育训练的课内外实践教学基地,同时要改善实习条件,健全实习管理规章制度。建设相对稳定的校外实习基地,努力把实习与承担实习单位的实际工作任务结合起来,做到互利互惠,以取得校外实习单位的支持。

9. 教学管理制度建设

制订并完备教学基本文件,包括教学计划、教学大纲、学期进程计划、教学日历、课程表、学期教学总结等。建立必要的工作制度,包括学籍管理、成绩考核管理、实验室管理、排课与调课、教学档案保管等制度;教师和教学管理人员岗位责任制及奖惩制度;学生守则、课堂守则、课外活动规则等学生管理制度。

(三) 现代教育技术管理

1. 教学辅助过程的质量管理

教学辅助过程的质量管理在内容上主要包括现代教育技术设备(硬件)的购置及管理,教学技术人员的配置、使用、管理及业务培训,技术教育(软件)的编制,现代教育技术的应用等方面。现代教育技术管理的总原则是遵循技术教育规律,根据教学需要和实际情况合理配置设备、设施和人员，充分发挥各类技术教育设备的功用，以确保教学任务的完成和教学质量的提高。

2. 教学资源管理

搞好教室、实验室、场馆等教学设施的合理配置和规划建设，最新图书资料的充分利用，以保证教学需要，提高资源使用效益。注意根据需要与可能改进教室的功能，提高计算机辅助教学、仪器设备、体育场馆、多功能教室的水平和教学管理人员服务质量。

二、高等学校教学质量保障与监控

（一）高等学校教学质量保障与监控体系

高等学校教学质量保障与监控体系由教学质量决策、教学质量监控、教学质量实施、教学质量信息获取与反馈、教学质量信息发布五个子系统组成。它是一个逐层向下监控、逐层向上负责的"责权合一"的质量管理系统，具有校、院（系）两级教学管理职能。教学工作的组织、安排，责任在校、院（系）及基层教学组织（教研室或课程组）；教学环节的设计与实施，责任在教师。教学质量保障与监控的组织机构为教务处、校教学指导委员会。

1. 教学质量决策系统

教学质量决策系统是由学校教学质量责任人——校长和主管教学副校长负责的教学质量保障决策系统。通过教学指导委员会等组织开展教学决策活动，负责对教学工作进行宏观指导与管理，审定各教学环节的质量标准，组织协调各院（系）、职能部门按照学校的发展定位、办学理念和人才培养目标，制订教育教学改革与发展规划和条件建设计划。

2. 教学质量监控系统

教学质量监控系统是教务处处长负责的校、院（系）两级教学质量监控系统。通过制订系列规章制度，约束和激励院（系）和广大教师开展教学工作，负责组织学校教学指导委员会委员、教学督导员、同行专家、管理人员以及学校聘请的其他人员，采取听课、评课、检查和座谈会等方式，及时、有效地进行教学质量信息的收集、处理，开展全校、院（系）级二级教学工作状态监控，实施质量评估。

3. 教学质量实施系统

教学质量实施系统是院（系）教学质量负责人——院长（主任）、教学副院长（副主任）负责的教学质量保证系统，负责落实院（系）级教学工作的中心地位、课程教师梯队建设、审定课程主讲教师资格；严格执行教授、副教授为本科生授课的基本制度；推进教学内容与课程体系改革；做好专业、课程、教材、现代化教学手段建设，尤其是一流专业、一流课程、精品教材的建设；强化实践教学以及青年教师培养等工作；配合学校完成对各教学环节教学工作的状态监控和质量评估。

4. 教学质量信息获取与反馈系统

教学质量信息获取与反馈系统是以教务处为主的教学质量信息获取与反馈系统，包括教师评学、学生评教。通过各种方式广泛收集各级各类人员和学生对教师课堂教学效果的评价意见，对教风学风建设、教学改革的有关建议，对实践教学环节尤其是对毕业论文（毕业设计）和教育教学实习环节的意见和建议等；汇总、处理各类意见和建议，及时反馈给学院（系）、教师、学生班级或学生管理部门等。

5. 教学质量信息发布系统

教务处负责发布本科教学状态及质量测评结果，应做到信息及时到位，问题、责任到人，并限期整改。对于通过教学检查、质量抽查或其他渠道获取的教学信息，通过文件、报告、简报或校内媒体等方式及时发布给有关教学单位和部门，必要时要召开教学信息反馈会，敦促教学问题尽快解决。

（二）高等学校教学质量保障与监控的实施

加强对各主要教学环节的质量监控，无疑是确保本科教学质量提高的关键。

1. 多层次听课监控制

建立健全听课监控体系十分重要。通过学校教学督导组、院系督导组、课程负责人及教师之间的层层听课，发挥专家、学科带头人的指导作用，教师间相互学习、相互借鉴，促进教师不断改进教学方法，更新教学内容，提高教学质量。

2. 学生信息员制

学生信息员的工作是充分调动学生参与教学活动，从学生侧面了解课堂教学效果，反馈学生对教学管理、教学条件、教学改革方面的意见和建议。各院系要积极收集学生信息员提供的教学信息，对学生提出的有关问题及时给予答复和说明，形成"教学相长"的良好教学状态，完善教学质量评测体系。

3. 教学效果监控

教学效果监控主要从讲授质量、教学方法的运用、教学手段的使用、教书育人、因材施教、学生学习课程的投入与掌握知识的情况、考核试题与评阅质量等方面进行过程监测和事后评价。

4. 教学改革的监控

教学改革的监控包含两个层面：一是对院（系）在教学管理、教学内容与课程体系、人才培养模式、学科专业结构、实践教学、文化素质教育等方面的改革的监控；二是对教师侧重教学内容改革、教学方法与手段创新、多媒体课件开发、争取教改项目的积极性、推出教研成果、编写并出版高质量的教材等方面的监控。

第三节 高等学校教学评价

教学评价是质量管理的核心环节。高等学校教师的主要工作是教学，当然教学也包括学生的学，它是教学的结果，同时也是教育质量的核心。高等学校教学评价包括对教师教学的评价以及对学生学习的评价。

一、教学评价的概念

教学评价有广义与狭义之分。广义的教学评价是指对影响教学活动的所有因素的评价。它既包括高等学校办学水平评价（如教学管理评价等），又包括教学质量评价（如学生的学与教师的教双边活动的评价等）。狭义的教学评价则是根据一定的教学目标和标准，对教师的教进行系统检测，并评定其价值及优缺点以求改进的过程。它既是教学过程的重要组成部分，又是有效教学与成功教学的基础。在这里我们取狭义概念。

拓展阅读：
教育评价的产生与发展

理解教学评价这一概念需要注意以下三点。

（一）教学评价本质上是一种价值判断活动

"评价"是评定价值的简称。评价本质上是一种把握价值的判断活动。教学评价在本质上是一种把握教育价值的判断活动。所谓价值判断，是指根据一定的价值标准，在事实判断的基础上对客观事物的价值做出评判。如在教学评价中，"知识本位"还是"能力本位"的价值取向决定了评价指标项目的取舍，对评价指标权重的赋值等都反映了评价者的价值判断。所谓事实判断，是对事物的现状属性与规律的客观描述。事实判断和价值判断是人们认识外界环境或自身状况的两种最基本的依据，也是人们从事实践活动的基本手段。教学评价只有把价值判断建立在事实判断的基础上，才可能真正达到认识和改变教学现状，实现优质教学的目的。

价值判断所反映的是主体与客体需要之间的一种价值关系，事实判断所反映的是客体各要素之间与客体之间的关系。事实判断是对"是与非"的判断，价值判断是对"好与坏"的判断。事实判断主要解决是什么的问题，是描述性判断；价值判断主要回答有什么意义的问题，是解释性判断。价值判断与事实判断的根本区别在于，价值判断包含着人的需要，具有事实判断所不具有的主体间的差异性。它们反映在评价指标项目上就有事实性问题和态度性问题的区别。

（二）教学评价应以教育活动满足社会与个体需要的程度作为价值判断的准则

教学评价的最终目的是实现教育的价值。价值是主体需要与客体属性之间关系的反映，表现为主体性与客观性的统一，表示客体的属性在多大程度上能满足主体的需要。主体需要构成价值的客观基础，客体属性是形成价值的前提。价值在本质上表现为主体需要与客体属性之间的一种特定关系，并由客体满足主体需要的程度决定。

教育价值实际上是指作为客体的教育活动的属性与主体需要之间的一种特定关系，是由教育满足人的需要的程度所决定的。人们对教育的需要一般由社会需要和个体需要两部分组成。

因此从根本上说，教学评价以教育活动满足社会需要与个体需要的程度作为价值判断的准则。在一定意义上，我们可以说"教育活动满足社会群体或个体需要的程度就是教育的价值"[①]。达到教育价值的过程，实际上就是促进教育满足社会需要与个体需要的过程，即实现教育的社会价值或个体价值的过程。这是包括教学评价在内的教育领域一切活动的根本目的。在实现教育价值的过程中，注重社会需要与个人需要的统一，注重社会价值判断与个人价值判断的结合，应该是教育评价努力追求的方向。

（三）教学评价是对教育活动现实的或潜在的价值作出判断的过程

所谓教学活动现实的价值是指教学活动已经取得的价值。所谓教学活动潜在的价值，是指教学活动尚未满足人们的需要，但具有可能满足人们需要的价值，即教学活动还未取得但有可能取得的价值。各种教学活动现实的或潜在的价值需要人们去认识并作出全面判断。教学评价力图积极创造条件，促使潜在的价值向现实的价值转化。教学评价是一种价值判断活动，但这种价值判断不是单一性活动，不是对事物优劣好坏的简单断定，而是对特定教育现象的系统考察与评判过程。评价也不是一次性活动，而是一个连续的、动态的过程。泰勒曾指出：评价在任何时候都必须包括一种以上的评价，因为要了解变化是否已经发生，必须先在早期做出一次评价，再在后期做出几次评价，从而才有可能确定所发生的变化。[②] 教学评价是对教学及其发展变化具有重要影响的持续的价值判断过程。

二、教师课堂教学评价

教学是教师实现培养目标、完成学校教育任务的基本方式，教学工作也是教师最主要的工作。通过对教师的教学进行评价，可以有效地提高教师的教学水平，引导教师按教学规律进行教学，不断提高教学质量。同时，教师教学工作评价还是保证教学秩序、加强教师队伍管理科学化的重要措施。学校的教学工作涉及师资队伍建设、教学管理、教学活动和教学质量等诸方面。由于学校的教学活动是由一堂堂具体的课组成的，而教师的教学工作主要体现在每堂课的教学上，因此，课堂教学评价对于提高教师的教学水平和提高教学质量有着更为直接的作用。我们所探讨的教师教学工作评价，主要指对教师课堂教学的评价。教师课堂教学评价的主体有学生、同行教师、教学管理人员和教师自己。这四类评价主体在教师课堂教学评价中所占的比例不同。

（一）学生评教

学生对教师课堂教学的评价也称为"学生评教"，占教师课堂教学评价的60%以上。大学

---

① 陈玉琨. 教育评价学 [M]. 北京：人民教育出版社，1999：7.
② 泰勒. 课程与教学的基本原理 [M]. 施良方，译. 北京：人民教育出版社，1994：86.

提供的教育产品是教育服务，而服务的对象是学生，学生是否满意很大部分取决于教师课堂教学的质量。另外，我国大学已实现高等教育成本分担制度，也就是说学生是"花钱买教育"，他们理所当然地有权表达他们对教师课堂教学质量的看法。还有一个重要的原因，只要学生评教的指标制订得科学合理，学生就是对教师课堂教学评价最大的、最重要的、最可靠的"信息源"。

由北京师范大学信息评估研究室编制的《教师教学质量评价表》具有较强的科学性和实用性。该量表的编制依据充分，方法科学合理。他们根据教师心理特点及教育心理学的基本原理，参照和分析国内外大量研究文献，并综合众多研究结果编制出《大学教师行为特征调查问卷》，广泛选取被试进行调查，在此基础上进行了数据分析，从中选出区分度达到显著水平的项目，认定为描述教师行为特征时最为重要的项目并组成评价量表。经测试，该量表具有较高的信度和效度。例如，其中学生用表评价项目一致性程度 α 系数达到了 0.94，40 名评价者间的一致性相关系数为 0.90，肯特尔和谐系数 W 为 0.33，均达到 0.001 的显著性水平。量表的公共因素方差贡献率达 0.802，说明该量表具有较高的构想效度。

教师教学质量评价表（学生用）

"学生评教"可靠吗？"学生评教"在多大程度上是可靠的或可信赖的？这是对学生评教颇有微词的教师或教学管理者们提出的疑问。森特拉的研究表明：用班级间相关系数表达评估的可靠性，当有 10 名学生参加评估时，对教师教学评估的可靠性为 0.78；当学生人数为 15 时，可靠性为 0.80 以上；当学生人数为 20 时，可靠性接近 0.90。[①] 我国的相关研究也表明学生评教有很高的可靠性[②]，班级间相关系数均值为 0.83（学生人数均在 30 以上时）；"好教师"与"差教师"在多次评估（不同的学科或不同班级）中的分值不发生较大变化，只是"中间状态的教师"中的少部分教师在多次评估中有较大变化。这些研究表明，只要学生评教的指标设计合理，学生评教就有很高的可靠性。

（二）同行评价

在学生评教中有些评价指标是不宜让学生评价的，如"教师的授课是否反映了学科前沿""教师是否按教学计划授课"等。这些评价指标需要对它最具有发言权的人来评价，因此同行评价也就不可缺少了。同行评价是教师之间的互评，也是发扬民主的一种评价方法，在具体操作上通过教案诊断与课堂听课的形式进行。教案诊断是从教法的角度，对教师准备的教学目标是否清晰具体、内容是否得当，重、难点是否突出等进行分析并提出建议。教案诊断通常与教研组备课活动结合在一起，有经验的老教师在教案诊断中往往发挥着较大的作用。课堂听课是教师互评中用得较多的形式。学校组织同学科教师相互听课，在现场观察的基础上按一定的指

教师教学质量评价表（同行评价）

---

① 森特拉. 大学教师工作评估［M］. 许建钺，等译. 北京：北京航空航天大学出版社，1992：32.
② 邱毅. 大学生对高校教学质量满意程度的现状分析［D］. 武汉：湖北大学，2002：4.

标对教师的课堂教学进行评价,这既是教师教学评价的有效方法,也是教师相互学习的重要途径。

与学生评价重在教学态度、教学技巧不同,同行评价的重点一般放在教师对本学科内容的掌握程度、掌握本学科最新知识的情况和完成教学任务的情况等方面。一般而言,在教师教学质量评价方面,同行评价最具权威,也最能提出中肯意见,但如果组织不当,也存在评价失真的情况。如果领导、专家与同行教师一起评,会影响同行教师真实意见的表述;如果人员太多,意见往往会漫无边际、缺乏重点。在同行评价中,往往存在"同行是冤家"或"同病相怜"的心理。大学中同行评价的实践表明,教师之间彼此听课很少,同行评价分值普遍较高,且评价结论的区分性较差。而个别不和睦教师之间的评价却又偏低,这些都是在教师同行评价中需要克服的。

三、关于教师教学评价的现代观点

为提高学校的教育质量,在教学评价中需要对教师专业发展导向的评价给予更多的关注。这种教师专业发展导向的评价具有影响全部教师的作用,而不只是影响少数不称职、有问题的教师,它可以使大部分教师在某一方面或某些方面有一定程度的提高。为了保证这种评价的成功,需要遵循如下原则。[①]

(一)关于评价机制的观点:自我控制与同行评议相结合

根据内部动力比外部压力更为有用的假设,在教学评价中有必要引进自我控制与同行评议相结合的机制,以取代教师只受其上级评价的形式。教师的自我控制是一个过程,它是教师在自我激励的基础上自我评价与自我诊断,在发现问题的基础上自我调节的活动。(1)自我激励。教师可以而且应当是自我激励的。学校应当激励教师更新他们的知识,提高他们教学与科研的能力。如教师职务提升等奖励制度应当是成就导向的。也就是说,应当根据教师的成就进行奖励而不是惩罚,这样对他们更有意义。(2)自我评价。自我评价应当是教师评价的重要组成部分。教师的自我评价不应该只是简单地自我评定等级,而更应当是自我诊断的活动。(3)自我调整。自我调整是教师在自我评价的基础上自我调节的一种活动。教师发现了自己存在的不足,并在此基础上确定自己进一步努力的方向,于是,他们不断更新自己的知识,改进自己的教学,从而使自己走上一个新台阶。从自我激励开始,教师经历了自我诊断、自我调整,最终得到了自我提高,这种周而复始的活动就是教师自我发展的过程。这种活动的成功将增加教师的自信与自尊,而教师自信心的提高将在更大程度上增加教师自我发展的可能性。

当然,为了使教师能对自己有一个更正确的认识,作为教师自我控制的补充,学校有必要引进教师同行评议的机制。在教师评价中,同行评议具有与教师自我控制同样的重要性。同行

[①] 陈玉琨. 教育评价学[M]. 北京:人民教育出版社,1999:110-113.

评议不仅在教师形成性评价中具有很大的作用，而且对学校创造浓厚的学术气氛与职业发展气氛也有很大的潜在价值。基于同行评议的假设是，在评定教师的教学水平与能力方面，同行处在最有利的地位。正如有些学者所说的：那些对课堂教学活动、教材与对教师的要求比较熟悉的评价者才能对教师改进他们的教学工作提出具体的与实用的建议。

（二）关于评价过程的观点：与校园文化相兼容

一项成功的评价活动必须与校园文化相兼容。在谈到人事评价的时候，格林等人提出了12条建议，其中第一条就是人事评价必须与校园文化相兼容。对教师评价来说，这一条尤为重要。教师大多为接受过高等教育的知识分子，有自己特有的文化，如果评价活动不能与他们的文化相兼容，他们就会在心理上排斥这一活动。

研究表明，教师是一群具有较高自尊心但又很容易被真理说服的人。这就要求评价者在编制评价方案的时候，要让教师参与整个编制过程，使他们了解评价的意义以及评价方案的依据，尽可能地使用外显的评价指标，并对其作出充分的解释。一旦教师了解了评价方案的科学依据，他们在心理上就能接受这一方案，在以后的行动上也就能积极配合组织者开展评价工作。因而，教师评价要坚持教育性、民主性，重视教师的自我评价，要上下结合，广泛听取广大教师以及学生的意见。但某些教师在心理上不容易接受来自学生的否定性意见。如果教师评价并非教学效能导向的，而是旨在帮助教师改进工作，那么在这种情况下，学校有关领导在听取了学生的意见后，把学生的意见间接地转告给有关教师，这将使学生的意见更容易为教师所接受。

（三）关于评价技术的观点：一致性、全面性与简单性

在很多情况下，教师评价未能取得预期的成效，其主要原因在于技术上的失误。教师通常抱怨领导者与同行的评价过于主观，而且这些评价并不是在了解课堂教学活动的真实情况下做出的，教师从评价中能得到的帮助并不是很多。为了克服评价技术的这些缺点，以下三点建议是教师评价应加以重视的。

1. 一致性：关于评价信息收集活动的建议

一致性有若干方面的含义。（1）在空间上一致。即被评元素所处的空间应与评价者所观察的空间相一致。根据这一观点，参与同行评价的教师应亲身观察过被评教师的课堂教学活动，了解被评教师的教学活动是如何进行的。（2）在时间上一致。即特定的评价活动所涵盖的时间应与评价人观察的时间相一致。（3）在知识上相一致。评价人所具有的知识不应低于评价活动所需要的知识。在教师评价活动中，同行评价一直是其中最重要的一环。研究表明，课堂观察活动的可靠性与有用性取决于同行的水平。因此，在教师评价中有必要认真选择同行评价者。

2. 全面性：关于评价信息源设计的建议

所谓全面性包含三个方面：（1）在人事评价中必须对教师各方面的工作进行全面评价，而不要遗漏某些方面。既要看到教师所具有的业务素质与师德修养，又要看到教师的工作过程，

更要对教师的工作绩效进行评价；既要看教师的个人表现，也要看与其他教师团结协作的情况。(2) 在对教师某一方面做出评价时，必须全面地收集影响这一方面的各种因素信息。教师的工作受多种因素的影响，教师的政治水平、教学能力的提高也有一个过程，对教师进行评价要用发展的眼光看问题，坚持动态的观点，不仅要看教师当前的政治业务素质、教学水平和教学效果，还要看原有基础和发展趋势，坚持静态与动态的结合。(3) 在对教师做出评价时必须收集各类学生的全面信息，不能以一个人或少数人的意见作出判断，不能以一次考核结果评价教师，也不能以学生在德、智、体、美、劳某一方面的表现作出判断。要克服一好遮百丑的做法，既要看学生掌握知识的情况，又要看学生智力能力的发展程度、思想品质的形成、身体素质的提高情况。评价信息的全面性保证了评价结果的可靠性。

3. 简单性：关于评价方法的建议

评价应尽可能简单。大量事实表明，最好的方法往往是最简单的方法。方法简单，愿意使用的人就多，这一评价方案的价值才能得到体现。教师评价是需要教师花费许多时间的活动，评价方法越复杂，教师花费的时间越多，评价方案遭到教师反对的可能性就越大。这一事实是从事教师评价活动的人必须考虑的。

（四）关于评价策略的观点：原则性与灵活性结合

教师评价是一项政策性很强的工作，开展教师评价一定要按照政策和法律的要求进行。与此同时，由于教师工作本身有其特点与规律，教师评价需要根据具体的情境保持一定的灵活性。

我国现行法律对教师评价的开展作了许多原则性的规定。如《中华人民共和国教师法》第五章第二十二条、第二十三条、第二十四条规定："学校或者其他教育机构应当对教师的政治思想、业务水平、工作态度和工作成绩进行考核。""教育行政部门对教师的考核工作进行指导、监督。""考核应当客观、公正、准确，充分听取教师本人、其他教师以及学生的意见。""教师考核结果是受聘任教、晋升工资、实施奖惩的依据。"这些法律条文规定了教师考核的内容、原则与结果的使用，加上一些行政与地方性法规如《教师资格条例》《高等学校教师职务试行条例》等对教师考核与评价的具体要求，共同构成了我国高等学校教师评价的法律法规依据。

在坚持教师评价原则性的同时，考虑到教师的工作特点，评价需要坚持灵活性。一般来说，教师的劳动具有劳动成果的集体性与迟效性，灵活地、辩证地评价教师是非常必要的。

对教师的教学评价在新时期有许多变化。在评价方式上，从学生填写纸质问卷到实现网上评教。在评价内容上逐步从狭义的教学评估延伸到广义的教学评价。在课堂教学前有课程教学大纲、实验教学大纲的编写，学科授课计划的设计，等等；在课程教学期间有多媒体课件的制作与使用，教师的互相听评课，教师与学生在课堂上或课余的交流，等等；在课堂教学结束后有命题考试和试卷评阅，试卷与考试情况的分析，多次学生学业考核并记录成绩，学生毕业论文指导过程的落实，等等。这些都是评价教师教学工作的重要方面。

第四节　高等学校教育质量评价

在我国高等教育走过大众化阶段、进入普及化阶段的20多年里，如何处理好高等教育规模、结构、质量、效益四者之间的关系一直是理论研究和实践探索的重点领域，在规模快速扩大的条件下如何保证质量又是研究和探索的重中之重。为提升高等学校教育质量，教育评价发挥着重要作用。2020年，中共中央、国务院颁布的《深化新时代教育评价改革总体方案》，是新中国成立后第一个关于教育评价改革的文件，对教育评价改革进行了全面部署。《第五轮学科评估工作方案》《"双一流"建设成效评价办法（试行）》《普通高等学校本科教育教学审核评估实施方案（2021—2025）》等文件陆续公布，中国高等教育评估改革进入"黄金时代"。梳理20多年来我国高等学校教育质量评价，已经进行和正在进行的工作主要包括以下五个方面。

一、本科教育教学评估

高等教育教学评估是中国最早开展的具有全局性、综合性的评估实践活动，先后经历了以高等工程教育评估研究为试点的起步探索阶段，以合格评估、选优评估、随机评估等多种形式为重点的经验积累阶段，以组织开展首轮全国范围的教学水平评估为特征的全面推进阶段，以构建适合中国国情的"五位一体"评估体系为重要标志的创新发展阶段。所谓"五位一体"的高等学校本科教学评估制度是以高等学校自我评估为基础，以教学基本状态数据常态监测、院校评估、专业认证及评估、国家评估为主要内容，政府、学校、专业机构和社会多元评价相结合的教学评估制度。从目前的实施效果来看，以评促建、以评促改、以评促管取得了一定成效，学校更加注重专业集群发展，教学质量持续改善，服务地方经济和社会发展的能力持续增强，但"立德树人"特色还不够鲜明，"三全"育人格局（全员育人、全程育人、全方位育人）还未完全建立。

2021年，教育部发布了《普通高等学校本科教育教学审核评估实施方案（2021—2025）》，该方案聚焦高等教育战线普遍关切的突出问题和主要矛盾，着重解决评估目标导向、核心理念、分类体系、推动改革、管理制度、方法手段六个方面的问题，形成更加成熟、更加完善、更加定型的中国特色更高水平高等教育评估制度体系。在目标导向上，从过去关注教学评估转向关注教育教学评估，更加强调"立德树人"的统领地位。在核心理念上，全面对接"学生中心、产出导向、持续改进"的国际先进理念。在分类体系上，更加注重精准施策，为高等学校提供导向鲜明、种类多样的"评估套餐"。在推动改革方面，在以评促建、以评促改、以评促管的基础上，增加"以评促强"，更加注重推动高等学校创新发展。在管理制度上，突出部省协同。在方法手段上，注重利用信息技术手段，减负增效。这一评估方案必将对中国高等教育的发展产生深刻的影响。

二、工程教育认证

2016年6月，中国成为第18个《华盛顿协议》正式成员，这标志着中国工程教育质量得到了国际认可，工程教育国际化迈出重要步伐。截至2019年底，我国共有241所高等学校的1869个本科专业通过了工程教育认证，认证领域涵盖机械、材料、计算机等21个专业类。[①] 在加入《华盛顿协议》之后，中国工程教育认证进一步强调面向产出的评价和持续改进，教育理念逐步转向学习产出或成果导向。我国工程教育专业认证协会组织修订并印发了《工程教育认证通用标准解读及使用指南（2020版，试行）》《工程教育认证申请书（2020版）》《工程教育认证自评报告指导书（2020版）》和《工程教育认证报告（2020版，试行）》。这4个工程教育认证标准配套文件的修订，充分反映了我国工程教育认证的最新成果及变化趋势。

中国专业认证已经走过了注重输入性要素的阶段，正向注重过程性要素转变。但就现阶段而言，中国工程教育认证仍然存在着认证工作评估化、认证实施碎片化、认证过程形式化、认证结果功利化等问题。工程教育在我国起步较晚，工程教育认证工作开展的时间不长，出现上述问题也不足为奇，下一步工作就是有针对性地研究和解决这些问题，跟上世界工程教育认证的步伐，通过教育认证提高我国工程教育的质量。

三、学生增值评价

学生增值评价在高等教育领域是一个比较新的概念，强调评价要以大学生的发展为中心。《深化新时代教育评价改革总体方案》明确提出了改进结果评价、强化过程评价、探索增值评价、健全综合评价四种评价方式。其中，增值评价成为对学生学业评估和学校效能评价的重要手段和内容，它更加关注教育目标实现程度的纵向比较和改善提高。通过评价学生学习、教师教学等取得进步的程度，进一步评价教育教学的绩效。

以往增值评价普遍运用在基础教育阶段的学生学业测评和学校效能评估方面，在高等教育领域中的运用比较有限。当前，增值评价作为一种发展性评价方式，更加关注学生潜能、激励学生发展；更加关注学习过程，肯定学生努力；更加关注学生个体，尊重学生差异。增值评价主要是指就读期间或某个阶段，评价学生在学习上的进步或发展的增量。随着教育评价方法的不断发展与完善，增值评价的测评范围也不断扩大。增值评价对学生的考查不仅仅停留在认知方面，而且包含情感发展、能力和技能等非认知因素的增值指标。增值评价的形式也从比较直观的直接增值估计法向间接增值估计法发展。

高等学校教育教学效果的呈现时间对增值评价带来挑战，高等教育对学生的增值或许需要数年时间才能显现出来，因而对教育教学效果的评估可能是多年后校友在某些方面的增值，而不是即将毕业的高年级学生。同时，增值评价的方式兼具高成本与复杂性的特征，也让评价的

---

① 李志义，赵卫兵．我国工程教育认证的最新进展［J］．高等工程教育研究，2021（5）：39-43．

实施增加了难度。

四、教师科研评价

高等学校教师科研评价在高等教育界一直是饱受争议的。目前，为进一步提升教师学术创新质量，建立科学合理的学术评价体系，中国高等学校正探索实施针对教师的"代表性成果"评价机制。与传统的"代表作评价"相比，"代表性成果"的评价机制一是实现了学科评价范围的扩大，从专注于人文社会科学的教师评价向自然科学领域的教师评价延伸，从个别世界一流大学建设单位向不同类型高等学校扩大；二是实现了学术评价内容和形式的扩大，从单纯的论文、著作、作品等方面的评价向项目成果、研究报告、技术标准规范、重大成果转化与推广等方面的评价延伸和拓展，从科学研究领域的代表性成果向教学研究领域的代表性成果扩展。[①]从现实来看，代表性成果评价是为了扭转重数量、轻质量的科研评价倾向，遏制急功近利的短期学术行为。建立和推广代表性成果评价机制，既是深化大学教师科研评价改革的一个重要组成部分，又是建立科学的、符合新时代要求的教育评价制度的一个重要举措。但从中国已经实施代表性成果评价的高等学校和教育行政部门出台的相关政策文本来看，中国代表性成果评价并没有进入实质性的、成熟的运行阶段，对代表性成果的概念界定、评价范围、评价模式、评价标准、评价主体等系列关键问题的研究还需要进一步形成共识，从代表性成果评价形式的健全到评价内容的优化和完善还有较长的路要走。实事求是地说，代表性成果评价只是高等学校教师科研评价的一种重要机制，而优化和深化中国高等学校教师评价则是一个系统工程。

实践证明，制定科学有效的符合教师标准、学校标准和国家标准的教师评价体系迫在眉睫，在这一评价体系制定的过程中，既不能唯绩效是图，致使教师疲于接受评价，又不能完全无激励，导致教师出现"学术停滞"；既不能陷入唯论文的量化评价标准中，又不能完全将论文数量与论文质量分割开。教师评价标准，与专业认证和教育质量保障的建设一样，最终仍需要落实到教育质量观和质量文化建设中。确立了什么样的质量文化，就有什么样的教师评价标准、专业认证模式和教育质量保障模式，质量文化在评价和认证中起着基础性的作用。

五、质量文化建设

2018年10月教育部颁布的《关于加快建设高水平本科教育 全面提高人才培养能力的意见》明确提出，要加强大学质量文化建设，突出学生中心、产出导向、持续改进，激发高等学校追求卓越，将建设质量文化内化为全校师生的共同价值追求和自觉行为。大学质量文化建设有三种模式。第一种是内生型，在加大外部评估的背景下，大学自身依然承担着维持教育质量的责任，表现为大学对自身教育职能和目标的坚守与实践。第二种是外驱型，主要特点是通过

[①] 宋旭红，高源.大学教师代表性成果评价及反思[J].复旦教育论坛，2021，19（4）：77-84.

外部评价导向培育内部质量文化，逐渐形成自身的质量文化范式。第三种是外发内生型，如美国高等教育形成了"外部认证＋自我评估"的质量保障模式，催生出了内外相生的"外发内生型"质量文化。对此，我们要遵循质量文化发展的内在逻辑和自身规律，从实施各具特色的质量评价（认证、评估、审核等）转向建立内外结合的质量保障体系，从外在控制性质量管理走向外发内生型质量文化。我国工程教育专业认证工作比较充分地体现了大学质量文化的价值，一是推崇"对目的适切性"的质量观，二是推行"目标＋过程"的管理方法，三是促进"持续改进"的内部质量保障，四是提倡"利益相关者参与"的协同治理。我国工程教育专业认证执行国际标准，结合中国实际，基本做到了国际性与本土性的统一。

大学质量文化是高等学校在长期的教育教学活动中形成的质量观念、质量制度、质量组织、质量行为和质量形象标识的总和。当前，中国大学质量文化建设仍然存在以下问题：第一，外部评价文化强势，内部质量文化薄弱。第二，重视质量评价"硬"指标，忽视文化"软"因素。第三，偏重科层式质量管理，忽略人本化质量意识。[①] 对此，新时代大学质量文化建设在宏观层面上要树立"以人为本"的评价理念，理性对待各种外部评价，在中观层面上要推进高等学校自我评估的多元化，通过多种途径培育师生内部质量意识，在微观层面上要从为了问责的结果评价转向基于信任的过程评价、发展评价和增值评价。大学质量文化建设是一个长期的过程，不可能一蹴而就，需要有足够的耐心、长时间的积累。

【复习题】

1. 什么是教育质量？
2. 简述高等教育质量管理的意义。
3. 教学评价与教育质量评价有什么区别与联系？
4. 你认为学生评教具有客观性吗？
5. 你认为我国教师科研评价存在的主要问题是什么？请提出解决策略。

【推荐阅读】

1. 康宏.高等教育评价标准的价值反思［M］.青岛：中国海洋大学出版社，2011.
2. 唐德海.课程·教学·管理：基于高等学校教育质量保障的视域［M］.广州：广东高等教育出版社，2014.
3. 韩映雄.高等教育质量管理：体系与方法［M］.北京：北京大学出版社，2013.
4. 潘懋元，陈春梅.高等教育质量建设的理论设计［J］.高等教育研究，2016，37（3）：

---

① 牛丽玲，吴伟.新时代教育评价改革背景下高校质量文化建设的路径［J］.上海教育评估研究，2021，10（4）：1-6.

1-5.

5. 闻娟，刘晓燕，刘勤勇.智能互联背景下教师课堂教学评价分析［J］.上海教育评估研究，2021，10（6）：37-41.

6. 段肖阳.高校教师教学评价的范式转向：基于第四代评价理论的分析［J］.教师教育学报，2021，8（6）：83-89.

7. 牟智佳，刘珊珊，陈明选.循证教学评价：数智化时代下高校教师教学评价的新取向［J］.中国电化教育，2021（9）：104-111.

第十四章　高等教育模式的变革与创新

【知 识 列 表】

高等教育模式的变革与创新	模式与教育模式概述	模式的概念
		教育模式的概念与特点
	教育模式生成的机制	历史自然形成的教育模式
		人为设计创建的教育模式
	中国高等教育模式的变革与创新	中国高等教育模式变革与创新的根本目标
		高等教育培养模式的变革与创新
		高等教育管理模式的变革与创新
		高等教育发展模式的变革与创新

教育模式是教育在一定社会条件下形成的具体式样，包括历史自然形成的教育模式和人为设计创建的教育模式。建立和创新教育模式的过程是一个非常复杂的过程，历史上我国高等教育模式经历了一系列改革、调整、充实和提高，从最初的模仿国外教育模式，到坚持"以我为主"，从本国高等教育发展的需要和实际问题出发，创建新时代中国特色社会主义的教育发展道路与教育模式。我国高等教育不断地深入探索与实践，在培养模式、管理模式以及发展模式方面都取得了重要突破和创新，促进了高等教育的多样化和高质量内涵式发展，推进了高等教育现代化。

第一节　模式与教育模式概述

在了解高等教育模式前有必要认识模式与教育模式的含义，教育模式的特点同样也是高等教育模式的特点，明晰其内涵是高等教育模式改革与创新的前提。

一、模式的概念

模式作为术语时，因学科不同其含义也不完全相同，同时，在运用模式这个概念时，人们的理解也不同，因此探究并准确把握模式的概念是很有必要的。

在英文中，"现代一般认为'模式'这个术语是英文 Model 的汉译名词之一，Model 还可以译为'模型'、'模范'、'原型'、'典型'、'样式'、'模特儿'等等"。[①]

《辞海》对模式的定义是：亦译"范型"。一般指可以作为范本、模本，变本的式样。……在社会学中，模式是研究自然现象或社会现象的理论图式和解释方案，同时也是一种思维体系和思维方式。有进化模式、结构功能模式、均衡模式、冲突模式等。[②]

《现代汉语词典（第7版）》将"模式"解释为"某种事物的标准形式或使人可以照着做的标准样式"，如模式图、模式化。[③]

参照上述各种解释，我们可将社会学中的模式理解为事物结构的标准式样，其基本内涵是：

第一，模式属于事物结构的范畴，包括外部形态、内部结构、运行机制与程序等要素。

第二，所谓标准式样，是指经过概括的，具有明晰的功能、结构与操作程序，可供人们模仿的范本或模本。

第三，事物因自身的发展和所处环境条件的不同而发生结构性变化，并形成基本结构相同，而具体式样不同的多种变式。正是事物变式的多样性决定了同一事物模式的多样性。但凡特指的某一种模式，实际上是事物多种变式中某种特定的变式，因而不同的模式总是相比较而存在的。

二、教育模式的概念与特点

（一）教育模式的概念

教育模式是教育结构的标准式样，是在一定社会历史条件下，在一定的教育思想与教育理

[①] 新英汉词典编写组.新英汉词典[M].增补本.上海：上海译文出版社，1985：826.
[②] 辞海编辑委员会.辞海：中[M].上海：上海辞书出版社，1999：3748.
[③] 中国社会科学院语言研究所词典编辑室.现代汉语词典[M].7版.北京：商务印书馆，2017：919.

论的指导下，建立起来的较为稳定的教育活动的结构框架和活动程序。

教育模式作为教育结构的标准式样，在教育的分类系统中，各个层次、各种类型的教育皆存在着相应的模式，因此，教育模式与教育在涵盖的内容与层次上是完全同一的。只有基于这一认识，在教育模式研究中才能有明确的内容界定与层次定位。

例如，当我们从整体上研究教育模式时，其内容应是教育制度与人才培养两方面的统一，而不应只用其中一个方面的模式说明整个教育的模式，以偏概全。再如，在研究培养模式时，对其内容就有三种不同的理解：一是将培养模式理解为目标模式，如专才、通才、复合型人才等；二是将培养模式理解为过程模式，如教学模式、课程模式、方法模式等；三是认为培养模式是目标与过程的统一。从培养模式的内容界定与层次定位出发，第三种理解是正确的，而前两种理解是片面的，也是容易产生歧义的。

（二）教育模式的特点

1. 教育模式的独特性

教育模式作为教育的不同变式，是相比较而存在的。一种模式的形成与发展及其利弊，总是以其独特性为依据的，而这种独特性只有在与其他模式的比较中才能显现出来。如，苏联教育模式是与欧美教育模式相比较而存在的，中国传统教育模式是与外国或西方传统教育模式相比较而存在的。因此，对教育模式的研究不应孤立地进行，必须从中外、古今、新旧之中确立一个比较的坐标，然后进行深入比较研究，才能对原有教育模式做出准确的划分，也才能设计出具有独特性的新教育模式。

2. 教育模式的多样性

教育变式的多样性决定了教育模式的多样性。就环境因素而言，历史条件与民族传统不同，时代不同，社会发展水平与社会需求不同，势必要求以多样化的教育模式适应多样化的环境与多样化的社会需求。就教育自身而言，教育是一个非常复杂的系统，包括各级各类教育及各级各类教育中发展水平不同、个性各异的受教育者，只有多样化的教育模式才能实现多样化的教育任务。在教育系统中，任何一种模式都是有局限的，试图用某种单一的教育模式来应对多样化的社会需求与多样化的教育任务，是不可能达到预期效果的。

3. 教育模式的中介性

《国际教育百科全书》指出："模式可以被建立和被检验，并且如果需要的话，还可以根据探究进行重建。它们与理论有关，可从理论中派生，但从概念上说，它们又不同于理论。"[①] 也就是说，教育模式虽然不是纯理论的形态，但却需要理论的指导，或以某种理论的假说为依据，因而它具有理论性；同时，它也不是直接的教育实践，但必须能直接指导和规范教育实践，并直接接受教育实践的检验，因而它具有很强的实践性。由此可见，教育模式的研究，既

---

① 胡森，波斯尔斯韦特.国际教育百科全书：第6卷[M].李进，主编.贵阳：贵州教育出版社，1990：236.

是沟通理论与实践的中间环节,也是实现理论与实践相互转化的中介条件。教育模式,一方面是理论的具体化,另一方面又是实践经验的提升和概括,因此,教育模式研究对促进理论与实践的结合以及教育的创新具有重要的意义。

4. 教育模式的稳定性与发展性

当某种教育模式建立起来,并广泛进入教育实践领域,尤其是成为一种教育传统的时候,便具有很强的稳定性。但社会的进步与教育的发展,又必将推动教育模式的变革。万古不变的教育模式是不存在的,任何一种教育模式若被僵化或绝对化,都会阻碍教育事业的发展。因此,辩证地认识和把握教育模式的稳定性与发展性的关系,是教育模式研究与教育改革必须解决的一个重要问题。

第二节 教育模式生成的机制

教育模式生成的机制,一般可分为两种:历史自然形成的教育模式产生于一定的历史背景,具有时代的烙印;人为设计创建的教育模式为实现教育发展的目标而设计,在不断的改革调整中弥补原有教育模式的不足。

一、历史自然形成的教育模式

历史自然形成的教育模式是经历长期教育经验的积累而固定下来的。日本学者村井实把社会历史发展中先后出现的教育模式概括为:手工模式、农耕模式和生产模式。手工模式把教育比喻为制作东西,把儿童当作黏土,可以捏造成型;农耕模式把儿童比作植物,具有自然生长力,强调儿童自然生长;生产模式把儿童看作材料,把教育看作工厂,经过一定程序把儿童加工成国家有用的人才。上述教育模式的共同点是都不把儿童当人看待,他主张现代教育应当是人类模式,即把儿童当人看待。[①]

历史自然形成的教育模式,产生于一定的历史背景,扎根于教育实践的土壤,能在一定程度上适应当时社会的需要,且在教育实践中具有广泛的影响。但由于它是在缺乏自觉的理论指导的条件下自然形成的,并在教育实践中具有强大的惯性,因而在面对社会发展提出教育变革的要求时,便会表现出明显的局限性与保守性。

二、人为设计创建的教育模式

人为设计创建新的教育模式,以改变原有教育模式的弊端与不足为目标,是推进教育改革

---

① 教育大辞典编纂委员会.教育大辞典:第1卷[M].上海:上海教育出版社,1990:23.

的重要途径。从一定意义上讲，教育的改革就是对传统教育模式的变革。

要创建一种新的教育模式，并能在教育实践中有效地发挥作用，必须采取科学的态度与方法，遵循建模的基本程序。

（一）对建模的对象要有明确的定位

我们在确定建模对象时，对其涵盖的内容及在教育系统中所处的层次应有准确的把握。如：是整体的教育模式，还是教育的培养模式；是整体的培养模式，还是其中的目标模式或教学模式；是整体的教学模式，还是其中的课程模式或教学方法的模式；等等，都应有明晰的区分。

（二）对原有的相关教育模式要有全面的分析与评价

教育模式的创新，是对原有教育模式的扬弃，既有批判，也有继承。只有对原有教育模式的利弊进行全面的、历史的分析和评价，才能取其长而补其短，使新的教育模式不仅能包容原有教育模式的优点，而且在整体上优于原有的教育模式。

（三）要有科学的设计思想与理论的假说

任何一种新的教育模式的产生，都必须在某种教育理论的支配下，具有明确的功能目标及实现这一功能目标的理论假说。正确的设计思想，既可以来源于已有的理论，也可以从理论创新中派生出来，但都必须有理论的自觉，这是构建新教育模式的理论前提。

（四）将设计思想转化为可操作的具体的教育模式设计

教育模式研究，不能停留在提出设计思想的阶段，必须依据设计思想，设计出该教育模式特定的结构，运行的方式和程序，适用的范围，实施的条件等具体的方案。一般工程皆有三个不可缺少的环节：一是提出设计思想；二是按设计思想设计出具体的蓝图；三是按蓝图施工。所谓教育模式的设计，就是要设计出可供施工的蓝图，达不到这种要求，就谈不上是教育模式的设计。

（五）对新教育模式的设计方案进行实验研究

进行新教育模式的实验研究，其目的是接受实践的检验，并在实验研究的基础上对设计方案进行修正、完善。在教育领域中，实验研究与模式研究是统一的，历来的教育实验研究总是以某种特定的教育模式为对象的。因为一般的教育理论不转换为某种特定的模式是无法进行实验研究的，而一种新模式的建立如果离开了实验研究，则无法证明其合理性。

（六）新教育模式的推广与应用

将经过实验研究证明是有效的教育模式在教育实践中推广应用，是创新教育模式所要达到的目的,也是其是否具有生命力的最有力的证明。要做到这一点,除新教育模式自身必须具备科学性、有效性与可行性之外,还有一个重要的条件,即要能进入教育的决策范围,包括教育行政部门的决策、学校领导层的决策,乃至教师的教学决策。

上述六个环节,是创建新教育模式的完整过程,也是一个非常复杂的过程,采取任何主观随意的态度与简单化的办法皆是不可取的。

第三节 中国高等教育模式的变革与创新

推动高等教育现代化发展,建设中国特色世界一流大学必须有科学完备的高等教育模式作为保障,我国始终努力探索与创建适合中国国情的高等教育发展道路与教育模式。

一、中国高等教育模式变革与创新的根本目标

中国是世界教育大国,目前不论是教育的总规模,还是高等教育的在学规模,中国皆是世界第一。2018年,习近平总书记在全国教育大会上发表重要讲话时强调,加快推进教育现代化、建设教育强国、办好人民满意的教育。中国进入"十四五"时期,在乘势而上开启全面建设社会主义现代化国家新征程、向第二个百年奋斗目标进军的背景下,中国教育事业也开启了"高质量"发展的新征程,从教育"大"国朝向教育"强"国迈进。

从历史上讲,近代学校教育并非产生于中国本土,而是从西方输入的,从始至今也才一百多年的历史。这种先天不足,导致中国近代学校教育从教育思想、教育制度到培养模式,先是师从欧美,后又仿效苏联,改革开放后,又在向欧美回归,进入新时代,开始探索具有中国特色社会主义的教育思想体系与教育模式。

实践充分证明,不论是欧美教育模式还是苏联教育模式,都是他们所处特定历史条件的产物,其中既具有普遍意义的经验,又反映了各自特殊的国情,且各有利弊。对中国而言,无论什么教育模式,都只能借鉴,而不能照搬。中国所要借鉴的,是外国教育模式中具有普遍意义的经验,而由于所处的历史条件不同,具体的国情不同,完全照搬外国教育模式都不可能从根本上解决中国教育现代化的问题。因此,中国在参照外国教育先进经验的同时,必须坚持"以我为主",将创建新时代中国特色社会主义的教育发展道路与教育模式,作为教育模式变革与创新的根本目标。

二、高等教育培养模式的变革与创新

本科教育是高等教育的主体。下面我们以本科教育为重点讨论高等教育培养模式的问题。

(一) 发达国家本科培养模式的多样性

为了实现中国高等教育的现代化，学习和借鉴发达国家有益的经验，并以此作为参照是完全必要的，但必须立足于中国国情，以探索新时代中国特色社会主义高等教育现代化的道路为目标。在学习和借鉴外国经验时，我们对有关情况应有全面的了解和剖析，一方面应关注其发展的共同趋势，同时还必须了解各国之间及一国之内教育模式的多样性，切忌以偏概全，将目光局限在某一国，甚至某一国的某一种模式上。只有这样才能博采众长，兼收并蓄，为我所用。

在已经实现教育现代化的发达国家，因国情的不同，本科教育形成了两种不同的基本的培养模式：一是以美国研究型大学为代表的通才教育模式；二是以德国、法国为代表的专业化教育模式。

目前美国高等学校，特别是进行精英教育的研究型大学和以培养研究生为主的大学，在本科阶段进行的是典型的通才教育。这种教育以宽专业面、厚文理基础、强调人格完善、重视智力和道德发展为特点，最终完成的是一种专业预备教育，培养的是"毛坯"型或半成品型人才。所谓预备，是说这种教育的最后完成通常要到研究生阶段，或者毕业生接受了在职培训之后；所谓"毛坯"，是指本科毕业生还需要再加工才能成为正式的专业人才。在四年的本科教育过程中，学生获得面向广泛专业（职业）活动的基本专业知识、初步的专门技能和才能，同时获得情感体验、实践经验、价值判断能力和社会责任感，提升理解不同价值观念、不同传统和不同制度下的其他文化的能力。

在这样的培养目标下，美国高等学校的本科教育十分重视科学教育和人文教育关系的处理，重视实现专业教育和普通教育的有机结合。在美国高等学校中，普通教育课程是指全体本科生均须研习的通识课程，包括人文和社会科学、自然科学和数学等，这些课程在分量上要占到全部课程的 1/4～1/3；在教学方式上，特别重视培养学生的独立学习和研究能力，课堂教学亦以师生互动的研讨性学习为主。

美国实施通才教育除有深刻的历史文化背景外，还有其现实国情背景。其一，美国各州的中等教育自行其是，高中阶段的教育水平参差不齐，很多大学新生进校后有一个补课任务。美国一些高等学校一、二年级开设的课程，欧洲在预科阶段（英国）或高中阶段（法国、德国）就开设了。其二，美国企业在职培养实力强大，一些大公司甚至有自己的大学和研究生水平的培训，因此可以根据自身的需要对新职员进行更有针对性的专业教育。这些基础较为宽厚并接受过完整的人格培养的本科毕业生会更有后劲，发展前景更好。其三，美国市场经济发达，社会人才需求因生产力快速发展和产业结构不断改变而频繁变化，并很快通过劳动市场涨落信号迅速得以反映，很显然，单纯跟进的专业教育是无法适应这种变化速度的。几乎唯一可行的办法就是以不变应万变，以宽专业的预备性教育提高毕业生的职业适应性和机动性。

欧洲国家的本科教育不同于美国，而英国和欧洲大陆国家又有所差别。这充分表明世界高等学校本科培养模式的多样化特点。总的来讲，欧洲国家的高等学校的本科教育进行的是完整的专业教育。美国式的专业预备教育（特别是前两年的普通教育），欧洲大陆国家是在高中阶段完成的，英国是在非义务教育的第六学级完成的。欧洲国家高等教育的本科阶段几乎全部是专业教育，课表中看不到美苏高等学校中的共同必修课或文理交叉的普通课程。不过，一般而言，欧洲国家本科教育的专业化程度相对较低，专业面较宽，专业色彩较淡，有针对性的实习和实践也没那么多。以法国的综合性大学为例，本科分为相对独立的两个阶段：第一阶段，两年，学生进校后不细分专业，按文学、人文科学、艺术、法学、经济学、自然科学、工程技术、社会与经济管理、体育等大类研习，学习有关专业的基础理论和基础知识；第二阶段，学生在进一步细分的专业中学习。

德国认为其完全中学的毕业生已经接受了较完备的自然科学、人文社会科学教育，大学没有必要将普通文理教育作为重点；同时，责任感、理性和批判能力的养成，个性的发展等普通教育价值可以通过科学的专业训练得到实现，也即科学教育的人文化。与美国不同的是，德国虽然也是联邦制国家，但各州中学生的学制、学业水平都没有很大差别，所以无须像美国那样进行标准化的、赖以建立共同信念的普通教育。相对而言，德国本科以培养现成专家为特色，德国大学虽不开设专门的普通教育，但允许学生跨系听课。

值得注意的是，发达国家本科培养模式的多样性，不仅表现在各国之间，而且表现在一国之内。即每个国家内部虽然有某种主导的培养模式，但因校情与专业类别的不同，其培养模式也是具有多样性的。

例如，美国大学本科普遍提倡文理交叉的普通教育，但在不同学校做法不同，普通教育的分量和地位在不同学校千差万别。美国高等学校数量众多，种类繁杂。权威分类是卡内基教学促进基金会于1973年发布的。它按照科研水平和授予学位的层次与数量将美国大学分成六大类十小类，其中前三类设本科教育。此后，卡内基教学促进基金会陆续对其高等学校分类法进行了九次修订，最近的一次修订是在2021年完成的。目前在高等学校分层上虽然尚存争议，但就本科而言，美国高等学校的确可以按水平划分出若干类，各类高等学校培养的本科人才在水平、类型、规格等方面都有差别。可见，其培养目标和模式都不一样。研究型大学与普通大学不一样，普通大学与四年制文理学院不一样，至于因科类差别引起的培养模式差异更是不言而喻的。

（二）中国本科教育培养模式变革与创新的基本目标

改革开放以来，我国本科教育的改革虽然取得了一定的成绩，但从总体上讲，由于受到种种因素的影响，教学改革严重滞后于本科教育规模的发展。对传统的以片面强调知识传承为目标，以单向灌输为特征，忽视大学生独立性、创造性发展的培养模式并未取得根本性的突破，因而在一定程度上影响了创新人才的培养。基于此种状况，变革传统培养模式势在必行。

培养模式的变革与创新是教学改革的实质内容，教学改革的思想与主张只有通过培养模式的变革与创新才能得以实现，二者是不可分割的。因此，本书第八章第三节所提出的大学教学整体改革的目标，也就是本科教育培养模式变革与创新的基本目标。其内容要点是要实现以下五个方面的转变。

（1）在教育思想上，正确认识和处理传承和创新的关系，使大学教学过程由单纯的学习过程转变为以学习为主，学习与发现相结合的过程。

（2）在教育目标上，正确认识和处理全面发展与创新人才培养的关系，克服片面发展和平均发展的倾向，确立以全面发展为基础，以培养创新精神和实践能力为重点的教育目标。

（3）在教学内容上，正确认识和处理科学的确定性和不确定性的关系，使教学内容从封闭的知识体系转变为开放的知识体系。

（4）在教学方法上，正确认识和处理讲授与自学、学习与科研的关系，使教学方法从以讲授为主转变为以自学为主，并使科研真正进入大学教学过程，以促进学生由学会学习到学会研究，由自学达到治学。

（5）在教学管理上，正确认识和处理统一要求与个性发展的关系，变刚性管理为弹性管理。

（三）从国情、校情出发，推进中国本科教育培养模式的多样化

现代本科教育一般承担着三项任务：一是进行通识教育，即高级普通教育；二是进行专业教育；三是为硕士研究生提供合格的生源。在此三项任务之间存在着两个关系：一是通识教育与专业教育的关系；二是就业准备与升学准备的关系。处理这两个关系的关键是如何看待本科教育中的专业教育问题，包括专业教育的地位、专业教育程度的高低、专业口径的宽窄等。正是由于国情、校情的不同，以及对这两个关系及其关键问题的认识和处理不同，才形成了本科教育的不同培养模式。

中国本科教育有关的国情，与美国及欧洲国家的国情相比，有同有异。我们可从下列直接影响本科教育培养模式的因素进行比较分析。

其一，从中学段的文化基础来看，中国的基础比美国好，不存在进入本科后补课的问题，这与欧洲国家的情况比较接近。

其二，从本科教育的学制来看，美国为四年，欧洲国家为五年，中国则与美国相同。

其三，从社会岗位培训体系来看，一般欧美国家的企业皆有比较完善的上岗培训制度，可以为本科毕业生提供进一步的专业培训。而中国的岗位培训制度还在起步与发展阶段，因此用人单位对本科毕业生的专业水平有较高的要求。

其四，从本科毕业生的去向来看，美国研究生教育发达，有40%左右的本科毕业生可以进入研究生教育阶段，再加上有比较完善的就业培训，为本科教育阶段推行通才教育提供了条件。也就是说，在本科专业预备教育的基础上，其专业教育既可以延伸到研究生教育阶段完成，也可以通过就业岗位培训来完成。在这个方面，中国与美国存在重大的差别。《2020年全国教育事业发展统计公报》显示，中国本科生与硕士研究生在校生规模大体在7∶1左右，也就是说，85%左右的本科毕业生要直接面对就业，加之缺乏社会岗位培训机制，因此中国在本科教育阶段必须完成基本的专业教育，而不可盲目照搬美国通才教育的模式。

综合以上分析，中国的情况介于美国与欧洲国家之间，与欧洲国家的情况比较接近。鉴于

中国的国情,从整体上讲,中国本科教育培养模式的取向应坚持以下三点:一是以专业教育与就业准备为主,实行专业教育与通识教育相结合,就业准备与升学准备相结合;二是进行比较完整的专业教育,使本科生掌握必需的基本的专业理论、专业知识和技能;三是合理的专业口径,即从社会需求的多样性和专业类别的多样性出发,既不应分得过细,也不应一概求宽,而是应该宽窄并行。

从中国高等学校的校情看,不同层次学校的本科教育的任务与培养模式存在很大差别。一是毕业生去向上的差异,即在继续深造与就业的关系上,从层次较高的院校到层次较低的院校,继续深造的比例是由高到低,而就业的比例则是由低到高。二是在前一个因素的影响下,便会出现专业化程度要求上的差异。以提供研究生生源为重任的高等学校,其本科教育则具有过渡教育或研究生预备教育的性质,强调的是专业基础教育,而对专业程度的要求较为宽泛。反之,以就业准备为主的高等学校,要使学生适应人才市场的要求,则必须对专业化的程度有较高的要求。三是教育目标上的差异必然导致培养模式的多样化,包括专业基础与专业口径的宽窄,课程结构中通识课程与专业课程的比例,专业基础课与专业课的比例,理论教学与实践教学的比例等方面皆有很大差别。中国本科教育长期存在向某种单一模式趋同的倾向,尤其是不分校情向某些重点大学趋同的倾向,这是不符合实际的。国家应当提倡不同层次的高等学校坚持从校情出发,探索不同的培养模式,以更好地完成人才培养的任务。

三、高等教育管理模式的变革与创新

教育管理包括教育的宏观管理与微观管理。

在高等教育的宏观管理方面,因对政府、社会、学校三者关系的认识和处理不同而形成不同的教育管理模式。过去在计划经济体制下,教育宏观管理模式的特点是:教育行政部门既代表国家,又代表社会,对整个教育实施计划管理。其弊端是管得过宽,统得过死,学校缺乏自主权,社会需求得不到及时反馈。国家由计划经济体制向市场经济体制转轨以后,根据教育的特点,确立了计划调节与市场调节相结合,政府宏观调控,社会参与,学校面向社会自主办学的新的管理模式,这种变革是完全必要的。但由于原有管理模式惯性的影响,加之缺乏相关法律的保障,因而政府职能的转变,社会力量的参与,学校办学的自主权等并未完全到位,这就使得学校管理模式面临更深层次的变革。

2013年,中共十八届三中全会把"完善和发展中国特色社会主义制度,推进国家治理体系和治理能力现代化"确立为全面深化改革的总目标,要求国家在政治、经济、文化、教育等重要领域进行突破性的改革。《中共中央关于全面深化改革若干重大问题的决定》提出"深入推进管办评分离,扩大省级政府教育统筹权和学校办学自主权,完善学校内部治理结构","鼓励社会力量兴办教育",为深入推进教育管办评分离、促进政府职能转变指明了方向。2014年全国教育工作会议对教育治理体系和治理能力现代化与"管办评分离"进行了系统论述,提出加快推进教育治理体系和治理能力现代化。教育治理体系现代化就是要适应时代特点,通过改革和完善体制机制、法律法规，推动各项教育制度日益完善，实现教育治理的制度化、规范化、程序化；教育治理能力现代化是指在教育治理体系的框架下，增强按照各项制度治教的本领，把制度优势转化为高效管理教育的能力和水平。[①]2019年，中共中央、国务院发布了《中国教育现代化2035》，这是我国第一个以教育现代化为主题的中长期战略规划，对加快推进教育现代化提出了切实的要求，即"到2035年建成服务全民终身学习的现代教育体系，总体实现我国教育现代化"。改革是教育事业发展的根本动力，大力推进教育体制改革创新，才能使我国教育越办越好、越办越强，而教育治理体系和治理能力现代化是教育改革创新的核心着力点。

在高等教育的微观管理方面，办学模式是其中一个重要问题。由单一的办学模式向多样化的各具特色的办学模式转变，是办学模式变革的主要方向。然而现实情况却是，学校办学模式存在着严重趋同的倾向。

办学模式的趋同，一是纵向趋同，追求高层次；二是横向趋同，追求综合性。一个时期以来高等学校改名之风盛行，一是升级，二是模糊原有学校专业特色。这种倾向与现代高等教育多层次、多类型的发展规律，与社会需求的多样性，与高等学校要以特色取胜的要求都是背道而驰的。

高等学校定位趋同的问题，症结在于机制，如高等学校官本位问题，政府的政策导向问题，资源分配过于集中的问题以及生源市场问题等。我国要在认真解决这些问题的基础上，建立起以多样化的社会需求为导向，以多层次、多类型高等学校并行发展为目标，以教育资源的合理分配为条件，能使高等学校在求异中得到发展的办学机制与办学模式。我国于2015年启动的"双一流"建设总体方案聚焦世界一流大学和一流学科建设，通过分层和分类的建设思路，鼓励高等学校差异化发展，这一政策对于高等学校创新发展特色化的办学模式，促进高等学校优化和强化办学特色，优化办学布局，提高办学质量具有重要意义。

四、高等教育发展模式的变革与创新

改革开放四十多年来，我国经济实现了快速增长，人民生活水平显著提高。党的十九大报告提出，中国特色社会主义进入了新时期，我国社会的主要矛盾已经转化为"人民日益增长的美好生活需要和不平衡不充分的发展之间的矛盾"。进入新时代，人民群众的教育需求不再是过去的"有学上"，越来越多的人要求接受优质化和个性化的教育服务。习近平总书记在报告中强调，"建设教育强国是中华民族伟大复兴的基础工程，必须把教育事业放在优先位置，加快教育现代化，办好人民满意的教育"。这体现了以习近平同志为核心的党中央对教育事业的高度重视，对于加快推进教育现代化，建设教育强国具有十分重要的意义。高等教育肩负着为人民服务、为中国共产党治国理政服务、为巩固和发展中国特色社会主义制度服务、为改革开放和社会主义现代化建设服务的重大任务，在高等教育领域推进现代化变革、与时俱进、改革创新是建设高等教育强国和教育事业健康发展的必然要求。

---

① 陈金芳，万作芳.教育治理体系与治理能力现代化的几点思考［J］.教育研究，2016，37（10）：25-31.

虽然我国高等教育发展取得了巨大成就，高等学校连续几十年保持总体稳定，但是随着高等教育从精英到大众化再到普及化的发展，高等学校面临外部问责的挑战越来越大，内部改进的需求也越来越强烈。多年来中国采取了以规模扩张为主导的高等教育发展模式，即在处理规模、质量、结构、效益的关系时，把规模作为主要的、优先的指标，这种发展模式虽然可以在一定程度上缓解规模发展方面的压力，也可以为社会提供一定数量的合格人才，但却因超越国力而使本已短缺的教育资源更加紧张，并由此引发规模与质量，规模与政府投入，规模与家庭教育经费负担，规模与就业等一系列矛盾。这种片面的规模发展，只会削弱高等教育的育人功能与社会功能，给高等教育的发展造成消极的后果。而现代的高等教育发展走以提高质量为核心的内涵式发展道路，内涵式发展强调结构优化、质量提高、实力增强和适应可持续发展的内在要求。党的十九大报告为我国高等教育的发展指明了方向："加快一流大学和一流学科建设，实现高等教育内涵式发展。"2020年是首轮"双一流"建设的收官之年，也是"双一流"建设的动态调整之年，经过五年的建设，相关建设高校不断汇聚优质的资源，加快内涵建设，已经取得了一定的阶段性成果。未来我国高等教育要继续向着"双一流"建设的目标前进，积极探索新时代中国特色社会主义高等教育发展新模式。而随着中国高等教育综合实力、竞争力和影响力的全面提升，中国将承担更多的国际教育责任，参与国际教育治理。中国高等教育也将实现从战略追赶向战略自信的转变，中国高等教育的发展经验、发展道路、发展模式和发展理论将为解决世界高等教育发展问题提供中国智慧和中国方案，为发展中国家提供典范，真正实现中国高等教育的道路自信、理论自信、制度自信和文化自信。

【复习题】

1. 如何理解教育模式的内涵及其生成机制？
2. 中国高等教育模式变革与创新的根本目标是什么？
3. 你对中国高等教育培养模式的变革与创新有何建议？

【推荐阅读】

1. 查有梁.教育模式［M］.北京：教育科学出版社，1993.
2. 刘晖.高等教育发展的"中国模式"［M］.北京：中国社会科学出版社，2013.
3. 洪广祥，李佛铨，眭依凡.中国高等教育办学模式研究［M］.北京：教育科学出版社，1993.
4. 罗华陶.我国高等教育重点建设制度的历史变迁、路径依赖与改革方向［J］.高等理科教育，2021（3）：15-22.
5. 张应强.全球化背景下高等教育国际化理念的重新审视［J］.教育发展研究，2021，41（23）：1-11.

参 考 文 献

[1] 毛礼锐.中国教育史简编[M].北京：教育科学出版社，1981.

[2] 陈景磐.中国近代教育史[M].北京：人民教育出版社，1979.

[3] 潘懋元.中国高等教育百年[M].广州：广东高等教育出版社，2003.

[4] 克拉克.高等教育系统：学术组织的跨国研究[M].王承绪，等译.杭州：杭州大学出版社，1994.

[5] 奥斯丁，琼斯.高等教育治理：全球视野、理论与实践[M].孟彦，刘益东，译.北京：学苑出版社，2020.

[6] 王建华.高等教育学的持续探究[M].福州：福建教育出版社，2021.

[7] 张心悦，马莉萍.高等教育提升全要素生产率的作用机制[J].教育研究，2022，43（1）：35-46.

[8] 施悦琪.高等教育系统高质量发展的理论内涵与实践原则：自组织理论的视角[J].江苏高教，2022（2）：30-37.

[9] 邬大光，陈祥祺.高等教育"深水区"与大学转型发展[J].中国高教研究，2021（12）：6-11.

[10] 张应强.全球化背景下高等教育国际化理念的重新审视[J].教育发展研究，2021，41（23）：1-11.

[11] 史秋衡，孙昕妍.以人民为中心：我国高等教育的使命担当[J].中国高等教育，2021（23）：13-15.

[12] 陈先哲.时间之维的新时代中国高等教育转型[J].高等教育研究，2021，42（11）：18-26.

[13] 卢晓中.技术文化视域下粤港澳大湾区高等教育一体化发展[J].高等教育研究，2021，42（10）：32-44.

[14] 王建华.论"高等教育理论"的建构[J].清华大学教育研究，2022，43（1）：12-22.

[15] 雷庆，王金旭.高等教育研究应更多关注高校的教与学[J].中国高教研究，2022（3）：88-93.

[16] 林苗羽，王建华.高等教育高质量发展："共同利益"的视角[J].中国高教研究，2022（2）：6-12.

[17] 陈金芳，万作芳.教育治理体系与治理能力现代化的几点思考[J].教育研究，2016，

37（10）：25-31.

[18] 邓传淮.推动中国特色现代大学制度建设[J].中国高教研究，2020（2）：6-8.

[19] 王绽蕊.中国特色现代大学制度建设：愿景、任务与路径[J].复旦教育论坛，2018，16（4）：5-10.

[20] 别敦荣，易梦春.面向2030世界高等教育发展的主要趋势与战略选择[J].中国高教研究，2018（1）：57-63.

[21] 谢喆平，刘惠琴.经验生成与逻辑推演：高等教育理论的两种构建路径[J].清华大学教育研究，2020，41（6）：18-24.

[22] 王章豹，张漂漂.习近平高等教育重要论述对马克思主义教育思想的继承和发展[J].南京航空航天大学学报（社会科学版)，2021，23（4）：1-5.

[23] 高文豪，崔盛.普及化阶段高等教育层次结构调整的国际借鉴[J].大学教育科学，2021（1）：111-119.

[24] 别敦荣.回归还是超越：行业性高校转型发展的愿景[J].高等教育研究，2021，42（8）：36-44.

[25] 王一军.大学课程新使命：再造知识发现、加工与传播的连续体[J].清华大学教育研究，2020，41（4）：115-129.

[26] 徐兵.高职院校教师教学能力提升"生长型"实践共同体的构建[J].职教发展研究，2022（1）：103-108.

[27] 吴伶.基于学习循环理论的高职混合式教学探析[J].教育与职业，2022（6）：100-103.

[28] 庄琪.互联网环境下现代教育技术对于教育改革的价值分析：评《互联网时代的现代教育技术教学改革》[J].中国教育学刊，2022（1）：130.

[29] 陈富，郝鹏翔，王丽.我国高等教育信息化发展成就、挑战与对策：基于省际面板数据的实证研究[J].高等理科教育，2022（1）：10-22.

[30] 潘懋元，陈春梅.高等教育质量建设的理论设计[J].高等教育研究，2016，37（3）：1-5.

后 记

本书作为高等学校教师专业发展系列教材，由高等教育出版社出版，面向全国发行。本书具有以下特色：一是充分体现党的十八大以来中共中央、国务院关于高等教育改革与发展的文件精神、习近平总书记关于高等教育的重要讲话精神；二是吸纳高等教育理论研究取得的新成果；三是体现我国高等教育改革推出的新举措和取得的新成就；四是介绍世界高等教育发展的新趋势；五是通过每章的知识列表、推荐阅读和部分章节的数字资源链接为读者提供学习指导。

本书由冷余生和解飞厚制订编写框架并组织编写。本书编写分工如下：冷余生、赵映川（绪论第一、三、四节，第二、三章，第八章第一、二、三节）；靖国平（绪论第二节）；冷余生、张俊超（第九、十、十四章）；韩骅、解飞厚（第一章）；李经天（第四章第一、四、五节，第十三章第二节）；解飞厚（第五、六章，第八章第四节，第十三章第四节）；黄平（第七章）；冷全（第十一章）；沈曦（第四章第二、三节，第十二章）；叶显发、沈曦（第十三章第一、三节）。最后，本书由解飞厚统稿，由解飞厚、赵映川共同审读。

特别感谢高等教育出版社教师教育出版事业部职前分社魏延娜分社长、责任编辑路秋丽老师，两位老师从教材的政治方向、学术用语、逻辑结构、语言文字、文献索引等方面给予悉心指导，使本书增色不少；同时还要感谢湖北大学资产经营有限公司杜凤副总经理、陈露老师为本书出版付出的辛勤劳动。

由于编者水平有限，书中难免存在不足之处，欢迎读者批评指正。

编 者

2022 年 12 月

郑重声明

高等教育出版社依法对本书享有专有出版权。任何未经许可的复制、销售行为均违反《中华人民共和国著作权法》，其行为人将承担相应的民事责任和行政责任；构成犯罪的，将被依法追究刑事责任。为了维护市场秩序，保护读者的合法权益，避免读者误用盗版书造成不良后果，我社将配合行政执法部门和司法机关对违法犯罪的单位和个人进行严厉打击。社会各界人士如发现上述侵权行为，希望及时举报，我社将奖励举报有功人员。

反盗版举报电话　（010）58581999　58582371
反盗版举报邮箱　dd@hep.com.cn
通信地址　北京市西城区德外大街4号　高等教育出版社法律事务部
邮政编码　100120

读者意见反馈

为收集对教材的意见建议，进一步完善教材编写并做好服务工作，读者可将对本教材的意见建议通过如下渠道反馈至我社。

咨询电话　400-810-0598
反馈邮箱　gjdzfwb@pub.hep.cn
通信地址　北京市朝阳区惠新东街4号富盛大厦1座
　　　　　高等教育出版社总编辑办公室
邮政编码　100029